艺术品拍卖投资考成汇典系列

Yi Shu Pin Pai Mai
Tou Zi Kao Cheng Hui Dian Xi Lie

中国古代陶瓷拍卖投资考成汇典

王立军 编著

ZHONG GUO GU DAI TAO CI
PAI MAI TOU ZI
KAO CHENG HUI DIAN

中国书店

图书在版编目（CIP）数据

中国古代陶瓷拍卖投资考成汇典 / 王立军编著.— 北京：
中国书店，2013.10
ISBN 978-7-5149-0732-2

Ⅰ.①中… Ⅱ.①王… Ⅲ.①古代陶瓷—
拍卖市场—研究—中国 Ⅳ.①F724.787

中国版本图书馆CIP数据核字(2013)第034034号

中国古代陶瓷拍卖投资考成汇典

选题策划：春晓伟业
作　　者：王立军
责任编辑：解文睿
装帧设计：耕莘文化

出版发行：中 国 书 店
地　　址：北京市西城区琉璃厂东街115号
邮　　编：100050
印　　刷：北京圣彩虹制版印刷技术有限公司
开　　本：889mm×1194mm　1/16
版　　次：2013年10月第1版　2013年10月第1次印刷
字　　数：133千字
印　　张：19.5
书　　号：ISBN 978-7-5149-0732-2
定　　价：398.00元

作者简介

王立军，祖籍江苏，生于北京。

原文化部艺术品评估委员会副主任、东方艺术品研究院院长。

上海东方电影艺术学院副院长。

中国传统文化艺术人才认证指导委员会副主任。

全国古玩商会鉴定委员会主任。

中华民间藏品鉴定委员会主任。

中央电视台《鉴宝》、《寻宝》栏目特邀专家。

北京大学、清华大学、上海交通大学、南京艺术学院客座教授。

2008年
荣获"中国收藏界十大人物"。
2009年
荣获"亚太地区文化艺术大奖"。
2010年
荣获"艺术品打假特别奖"。
2011年
荣获"中国收藏界十大年度人物"。

前　言

古瓷器是传统的艺术收藏品，但古瓷器又与金银器、古玉器、古代硬木家具不同，古瓷器是特殊的工艺技术和历史文化的物化，其原料是不值钱的，故古瓷器的收藏价值集中表现在瓷器的历史文化性和工艺特性上。所谓历史文化性，简单地说就是瓷器的年代及其产生的文化背景。所谓工艺特殊性，简单地说就是瓷器的胎质、器形、釉色、纹饰。

目前，瓷器的收藏可分为五大类：一是老窑瓷，一般是指元代以前的各种瓷器，可分为高古陶瓷、秦汉陶瓷、隋唐陶瓷、宋元瓷器；二是明代瓷；三是清瓷；四是民国瓷器；五是现代瓷（重点是"文革瓷"、毛主席用瓷和大师瓷）。当然，每一类中还有官窑瓷和民窑瓷的区别。这几类瓷器的收藏情况各有特点。目前最热的是元明清三代的官窑瓷，其中又以清代康熙、雍正、乾隆三朝的官窑瓷为重点。老窑瓷、民国瓷、"文革"瓷和毛主席用瓷，是近十几年来的收藏新热点。

自二十世纪八十年代以来，随着人民生活水平和文化素质的不断提高，人们的理财观念也在悄然发生变化，逐渐放弃了"黄金保值"的单一信条，越来越认识到艺术品的保值、升值作用，涉足古玉收藏的人与日俱增。修改后的《文物法》也有限度地放开了民间文物的交易管制。

现代人从事艺术品收藏，与古人收藏艺术品目的不同。其实质是以社会公认的艺术收藏品为媒介的投资行为。大凡艺术藏品，一般都具有稀缺性（甚至是唯一性）、历史性、资料性、资源性、艺术性、社会认同性和高价值。而艺术品拍卖会是现代艺术品交易的一种方式，在"公开、公正、公平"的原则下，艺术品拍卖行将卖方的艺术品通过公开拍板成交的方式，让买方以竞争的方式获得。在艺术品拍卖会上，艺术品将在拍卖行现场展示，拍卖时按编号依次叫价，由报价最高者获得。

源于西方的拍卖方式也传入我国。1988 年 6 月 3 日，北京市拍卖市场与北京文物商店联合举办"首都文物艺术品拍卖会"，这是新中国成立以来举办的第一次艺术品拍卖会。

1992 年 10 月 11 日，北京市文物局等主办的"92 国际拍卖会"，使艺术品价值有了一种全新的体现方式。

1993 年，"国字号拍卖行"中国嘉德国际拍卖有限公司诞生，此后更多的艺术品拍卖公司开始登场。

《中国古代陶瓷拍卖投资考成汇典》精选了近二十年间大家熟知的各个高端拍卖行的拍卖品。每件入选的陶瓷拍品都经过精心挑选、认真辨伪，并附有详细的拍卖交易信息，甚至还附有拍卖记录。本书在"拍卖与投资"两大领域中，梳理出一条可资借鉴的"实物线索"，全面、客观、真实地反映中国古代陶瓷的拍卖导向，不仅具有很强的实用价值，为热爱陶瓷的朋友们提供参考；兼具一定的鉴赏价值，让读者朋友们在实现快捷搜索和查询的同时，获得视觉和感官上的审美愉悦，更好地满足人们的投资和鉴赏需求。希望本书能成为广大陶瓷收藏爱好者实用而具指导意义的案头必备读物。

王立军

2012 年 8 月 北京

目录

高古陶瓷

中国古代陶瓷拍卖
投资考成汇典

ZHONG GUO GU DAI TAO CI
PAI MAI TOU ZI
KAO CHENG HUI DIAN

1. 高古陶瓷概况

高古陶瓷是指汉代以前的陶器，虽然其中包括原始瓷，但原始瓷仍然属于陶器。从出土的旧石器时代晚期的陶片来看，中国陶器已有11700多年的悠久历史。

高古陶器有红陶、灰陶、黑陶、白陶、彩陶、彩绘陶、印纹硬陶、史前泥塑艺术、史前陶塑艺术、随葬陶俑、随葬陶器等品种。

值得一提的是原始瓷，新中国成立以来，考古工作者在商代遗址中发现了器胎灰青、质地坚硬致密、外挂有一层透明釉的窑器，当时称为"釉陶"（这是一个很科学的名称）。以后，在郑州二里岗等先商遗址也陆续发现这类窑器，这类"青釉器"釉色呈青黄或黄褐，与真正的瓷器尚有距离。后来几经商榷，学术界采用各方都能够接受的概念——"原始瓷"。

原始瓷最早产生于夏商周时期。从商代至西汉，原始瓷器的生产一直延续，各地均有出土，都是以氧化铝含量高和氧化铁含量低的瓷土制胎，在胎表面施一层石灰釉，在1200℃以上的窑中烧成，胎质呈白或灰白色，不吸水，叩之有金属般的脆声；釉为玻璃质，呈青或青绿色，称为青釉。由于原始瓷具备陶器没有的优良特性，很快发展起来。随着原始瓷质量逐渐提高，数量逐渐增多，制作地区逐渐扩大。东汉后期，首先在上虞（今属浙江）烧成了符合瓷标准的瓷器——青瓷。

国内市场上交流的高古陶瓷器在数量上远远不敌明清的瓷器。大部分拍卖公司因受政府政策的影响，拍卖的高古瓷器一直数量稀少，可供选择的余地并不多，但是如果有器物上拍，其价格也一直在拉高。

国外高古陶瓷器的发展势头稳定，尤其美国、英国的苏富比、佳士得历年来的高古陶瓷器拍卖都比较红火，保持在一个相对稳定上升的局面。

德国纳高公司是一家拍卖高古陶瓷器量多价优的好公司，它的价格走势代表了当今欧洲收藏者的市场竞争能力。

由于国外高古陶瓷器拍卖行情较好，国内的一些地方拍卖公司也借势上拍高古陶瓷器，但出现了部分拍品价格不合理的现象，对一些高古陶瓷的估价远远超过了市场的实际情况。这其中有可能存在人为炒作的因素，或者拍卖公司也吃不准应该如何估价。因此，藏家在收藏投资高古陶瓷器之前，应该先做足功课，不要盲目跟风投资。

2. 高古陶瓷典型拍卖品

高古陶器在历年的投资拍卖会上出现数量不多，成交记录也较少。

2001年10月17日，纽约苏富比第89号拍品——东周/战国的"高古釉陶尊"，以1.44万美元成交。

2004年3月23日，纽约苏富比第605号拍品——"新石器时代彩陶罐"，以0.96万美元成交。

2004年3月24日，纽约佳士得第118号拍品——"新石器时代的红黑彩陶罐"，以0.5019万美元成交。

2005年9月21日，纽约苏富比第2号拍品——西周/战国时期的"灰陶橄榄绿釉鸮型容器"，以2.16万美元成交。

灰陶鬶

年　　代：商

尺　　寸：高 11.4 厘米～14 厘米

拍卖时间：纽约苏富比　1995 年 3 月 22 日 中国瓷器、家具　第 384 号

估　　价：USD 1,500～2,000

成 交 价：USD 2,530

灰陶印纹罐

年　　代：战国

尺　　寸：直径 30.5 厘米

拍卖时间：纽约佳士得　1995 年 3 月 23 日

　　　　　施曼收藏中国陶瓷专场　第 394 号

估　　价：USD 3,000～5,000

成 交 价：USD 7,475

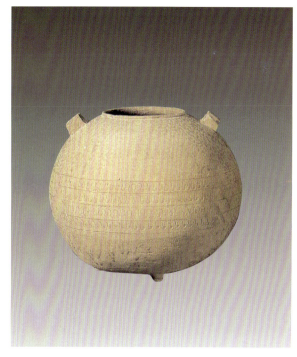

青黄釉印文双耳罐

年　　代：战国

尺　　寸：直径 17.8 厘米

拍卖时间：纽约佳士得　1995 年 3 月 23 日

　　　　　施曼收藏中国陶瓷专场　第 396 号

估　　价：USD 4,000～6,000

成 交 价：USD 6,325

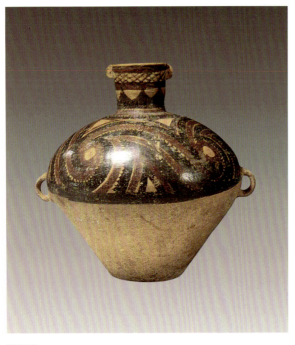

彩陶罐

年　　代：仰韶文化

尺　　寸：高 35.6 厘米

拍卖时间：纽约苏富比　1995 年 9 月 22 日
　　　　　瓷器及工艺品　第 383 号

估　　价：USD 1,500~2,000

成 交 价：USD 2,185

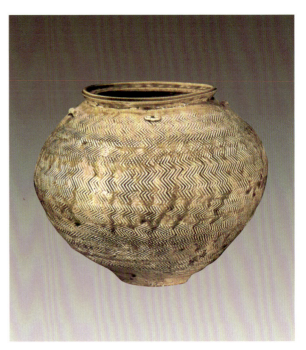

青釉印纹纹罐

年　　代：西周晚期 / 春秋

尺　　寸：直径 28 厘米

拍卖时间：纽约佳士得　1995 年 3 月 23 日
　　　　　施曼收藏中国陶瓷专场　第 399 号

估　　价：USD 3,000~4,000

成 交 价：USD 6,325

加彩陶罐——仰韶半山文化

年　　代：新石器时代

尺　　寸：高 36.8 厘米

拍卖时间：纽约佳士得　2001 年 10 月 16 日
　　　　　中国家具、陶瓷器及工艺品　第 334 号

估　　价：USD 6,000~8,000

成 交 价：USD 4,465

高古釉陶尊

年　　代：东周 / 战国

尺　　寸：高 25.7 厘米

拍卖时间：纽约苏富比　2001 年 10 月 17 日
　　　　　名家说珍藏中国瓷器工艺品及鼻烟壶　第 89 号

估　　价：USD 12,000~15,000

成 交 价：USD 14,400

红陶双耳细颈瓶

年　　代：新石器时代
尺　　寸：高 85.1 厘米
拍卖时间：纽约苏富比　2002 年 3 月 20 日
　　　　　重要瓷器及其他艺术品　第 29 号
估　　价：USD 4,000~5,000
成 交 价：USD 5,040

黑陶鬲

年　　代：新石器时代
尺　　寸：高 28.9 厘米
拍卖时间：纽约苏富比　2002 年 3 月 20 日
　　　　　重要瓷器及其他艺术品　第 26 号
估　　价：USD 10,000~15,000
成 交 价：USD 12,000

红陶尖底瓶

年　　代：新石器时代
尺　　寸：高 45.1 厘米
拍卖时间：纽约苏富比　2002 年 3 月 20 日
　　　　　重要瓷器及其他艺术品　第 30 号
估　　价：USD 10,000~15,000
成 交 价：USD 12,000

大汶口白陶水器

年　　代：新石器时代
尺　　寸：高 24.8 厘米
拍卖时间：纽约苏富比　2002 年 9 月 19 日
　　　　　精美中国陶瓷器及工艺品　第 16 号
估　　价：USD 10,000~15,000
成 交 价：USD 11,950

红黑彩陶罐——仰韶半山文化
年　　代：新石器时代
尺　　寸：跨双耳宽 54.6 厘米
拍卖时间：纽约佳士得　2004 年 3 月 24 日
　　　　　精美中国瓷器与艺术品　第 118 号
估　　价：USD 3,000~5,000
成 交 价：USD 5,019

新石器时代彩陶罐
年　　代：新石器时代
尺　　寸：直径 40.6 厘米
拍卖时间：纽约苏富比　2004 年 3 月 23 日
　　　　　精美瓷器及其他艺术品　第 605 号
估　　价：USD 8,000~10,000
成 交 价：USD 9,600

灰陶爵
年　　代：商
尺　　寸：高 19 厘米
拍卖时间：纽约佳士得　2001 年 10 月 16 日
　　　　　中国家具、陶瓷器及工艺品　第 2 号
估　　价：USD 2,500~3,500
成 交 价：USD 8,813

灰陶橄榄绿釉鸮型容器
尺　　寸：高 43.8 厘米
拍卖时间：纽约苏富比　2005 年 9 月 21—22 日
　　　　　白马轩藏中国陶瓷器　第 2 号
估　　价：USD 10,000~15,000
成 交 价：USD 21,600

秦汉陶瓷

中国古代陶瓷拍卖
投资考成汇典

ZHONG GUO GU DAI TAO CI
PAI MAI TOU ZI
KAO CHENG HUI DIAN

1. 秦汉陶瓷概况

由于瓷器在东汉时期才趋于成熟，所以秦汉陶瓷仍以陶器为主。

秦代最著名的陶器是灰陶加彩绘而成的秦兵马俑，秦代建筑陶也很有成就，即著名的"秦砖汉瓦"。

汉代陶器以各种陶质明器最有特色，除日用器皿外，还有大量生活用具模型，如陶制的楼阁、仓房、灶台、兽圈、车马、井台、奴仆俑等，营造死者在另一世界的生活环境。

在西汉武帝时期出现的一种表面挂铅釉的陶器，胎为陶质，釉有黄、褐、绿等色，其中以绿釉流行，熔点700℃～800℃。釉层晶莹透明，光泽平滑。墓葬中出土的汉代铅釉陶，表面往往带有一种"银釉"，其实这是釉中一种铅分子以金属铅的形式在釉面上析出所致。铅釉陶在东汉时期极为盛行，大都是明器，无一实用器，一向是收藏珍品。

另外，汉代陶器中的画像砖、瓦当，都是有很高收藏价值的艺术品。

西汉原始瓷较为发达。东汉后期，首先在上虞（今属浙江）烧成了符合瓷标准的瓷器。这就是中国瓷的诞生。

纵观历年来秦汉陶瓷器拍卖成交记录，其拍卖走势与高古陶瓷的情况相仿。国外大型拍卖公司对秦汉陶瓷器的拍卖很重视，行情和走势不错。在国内，汉代绿釉陶器的市场价格很高。一只有"银斑"的汉代绿釉陶器，价格都是以万元为基本单位，现在价格已大幅度回落。

2. 秦汉陶瓷典型拍卖品

1994年10月30日，香港佳士得第319号拍品——"西晋越窑青釉神兽形尊"，以34.5万美元成交。

1995年9月21日，纽约佳士得第401号拍品——"汉代绿釉陶庭园和绿釉"，以1.38万美元成交；第405号拍品——"绿釉印兽鸟人物粮仓"，以1.725万美元成交。

1995年12月5日，伦敦苏富比第428号拍品——"青瓷尊"，以2.5万英镑成交。

2001年3月20日，纽约佳士得第170号拍品——"汉代加彩灰陶跪姿女俑"，以3.525万美元成交。

2003年3月27日，纽约苏富比第30号拍品——"灰陶马"，以12万美元成交。

2005年11月5日，纽约邦瀚斯第5250号拍品——"汉代加彩灰陶罐"，以0.3231万美元成交。

2006年9月21日，纽约苏富比第88号拍品——"北齐青釉贴花仰覆莲花尊"，以47.52万美元成交。

越窑青釉猫头鹰形盖尊

年　　代：西晋

尺　　寸：高 21 厘米

拍卖时间：香港佳士得 1995 年 4 月 30 日
　　　　　中国瓷器工艺品（中国陶瓷、杂
　　　　　项、玉器及鼻烟壶） 第 631 号

估　　价：HKD 300,000~400,000

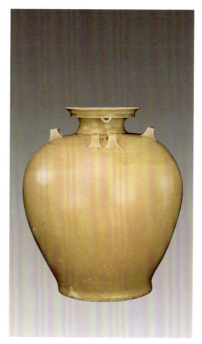

青绿釉六耳盘口瓶

年　　代：六朝

尺　　寸：高 39.5 厘米

拍卖时间：香港佳士得
　　　　　1995 年 10 月 29 日
　　　　　中国瓷器工艺品　第 671 号

估　　价：HKD 220,000~280,000

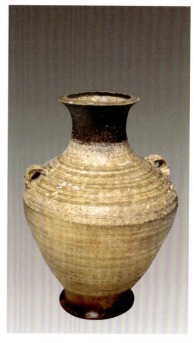

青釉绳纹双系壶

年　　代：西汉

尺　　寸：高 28.5 厘米

拍卖时间：北京市文物局
　　　　　1992 年 10 月 11 日
　　　　　北京国际拍卖会　第 474 号

估　　价：RMB 900~1,000

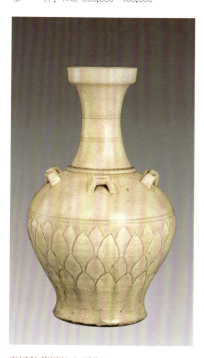

青绿釉莲瓣纹六耳壶

年　　代：六朝

尺　　寸：高 47.5 厘米

拍卖时间：香港佳士得 1995 年 4 月 30
　　　　　日 中国瓷器工艺品（中国陶
　　　　　瓷、杂项、玉器及鼻烟壶）
　　　　　第 632 号

估　　价：HKD 200,000~250,000

褐绿釉盖壶

年　　代：汉

拍卖时间：纽约佳士得
　　　　　1994 年 12 月 2 日
　　　　　中国瓷器及艺术精品
　　　　　第 486 号

成 交 价：USD 8,625

青瓷尊

年　　代：北朝

尺　　寸：高 43 厘米

拍卖时间：伦敦苏富比 1995 年 12 月 5 日
　　　　　中国瓷器和艺术精品
　　　　　第 428 号

估　　价：GBP 25,000~30,000

成 交 价：GBP 25,000

加彩灰陶女俑

年　　代：北魏

拍卖时间：纽约佳士得

　　　　　1994 年 12 月 2 日

　　　　　中国瓷器及艺术精品

　　　　　第 489 号

估　　价：USD 5,000～7,000

成 交 价：USD 8,050

加彩灰陶武士俑（一对）

年　　代：北魏

拍卖时间：纽约佳士得

　　　　　1994 年 12 月 2 日

　　　　　中国瓷器及艺术精品

　　　　　第 490 号

估　　价：USD 5,000～7,000

成 交 价：USD 11,500

加彩陶独角兽

年　　代：汉

尺　　寸：长 80.7 厘米

拍卖时间：纽约佳士得

　　　　　2003 年 9 月 18 日

　　　　　中国瓷器艺术品　第 195 号

估　　价：USD 50,000～70,000

成 交 价：USD 89,625

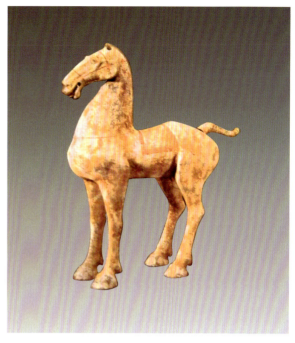

绿釉陶贴鸟屋

年　　代：汉

尺　　寸：长 32.4 厘米

拍卖时间：纽约佳士得　1995 年 9 月 21 日

　　　　　重要美国私家藏中国瓷器和艺术精品　第 400 号

估　　价：USD 3,000~4,000

成 交 价：USD 3,680

彩绘陶马

年　　代：汉

尺　　寸：高 46.3 厘米

拍卖时间：纽约佳士得　1995 年 9 月 21 日

　　　　　重要美国私家藏中国瓷器和艺术精品　第 397 号

估　　价：USD 12,000~15,000

成 交 价：USD 11,500

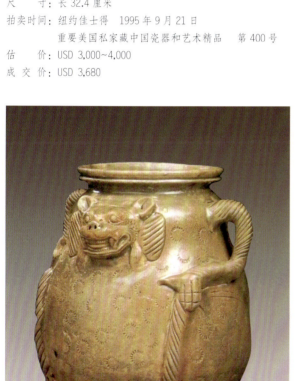

越窑青釉神兽形尊

年　　代：西晋

拍卖时间：香港佳士得　1994 年 10 月 30 日

　　　　　中国陶瓷精品及工艺品、玉石、早期绘画

　　　　　第 319 号

估　　价：HKD 300,000~350,000

成 交 价：HKD 345,000

绿釉印兽鸟人物粮仓

年　　代：汉

尺　　寸：高 36.8 厘米

拍卖时间：纽约佳士得　1995 年 9 月 21 日

　　　　　重要美国私家藏中国瓷器和艺术精品　第 405 号

估　　价：USD 3,000~4,000

成 交 价：USD 17,250

越窑青釉熊形柱灯台

年　　代：西晋

尺　　寸：高 14 厘米

拍卖时间：香港佳士得　1995 年 10 月 29 日

　　　　　　中国瓷器工艺品　第 674 号

估　　价：HDK 120,000~150,000

绿釉宝塔人物

年　　代：汉

尺　　寸：高 67 厘米

拍卖时间：伦敦苏富比　2001 年 11 月 14 日

　　　　　　中国陶瓷和艺术品　第 60 号

估　　价：GBP 6,000~8,000

成 交 价：GBP 8,520

绿釉红陶观景塔

年　　代：汉

尺　　寸：高 91.4 厘米

拍卖时间：纽约苏富比　2002 年 3 月 20 日

　　　　　　重要瓷器及工艺品　第 37 号

估　　价：GBP 12,000~15,000

成 交 价：GBP 14,400

橄榄绿釉瓶

年　　代：北齐

拍卖时间：纽约苏富比　2003 年 3 月 27 日

　　　　　　中国瓷器工艺品及鼻烟壶　第 37 号

估　　价：USD 70,000~80,000

成 交 价：USD 90,000

越窑羊

年　　代：3~4 世纪
尺　　寸：长 15.2 厘米
拍卖时间：纽约佳士得　1995 年 9 月 21 日
　　　　　重要美国私家藏中国瓷器和艺术精品　第 425 号
估　　价：USD 3,000~4,000
成 交 价：USD 2,530

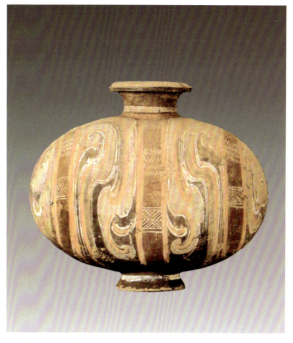

彩绘陶云纹茧形壶

年　　代：汉
尺　　寸：长 33 厘米
拍卖时间：纽约佳士得　1995 年 9 月 21 日
　　　　　重要美国私家藏中国瓷器和艺术精品　第 403 号
估　　价：USD 3,000~4,000
成 交 价：USD 5,750

加彩灰陶跪姿女俑

年　　代：汉
尺　　寸：高 23.8 厘米
拍卖时间：纽约佳士得　2001 年 3 月 20 日
　　　　　精美中国陶瓷器及工艺品　第 170 号
估　　价：USD 30,000~40,000
成 交 价：USD 35,250

灰陶舞俑

年　　代：汉
尺　　寸：高 28.32 厘米
拍卖时间：纽约苏富比　2002 年 9 月 19 日
　　　　　精美中国陶瓷器及工艺品　第 23 号
估　　价：USD 12,000~15,000
成 交 价：USD 19,120

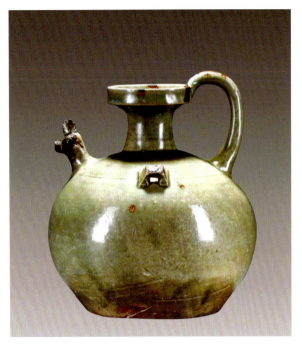

越窑青釉点彩鸡首壶

年　　代：东晋

尺　　寸：高 22 厘米

拍卖时间：北京保利　2010 年 12 月 6 日

　　　　　中国古董珍玩 1　第 5248 号

估　　价：RMB 80,000~120,000

成 交 价：RMB 291,200

青釉褐彩羊烛台

年　　代：西晋

尺　　寸：高 24 厘米、长 31.5 厘米

拍卖时间：崇源国际　2006 年 5 月 2 日　中国古董　第 454 号

估　　价：HKD 350,000~450,000

成 交 价：HKD 670,450

四川红陶萨满俑

年　　代：汉

尺　　寸：高 133.4 厘米

拍卖时间：纽约苏富比　2007 年 3 月 20 日

　　　　　精美中国陶瓷器及工艺品　第 582 号

估　　价：USD 30,000~40,000

成 交 价：USD 36,000

加彩陶舞女俑（一对）

年　　代：汉

尺　　寸：高 42 厘米

拍卖时间：荷兰苏富比　2001 年 11 月 21 日

　　　　　精美中国陶瓷器及工艺品　第 187 号

估　　价：NLG 14,000~18,000

成 交 价：NLG 15,600

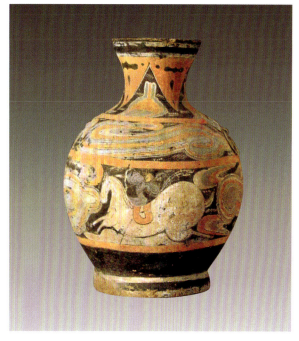

绿釉犬
年　　代：东汉
尺　　寸：高 31.1 厘米
拍卖时间：纽约苏富比　2002 年 3 月 20 日
　　　　　重要瓷器及工艺品　第 36 号
估　　价：USD 6,000~8,000
成 交 价：USD 7,200

加彩灰陶罐
年　　代：汉
尺　　寸：高 48.2 厘米
拍卖时间：纽约邦瀚斯　2002 年 11 月 5 日
　　　　　中国古董瓷器及工艺精品　第 5250 号
估　　价：USD 2,500~4,000
成 交 价：USD 3,231

灰陶马
年　　代：北齐
尺　　寸：高 51.21 厘米
拍卖时间：纽约苏富比　2003 年 3 月 27 日
　　　　　中国瓷器工艺品及鼻烟壶　第 30 号
估　　价：USD 60,000~80,000
成 交 价：USD 120,000

灰陶马和马夫
年　　代：北魏
尺　　寸：高 23.5 厘米
拍卖时间：纽约苏富比　2003 年 9 月 17 日
　　　　　中国瓷器与艺术品　第 33 号
估　　价：USD 60,000~80,000
成 交 价：USD 136,800

彩釉陶屋

年　　代：汉

尺　　寸：高 71.1 厘米

拍卖时间：纽约苏富比　2003 年 9 月 17 日
　　　　　中国瓷器与艺术品　第 32 号

估　　价：USD 40,000~60,000

成 交 价：USD 48,000

灰陶人形支柱（一对）

年　　代：东汉

尺　　寸：高 114.3 厘米

拍卖时间：纽约苏富比　2005 年 3 月 31 日
　　　　　白马轩藏中国陶瓷专拍　第 264 号

估　　价：USD 12,000~18,000

成 交 价：USD 28,800

灰陶墓砖

年　　代：东汉

尺　　寸：长 64.5 厘米

拍卖时间：纽约佳士得　2003 年 9 月 18 日　中国瓷器艺术品　第 194 号

估　　价：USD 4,000~6,000

成 交 价：USD 3,585

陶土坐姿乐俑

年　　代：汉

尺　　寸：高 56.5 厘米

拍卖时间：德国纳高　2004 年 11 月 12 日

　　　　　瓷器工艺品杂项　第 1503 号

估　　价：EUR 9,000

成 交 价：EUR 15,960

青釉贴花仰覆莲花尊

年　　代：北齐

尺　　寸：高 57.7 厘米

拍卖时间：纽约苏富比　2006 年 9 月 21 日

　　　　　精美中国陶瓷器及工艺品　第 88 号

估　　价：USD 300,000~400,000

成 交 价：USD 475,200

绿釉划拳俑（一对）

年　　代：东汉

拍卖时间：纽约佳士得　2008 年 3 月 19 日　中国瓷器工艺品　第 504 号

估　　价：USD 40,000~60,000

成 交 价：USD 37,000

青绿釉凸莲瓣六耳壶
年　　代：北齐
尺　　寸：高51厘米
拍卖时间：香港佳士得　1995年10月29日中国瓷器工艺品　第672号
估　　价：HKD 1,000,000~1,500,000

隋唐陶瓷

中国古代陶瓷拍卖投资考成汇典

ZHONG GUO GU DAI TAO CI
PAI MAI TOU ZI
KAO CHENG HUI DIAN

1. 隋唐陶瓷概况

隋、唐是中国陶瓷大发展的时期。

从陶器来看，汉代色釉陶的工艺传统得到继承和发展，在唐代已发展成皇室贵戚葬仪必用的三彩陶明器（明器是指神明之器，是葬俗文化的一部分，其意义不仅仅是在阴间使用的冥器），就是大家所熟知的唐三彩。虽然三彩陶明器在宋代、辽金时代仍有烧造，但其工艺成就远逊于唐三彩。

从瓷器来看，唐代瓷器制作工艺已真正成熟，过去一直是民间使用的瓷器进入宫廷，典型代表是秘色瓷。秘色瓷是唐代越窑生产的青瓷贡品。

于隋代成熟的白瓷工艺，在唐代有了更大的发展，邢窑白瓷已名满天下。

唐代花瓷，是在釉面上以点染彩斑为装饰的瓷器，是唐代创烧的瓷器品种，史称"鲁山花瓷"，有拍鼓、执壶、四系罐、瓶、钵等，唐代墓葬中常有出土。

唐代陶瓷始有窑口。清代蓝浦、郑廷桂的《景德镇陶录》称："陶至唐而盛，始有窑名。"

2. 隋唐陶瓷典型拍卖品

1994 年 12 月 2 日，纽约佳士得"中国瓷器和艺术精品"第 487 号拍品——"隋代米黄釉抬腿鞍马"，以 4.255 万美元成交。

1995 年 3 月 22 日，纽约苏富比"中国瓷器、家具"第 386 号拍品——"唐灰陶胡人马夫俑"，以 4.37 万美元成交。

2003 年 3 月 26 日，纽约佳得士"精美中国陶瓷及工艺品"第 189 号拍品——"加彩灰陶卧姿大迦叶佛"，以 23.15 万美元成交。

2003 年 3 月 27 日，纽约苏富比"中国瓷器工艺品及鼻烟壶拍卖专场"第 36 号拍品——"唐代三彩马（一对）"，以 157.6 万美元成交。

在香港苏富比、香港佳士得、纽约苏富比、纽约佳士得等国外拍卖公司的展出中，隋唐陶瓷器价位逐年上升。

对于投资收藏兴趣爱好者来说，隋唐陶瓷器可选择持续观望，慎重投资。

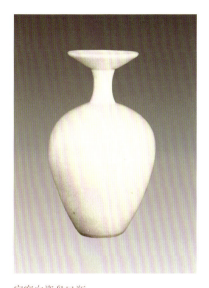

定窑白瓷盘口瓶
年　　代：辽
尺　　寸：高 39 厘米
拍卖时间：香港佳士得
　　　　　1995 年 4 月 30 日
　　　　　中国瓷器工艺品　第 635 号
估　　价：HKD 200,000~250,000

绿釉贴狮莲花纹塔
年　　代：辽 / 金
尺　　寸：高 84 厘米
拍卖时间：纽约佳士得
　　　　　1995 年 9 月 21 日
　　　　　重要美国私家藏中国瓷器和
　　　　　艺术精品　第 443 号
估　　价：USD 7,000~9,000
成 交 价：USD 14,950

绿釉贴人物鸡冠壶
年　　代：辽
尺　　寸：高 35.4 厘米
拍卖时间：纽约佳士得
　　　　　1995 年 9 月 21 日
　　　　　重要美国私家藏中国瓷器和
　　　　　艺术精品　第 444 号
估　　价：USD 10,000~15,000
成 交 价：USD 19,550

陶武士俑
年　　代：唐
拍卖时间：北京市文物局　1992 年 10 月 11 日
　　　　　北京国际拍卖会　第 526 号
估　　价：USD 3,000~3,200

灰陶胡人马夫俑
年　　代：唐
尺　　寸：高 39.4 厘米
拍卖时间：纽约苏富比　1995 年 3 月 22 日
　　　　　中国瓷器、家具　第 386 号
估　　价：USD 15,000~20,000
成 交 价：USD 43,700

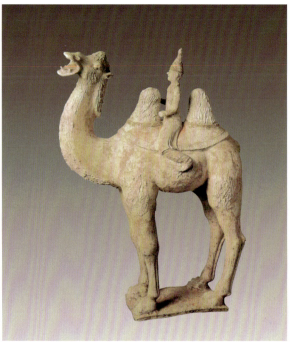

米黄釉抬腿鞍马

年　　代：隋

拍卖时间：纽约佳士得　1994 年 12 月 2 日
　　　　　　中国瓷器和艺术精品　第 487 号

估　　价：USD 18,000~25,000

成 交 价：USD 42,550

彩陶骆驼和骑士

年　　代：唐

尺　　寸：高 79 厘米

拍卖时间：伦敦佳士得　1995 年 11 月 6 日
　　　　　　中国出口瓷和艺术品专场　第 407 号

估　　价：GBP 60,000~80,000

成 交 价：GBP 67,500

褐釉骑马俑（一对）

年　　代：隋

尺　　寸：长 20 厘米

拍卖时间：伦敦佳士得　2001 年 6 月 19 日　中国陶瓷器及艺术品　第 4 号

估　　价：GBP 5,000~7,000

成 交 价：GBP 7,050

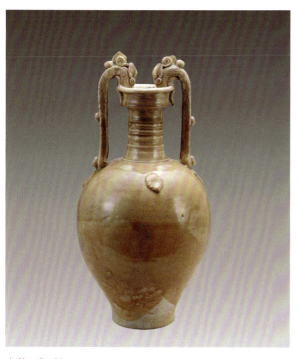

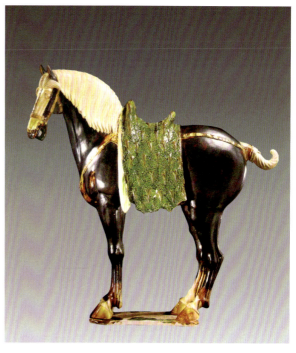

白釉双龙耳瓶

年　　代：唐
尺　　寸：高 53 厘米
拍卖时间：崇源国际　2006 年 5 月 2 日
　　　　　中国古董　第 455 号
估　　价：HKD 100,000~120,000
成 交 价：HKD 146,280

三彩马

年　　代：唐
尺　　寸：高 68.6 厘米、长 76.2 厘米；高 67.9 厘米、
　　　　　长 76.2 厘米
拍卖时间：纽约苏富比　2003 年 3 月 27 日
　　　　　中国瓷器工艺品及鼻烟壶　第 36 号
成 交 价：USD 1,576,000

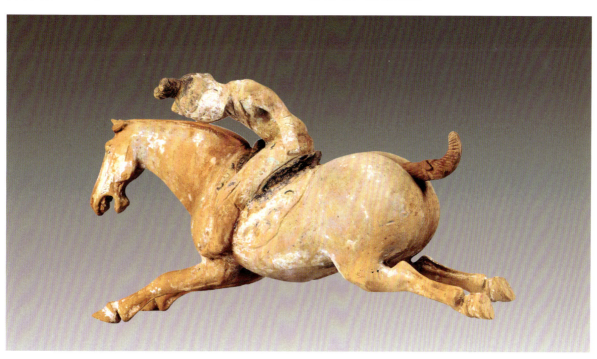

彩色釉陶打马球女俑（一对）

年　　代：唐
尺　　寸：高 21.5 厘米、长 21 厘米
拍卖时间：崇源国际　2006 年 5 月 2 日　中国古董　第 442 号
估　　价：HKD 800,000~1,200,000
成 交 价：HKD 3,742,330

褐釉镇墓兽

年　　代：隋／唐早期

尺　　寸：高 38 厘米

拍卖时间：纽约佳士得　2003 年 9 月 18 日

　　　　　中国瓷器和艺术品　第 211 号

估　　价：USD 3,000~5,000

成 交 价：USD 5,019

白釉彩绘文吏俑（一对）

年　　代：隋

尺　　寸：高 26 厘米

拍卖时间：崇源国际　2006 年 5 月 2 日

　　　　　中国古董　第 441 号

估　　价：HKD 80,000~100,000

成 交 价：HKD 304,750

蓝三彩马

年　　代：唐

尺　　寸：长 54.6 厘米

拍卖时间：纽约佳士得　2004 年 3 月 24 日

　　　　　中国瓷器、工艺品　第 145 号

估　　价：USD 150,000~180,000

成 交 价：USD 220,300

加彩镇墓兽（一对）

年　　代：唐

尺　　寸：高 76.8 厘米、高 75 厘米

拍卖时间：纽约佳士得　2004 年 3 月 24 日

　　　　　中国瓷器、工艺品　第 135 号

估　　价：USD 200,000~300,000

成 交 价：USD 433,100

稀见白釉扁壶

年　　代：隋

尺　　寸：高 38.1 厘米

拍卖时间：纽约苏富比　1995 年 3 月 22 日

　　　　　中国瓷器、家具　第 385 号

估　　价：USD 6,000~8,000

成 交 价：USD 13,800

三彩刻花三足盘

年　　代：唐

尺　　寸：直径 19 厘米

拍卖时间：香港佳士得　1995 年 4 月 30 日

　　　　　中国瓷器工艺品（中国陶瓷、杂项、

　　　　　玉器及鼻烟壶）　第 634 号

估　　价：HKD 500,000~600,000

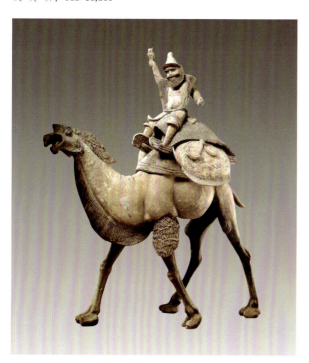

胡人骆驼猎鸟俑

年　　代：唐

尺　　寸：高 99.1 厘米

拍卖时间：纽约苏富比　2002 年 3 月 20 日

　　　　　重要瓷器及工艺品　第 55 号

估　　价：USD 200,000~300,000

成 交 价：USD 412,750

加彩陶仕女俑

年　　代：唐

尺　　寸：高 48.6 厘米

拍卖时间：纽约佳士得　2002 年 3 月 21 日

　　　　　中国瓷器工艺品　第 100 号

估　　价：USD 50,000~60,000

陶持乐器仕女（五件）

年　　代：隋

尺　　寸：高 25 厘米

拍卖时间：纽约佳士得

　　　　　2002 年 11 月 26 日　第 213 号

估　　价：USD 12,000~16,000

成 交 价：USD 24,675

加彩灰陶——卧姿大迦叶佛

年　　代：唐

尺　　寸：长 69.2 厘米

拍卖时间：纽约佳士得　2003 年 3 月 26 日

　　　　　精美中国陶瓷器及工艺品

　　　　　第 189 号

估　　价：USD 250,000~350,000

成 交 价：USD 231,500

彩绘陶天王俑（一对）

年　　代：唐

尺　　寸：高 67.4 厘米、59.7 厘米

拍卖时间：崇源国际　2006 年 5 月 2 日

　　　　　中国古董　第 443 号

估　　价：HKD 400,000~500,000

成 交 价：HKD 552,000

宋元陶瓷

中国古代陶瓷拍卖投资考成汇典

ZHONG GUO GU DAI TAO CI
PAI MAI TOU ZI
KAO CHENG HUI DIAN

1. 宋元陶瓷概况

宋代瓷器的最大成就是开拓了瓷釉审美的新境界，也就是说，艺术瓷始于宋代。唐代瓷器只做到了"仿玉类银"，还停留在实用品的层次上。宋代瓷器上的刻划花、釉开片以及汁水莹润如堆脂，都成为后代瓷业长期追仿的榜样。这是古代文人狂热收藏宋代瓷器的重要原因。

宋代出现了宫廷掌控的官窑——官窑和汝窑。民窑兴起，根据产品工艺、釉色、造型与装饰的特点及同异，形成了各种不同的窑系。著名的瓷窑在北方地区有定窑、耀州窑、钧窑、磁州窑，南方地区有景德镇窑、龙泉窑、建窑、吉州窑、德化窑等。

定窑生产白釉瓷，胎薄釉润，造型优美，花纹繁复，除刻划花纹外，还多用印花。为官府烧造的瓷器，器底常刻"官"或"新官"款。北宋中期定窑创造了覆烧技术，提高了产量，为宋代诸窑中最有影响的窑场。

耀州窑烧造青瓷，兼烧白、黑釉瓷，其青瓷装饰受定窑影响，极为富丽。北宋晚期是耀州窑的鼎盛时期，金元时期仍在烧造。

钧窑是北宋时期北方另一个青瓷窑场，釉色以天青、天蓝、月白色为主，并有紫红色的窑变，以斑斓的釉色代替花纹装饰，在青釉瓷器中是突起的异军。金元时期北方许多民窑均烧钧瓷。

磁州窑是北方著名的民窑，以烧造白釉黑（褐）花的瓷器为主，并有划花、剔花及釉上红绿彩、加彩等釉色品种。

景德镇窑是从北宋时期发展起来的，以烧造青白釉（影青釉）为主，印花纹饰仿定窑，南宋以后景德镇窑采用覆烧方法，使产量大增。

龙泉窑是继越窑而起的南方青瓷的主流，特别在南宋时期，龙泉窑烧制出粉青、梅子青等特色釉色，达到了青釉瓷器的高峰。

建窑是烧造黑瓷的名窑，在南宋时曾为宫廷烧造瓷器，能在黑釉上利用铁的结晶烧出"油滴"、"兔毫"等不同的纹色，显示了高超的技术。

吉州窑杂仿其他名窑，如仿建窑黑瓷，创烧出黑黄色混合的"玳瑁"釉及民间剪纸贴花的图样，形成了独特风格。

1279年，元朝统一了中国，随着对外贸易的发展，钧窑、磁州窑、龙泉窑、霍县窑等继续烧造传统陶瓷产品，远销国内外。至元十五年（1278年），元朝在景德镇设立"浮梁瓷局"，生产宫廷用瓷。行政长官叫"瓷局大使"，正九品，所辖匠户不足百户，在1295年—1324年间有较大的发展，所辖匠户达四百多户。"浮梁瓷局"也可视为元代的官窑，存在74年，为中国瓷器的发展做出了重大贡献。

首先，是确立了瓷石加高岭土的"二元配方"，由此可提高烧成温度，减少了坯胎在烧成时的变形质瓷，瓷胎与高温釉的结合很好，故能制作高大之器。从此，中国制瓷工艺完成了由软质瓷向硬质瓷的飞跃，结束了中国瓷器在宋代以前来"重釉轻胎"的历史，瓷器也达到了"冰肌玉骨"的新境界，为彩瓷的出现打下了技术基础。其次是青花瓷、釉里红瓷、三彩瓷的烧造成功，使中国绘画书法艺术与瓷装饰成功"联姻"，特别是元代青花瓷的出现，开辟了中国瓷器彩绘装饰工艺的新纪元。第三是颜色釉瓷的烧造成功，出现了钴蓝釉、铜红釉、卵白釉等新品种，这是熟练掌握各种呈色剂的重要标志，结束了元代以前中国瓷器"仿玉类银"的局面。

2. 宋元陶瓷典型拍卖品

1993 年，香港苏富比"苏富比 20 年（1973 年—1993 年）"第 1 号拍品——"南宋官窑青瓷六棱"，以 2200 万港币成交。第 8 号拍品——"宋代钧窑天蓝釉花盆"，以 121 万港币成交。第 13 号拍品——"五代浙江青瓷刻花多管瓶"，以 165 万港币成交。第 20 号拍品——"元代青花缠枝花果瑞兽纹大盘"，以 748 万港币成交。第 21 号拍品——"元代青花印花果纹棱口大盘"，以 770 万港币成交。第 25 号拍品——"元代青花庭苑人物大罐"，以 308 万港币成交。第 28 号拍品——"元代青花折枝牡丹孔雀纹扁壶"，以 473 万港币成交。

2004 年 4 月 26 日，香港佳士得"中国宫廷御制艺术精品、陶瓷及工艺精品拍卖专场"第 1021 号拍品——"元代青花缠枝牡丹纹双鱼耳大罐"，以 2190.375 万港币成交，成为 2004 年陶瓷器拍卖十大天价排行榜第五名。

2005 年 7 月 12 日，伦敦佳士得拍卖的元代青花"鬼谷子下山"图罐，由伦敦古董商艾斯凯纳齐以 1568.8 万英镑（约 2.45 亿人民币）竞得，刷新了同年中国瓷器及工艺品拍卖价格的最高纪录。

从历年拍卖行情上看，元代青花瓷器是众多收藏爱好者最心仪的收藏重点。从拍卖角度来看，元代青花极具收藏价值。之所以具有收藏价值，是因为它出现于宋代瓷器生产的高峰之末，上承宋瓷，下启明清瓷，在烧制方法上有了突破，采用釉下彩技术，即在瓷器上作画，然后盖上透明釉，在高温下一次烧成。同时，元青花瓷器上的画多为花鸟草虫，人物形象非常少，开辟了由素瓷向彩瓷过渡的新时代，这是我国制瓷工艺上的重大突破。元青花瓷，造型精美雄浑，是中国瓷器史上的巅峰之作。

官窑胆瓶

年　　代：南宋

拍卖时间：香港苏富比
　　　　　1973 年—1993 年（20 年）
　　　　　苏富比 20 年　第 2 号

成 交 价：HKD 920,000

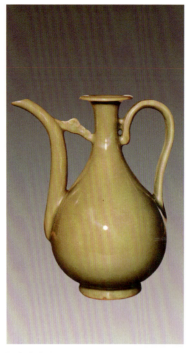

龙泉窑青瓷执壶

年　　代：14 世纪—15 世纪

拍卖时间：香港苏富比
　　　　　1973 年—1993 年（20 年）
　　　　　苏富比 20 年　第 18 号

成 交 价：HKD 16,500

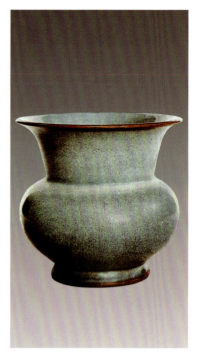

钧窑天蓝釉花盆

年　　代：宋

拍卖时间：香港苏富比
　　　　　1973 年—1993 年（20 年）
　　　　　苏富比 20 年　第 9 号

成 交 价：GBP 39,600

影青佛座像

年　　代：元

拍卖时间：香港苏富比
　　　　　1973 年—1993 年（20 年）
　　　　　苏富比 20 年　第 14 号

成 交 价：HKD 1,155,000

影青观音座像

年　　代：元

拍卖时间：香港苏富比
　　　　　1973 年—1993 年（20 年）
　　　　　苏富比 20 年　第 15 号

成 交 价：HKD 3,300,000

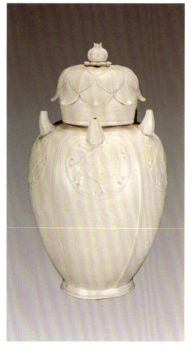

浙江青瓷刻花多管瓶

年　　代：五代

拍卖时间：香港苏富比
　　　　　1973 年—1993 年（20 年）
　　　　　苏富比 20 年　第 13 号

成 交 价：HKD 1,650,000

钧窑玫瑰紫釉三足水仙盆

年　　代：宋

拍卖时间：香港苏富比

　　　　　1973 年—1993 年（20 年）

　　　　　苏富比 20 年　第 7 号

成 交 价：HKD 41,800

官窑青瓷六棱洗

年　　代：南宋

拍卖时间：香港苏富比

　　　　　1973 年—1993 年（20 年）

　　　　　苏富比 20 年　第 1 号

成 交 价：HKD 22,000,000

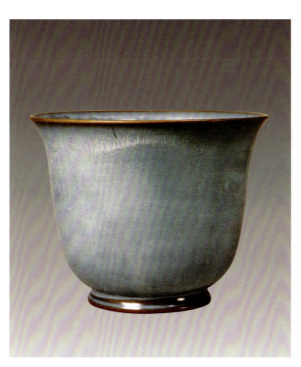

钧窑天蓝釉花盆

年　　代：宋

拍卖时间：香港苏富比　1973 年—1993 年（20 年）

　　　　　苏富比 20 年　第 8 号

成 交 价：HKD 1,210,000

青花折枝牡丹孔雀纹扁壶

年　　代：元

拍卖时间：香港苏富比　1973 年—1993 年（20 年）

　　　　　苏富比 20 年　第 28 号

成 交 价：HKD 4,730,000

青花缠枝花果瑞兽纹大盘
年　　代：元
拍卖时间：香港苏富比
　　　　　1973年—1993年（20年）
　　　　　苏富比20年　第20号
成 交 价：HKD 7,480,000

青花印花果纹棱口大盘
年　　代：元
拍卖时间：香港苏富比
　　　　　1973年—1993年（20年）
　　　　　苏富比20年　第21号
成 交 价：HKD 7,700,000

青花庭苑人物大罐
年　　代：元
拍卖时间：香港苏富比
　　　　　1973年—1993年（20年）
　　　　　苏富比20年　第25号
成 交 价：HKD 3,080,000

越窑青釉刻莲瓣六口盖尊
年　　代：11世纪
尺　　寸：高35厘米
拍卖时间：香港佳士得
　　　　　1992年9月29日
　　　　　中国瓷器、玉器、翡翠、
　　　　　工艺品　第458号
估　　价：HKD 250,000~300,000

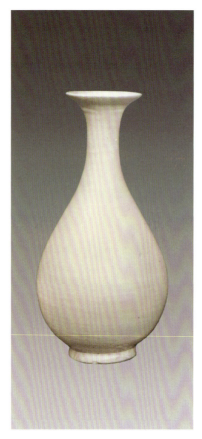

定窑玉壶春瓶
年　　代：宋
尺　　寸：高26厘米
拍卖时间：香港佳士得
　　　　　1993年3月23日
　　　　　中国瓷器、玉器、工艺品
　　　　　第704号
估　　价：HKD 150,000~180,000

钧窑三足炉
年　　代：北宋
拍卖时间：北京翰海　1994年9月19日
　　　　　中国古董、珍玩　第8号
估　　价：RMB 90,000~100,000

耀州窑青釉划花莲纹盘
年　　代：北宋
尺　　寸：口径18.7厘米
拍卖时间：香港佳士得
　　　　　1992年9月29日
　　　　　中国瓷器、玉器、翡翠、
　　　　　工艺品　第461号
估　　价：HKD 900,000~120,000

龙泉窑翠青釉半月型剔花长颈花插

年　　代：元

尺　　寸：长 19.1 厘米

拍卖时间：香港佳士得

　　　　　1992 年 9 月 29 日

　　　　　中国瓷器、玉器、翡翠、

　　　　　工艺品　第 462 号

估　　价：HKD 140,000~180,000

定窑刻龙纹盘

年　　代：北宋

尺　　寸：口径 30 厘米

拍卖时间：香港佳士得

　　　　　1992 年 9 月 29 日

　　　　　中国瓷器、玉器、翡翠、

　　　　　工艺品　第 452 号

估　　价：HKD 1,800,000~2,200,000

龙泉窑雕折枝莲盖罐

年　　代：宋

尺　　寸：高 33 厘米

拍卖时间：香港佳士得

　　　　　1994 年 10 月 31 日

　　　　　中国重要陶瓷　第 537 号

估　　价：HKD 250,000~300,000

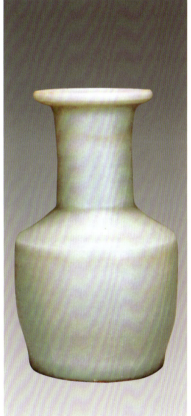

钧窑天蓝釉紫斑双耳台付瓶

年　　代：宋 / 金

拍卖时间：香港苏富比

　　　　　1994 年 11 月 1 日

　　　　　中国瓷器工艺品　第 7 号

估　　价：HKD 500,000~600,000

龙泉窑青瓷纸槌瓶

年　　代：宋

拍卖时间：香港苏富比

　　　　　1994 年 11 月 1 日

　　　　　中国瓷器工艺品　第 10 号

估　　价：HKD 300,000~400,000

龙泉窑双凤耳瓶

年　　代：宋

尺　　寸：高 17 厘米

拍卖时间：香港佳士得

　　　　　1994 年 10 月 31 日

　　　　　中国重要陶瓷　第 530 号

估　　价：HKD 300,000~400,000

龙泉窑青瓷弦纹三足炉

年　　代：南宋

拍卖时间：香港苏富比
　　　　　1994 年 11 月 1 日
　　　　　中国瓷器工艺品　第 11 号

估　　价：HKD 180,000~220,000

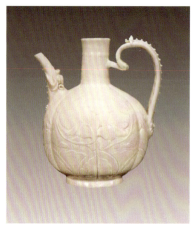

定窑刻牡丹纹龙首流镂空柄瓜棱式执壶

年　　代：北宋

拍卖时间：香港苏富比
　　　　　1994 年 11 月 1 日
　　　　　中国瓷器工艺品　第 5 号

估　　价：HKD 1,600,000~1,800,000

龙泉窑青瓷条纹荷叶盖罐

年　　代：元

拍卖时间：香港苏富比
　　　　　1994 年 11 月 1 日
　　　　　中国瓷器工艺品　第 12 号

估　　价：HKD 250,000~300,000

龙泉窑青瓷刻牡丹花纹罐

年　　代：元

尺　　寸：高 28 厘米

拍卖时间：香港佳士得
　　　　　1995 年 4 月 30 日
　　　　　中国瓷器工艺品（中国陶瓷、
　　　　　杂项、玉器及鼻烟壶）
　　　　　第 638 号

估　　价：HKD 120,000~150,000

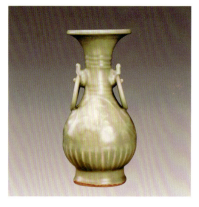

龙泉窑青瓷莲纹双耳瓶

年　　代：元

尺　　寸：高 27 厘米

拍卖时间：香港佳士得
　　　　　1995 年 4 月 30 日
　　　　　中国瓷器工艺品（中国陶瓷、
　　　　　杂项、玉器及鼻烟壶）
　　　　　第 639 号

估　　价：HKD 400,000~500,000

青花凤凰麒麟莲花纹八方大罐

年　　代：元

尺　　寸：高 42 厘米

拍卖时间：香港佳士得
　　　　　1993 年 3 月 23 日
　　　　　中国瓷器、玉器、工艺品
　　　　　第 708 号

估　　价：HKD 1,300,000~1,600,000

定窑酱釉盏托

年　　代：宋

尺　　寸：直径 12 厘米

拍卖时间：香港佳士得　1995 年 4 月 30 日
　　　　　中国瓷器工艺品（中国陶瓷、杂项、玉器及鼻烟壶）
　　　　　第 636 号

估　　价：HKD 80,000~120,000

青花缠枝牡丹罐

年　　代：元

拍卖时间：北京翰海
　　　　　1995 年 10 月 7 日
　　　　　中国古董珍玩　第 1054 号

估　　价：RMB 1,480,000~2,000,000

青花方盆

年　　代：元

拍卖时间：中国嘉德
　　　　　1995 年 10 月　9 日
　　　　　瓷器、玉器、工艺品第 659 号

估　　价：RMB 500,000~700,000

哥窑葵口盘

年　　代：南宋

尺　　寸：直径 14 厘米

拍卖时间：纽约佳士得
　　　　　2004 年 3 月 24 日
　　　　　中国瓷器、工艺品　第 151 号

估　　价：USD 400,000~500,000

成 交 价：USD 1,463,500

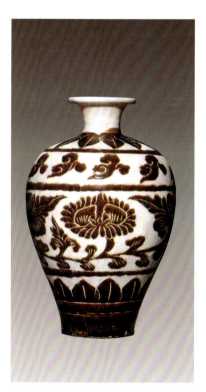

磁州窑刻花褐彩梅瓶

年　　代：北宋

尺　　寸：高 27 厘米

拍卖时间：香港佳士得
　　　　　2004 年 11 月 1 日
　　　　　中国艺术精品、陶瓷及工艺
　　　　　精品 / 龙凤传珍　第 813 号

估　　价：HKD 10,000,000~
　　　　　　　　15,000,000

成 交 价：HKD 13,503,750

青白釉观音菩萨坐像

年　　代：南宋

尺　　寸：高 29.2 厘米

拍卖时间：香港佳士得
　　　　　2011 年 6 月 1 日
　　　　　重要中国瓷器、工艺品
　　　　　第 3726 号

估　　价：HKD 7,000,000~9,000,000

成 交 价：HKD 25,300,000

磁州刻花黑彩梅瓶

年　　代：北宋

拍卖时间：纽约苏富比
　　　　　2011 年 3 月 23 日
　　　　　中国瓷器、工艺品
　　　　　第 539 号

估　　价：USD 150,000~200,000

成 交 价：USD 506,500

钧窑天蓝釉鼓钉纹水仙盆
年　　代：北宋
拍卖时间：香港苏富比　1994 年 11 月 1 日
　　　　　中国瓷器工艺品　第 6 号
估　　价：HKD 300,000~400,000

青花缠枝莲龙凤纹梅瓶
年　　代：元
尺　　寸：高 45.6 厘米
拍卖时间：香港佳士得　1994 年 10 月 31 日
　　　　　中国重要陶瓷　第 539 号
估　　价：HKD 750,000~850,000

钧窑玫瑰紫鼓钉水仙盆
年　　代：北宋
尺　　寸：口径 25.3 厘米
拍卖时间：香港佳士得　1995 年 4 月 30 日
　　　　　中国瓷器工艺品（中国陶瓷、杂项、玉器及鼻烟壶）
　　　　　第 637 号
估　　价：HKD 1,500,000~2,000,000

钧窑月白釉花口洗
年　　代：南宋
拍卖时间：北京翰海　1995 年 10 月 7 日　中国古董珍玩　第 1013 号
估　　价：RMB 300,000~400,000

官窑瓜棱瓶
年　　代：南宋
拍卖时间：北京翰海　1995 年 10 月 7 日
　　　　　中国古董珍玩　第 1014 号
估　　价：HKD 280,000~400,000

影青釉提梁式八角龙首水注

年　　代：元

尺　　寸：高 5.5 厘米

拍卖时间：北京匡时　2007 年 12 月 3 日

　　　　　古代瓷器工艺品专场第 2059 号

估　　价：RMB 150,000~200,000

成 交 价：RMB 168,000

青花缠枝牡丹纹双鱼耳大罐

年　　代：元

尺　　寸：高 50.5 厘米

拍卖时间：香港佳士得　2004 年 4 月 26 日

　　　　　中国宫廷御制艺术精品、

　　　　　陶瓷及工艺精品　第 1021 号

估　　价：HKD 5,800,000~6,500,000

成 交 价：HKD 21,903,750

邢窑八方钵

年　　代：宋

尺　　寸：直径 21 厘米

拍卖时间：德国纳高　2004 年 11 月 12 日

　　　　　亚洲艺术　第 1522 号

估　　价：EUR 60,000

成 交 价：EUR 319,200

青花缠枝牡丹纹罐

年　　代：元 14 世纪

尺　　寸：高 28 厘米

拍卖时间：伦敦苏富比　2010 年 11 月 10 日

　　　　　中国瓷器、工艺品第 32 号

估　　价：GBP 400,000~600,000

成 交 价：GBP 2,617,250

建窑油滴碗

年　　代：宋（"供御"款）

尺　　寸：高 6.6 厘米、长 12.6 厘米

拍卖时间：北京长风 2008 年 4 月 30 日瓷器杂项 第 134 号

估　　价：RMB 1,500,000~1,800,000

成 交 价：RMB 1,680,000

青花岁寒三友罐
年　　代：元
尺　　寸：高 21 厘米
拍卖时间：北京翰海　2004 年 6 月 28 日
　　　　　中国古董珍玩　第 1784 号
估　　价：RMB 3,800,000~5,000,000
成 交 价：RMB 5,005,000

景德镇窑青白釉螭龙枕
年　　代：北宋
尺　　寸：高 15.5 厘米、长 17.5 厘米
拍卖时间：崇源国际　2006 年 5 月 2 日
　　　　　中国古董　第 458 号
估　　价：HKD 100,000~150,000
成 交 价：HKD 170,660

龙泉窑缠枝牡丹大罐
年　　代：元
尺　　寸：高 29.5 厘米
拍卖时间：北京保利　2007 年 6 月 2 日
　　　　　古董珍玩 1　第 2012 号
估　　价：RMB 120,000~180,000
成 交 价：RMB 198,000

青花凤穿花纹玉壶春瓶
年　　代：元
尺　　寸：高 31 厘米
拍卖时间：北京匡时
　　　　　2007 年 12 月 3 日
　　　　　古代瓷器工艺品专场
　　　　　第 2062 号
估　　价：RMB 400,000~600,000
成 交 价：RMB 537,600

龙泉窑青釉铁斑露胎模印加金八仙过海
图八角梅瓶
年　　代：元
尺　　寸：高 20.4 厘米
拍卖时间：北京诚轩
　　　　　2006 年 6 月 5 日
　　　　　瓷器工艺品实录　第 11 号
估　　价：RMB 600,000~900,000
成 交 价：RMB 1,672,000

钧窑月白釉长颈瓶
年　　代：宋
尺　　寸：高 31.1 厘米
拍卖时间：北京诚轩
　　　　　2007 年 5 月 10 日
　　　　　瓷器工艺品　第 7 号
估　　价：RMB 280,000~350,000
成 交 价：RMB 308,000

青花蓝地白花模印缠枝莲纹折沿菱口盘

年　　代：元

尺　　寸：直径 42.5 厘米

拍卖时间：北京匡时 2007 年 12 月 3 日
　　　　　古代瓷器工艺品专场
　　　　　第 2061 号

估　　价：RMB 2,200,000~3,000,000

成 交 价：RMB 2,464,000

青花芭蕉瓜果大盘

年　　代：元

尺　　寸：直径 39.5 厘米

拍卖时间：北京保利　2009 年 5 月 29 日
　　　　　中国元明清宫廷艺术——
　　　　　古董夜场　第 1354 号

估　　价：RMB 4,000,000~6,000,000

成 交 价：RMB 6,608,000

钧窑玫瑰紫釉折沿盘

年　　代：北宋／金

尺　　寸：高 19 厘米

拍卖时间：北京诚轩 2007 年 5 月 10 日
　　　　　瓷器工艺品　第 8 号

估　　价：RMB 400,000~500,000

成 交 价：RMB 1,210,000

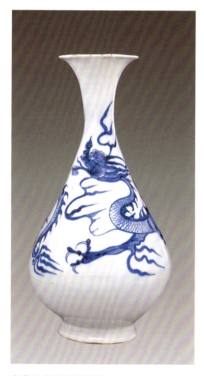

青花云龙纹玉壶春瓶

年　　代：元

尺　　寸：高 25 厘米

拍卖时间：中国嘉德
　　　　　2009 年 11 月 21 日
　　　　　瓷器工艺品　第 2010 号

估　　价：RMB 500,000~700,000

成 交 价：RMB 560,000

龙泉双摩羯鱼耳瓶

年　　代：南宋

尺　　寸：高 19.5 厘米

拍卖时间：北京保利
　　　　　2010 年 12 月 5 日
　　　　　"在望山庄"徐氏珍藏
　　　　　第 4452 号

估　　价：RMB 100,000~150,000

成 交 价：RMB 168,000

青花孔雀牡丹带盖梅瓶

年　　代：元

尺　　寸：高 45 厘米

拍卖时间：北京保利
　　　　　2010 年 12 月 5 日
　　　　　"在望山庄"徐氏珍藏
　　　　　第 4455 号

估　　价：RMB 10,000,000~15,000,000

成 交 价：RMB 15,680,000

龙泉窑模印龙纹盘

年　　代：元

尺　　寸：34 厘米

拍卖时间：中国嘉德　2009 年 11 月 21 日

　　　　　　瓷器工艺品　第 1908 号

估　　价：RMB 120,000～160,000

成 交 价：RMB 179,200

龙泉青釉金玉满堂盖罐

年　　代：元

尺　　寸：31.5 厘米

拍卖时间：中国嘉德　2009 年 11 月 21 日

　　　　　　瓷器工艺品　第 1907 号

估　　价：RMB 55,000～75,000

成 交 价：RMB 179,200

青花缠枝牡丹纹大罐

年　　代：元

尺　　寸：高 29.5 厘米

拍卖时间：北京长风　2008 年 4 月 30 日

　　　　　　瓷器杂项　第 175 号

成 交 价：13,440,000

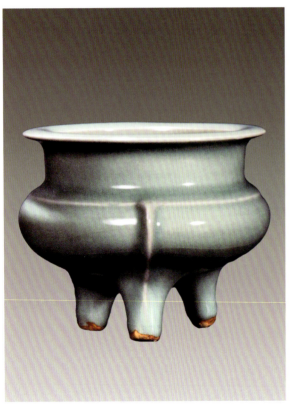

龙泉窑青釉鬲式炉

年　　代：南宋

尺　　寸：13.1 厘米

拍卖时间：北京中汉　2010 年 5 月 18 日瓷器工艺品　第 011 号

估　　价：RMB 150,000～250,000

成 交 价：RMB 212,800

磁州窑白地剔花花卉纹梅瓶

年　　代：宋

尺　　寸：高 31.5 厘米

拍卖时间：中国嘉德　2009 年 11 月 21 日

　　　　　　瓷器工艺品　第 1909 号

估　　价：RMB 650,000～850,000

成 交 价：RMB 728,000

定窑白釉刻缠枝芙蓉花碗
年　　代：北宋
尺　　寸：直径 16.8 厘米
拍卖时间：北京保利　2010 年 12 月 5 日
　　　　　宫廷艺术重要瓷器工艺品
　　　　　第 4667 号
估　　价：RMB 200,000~300,000
成 交 价：RMB 358,400

龙泉划荷花盘
年　　代：宋
款　　识：墨书款
尺　　寸：直径 15.5 厘米
拍卖时间：北京保利　2010 年 6 月 5 日
　　　　　中国古董珍玩　第 4984 号
估　　价：RMB 40,000~60,000
成 交 价：RMB 44,800

龙泉粉青折沿洗
年　　代：南宋
尺　　寸：直径 13 厘米
拍卖时间：北京保利　2010 年 12 月 6 日
　　　　　中国古董珍玩 1
　　　　　第 5252 号
估　　价：RMB 100,000~150,000
成 交 价：RMB 179,200

青花缠枝牡丹罐
年　　代：元
尺　　寸：高 22.5 厘米
拍卖时间：北京保利　2010 年 6 月 4 日
　　　　　"九土来王"东西美术交流
　　　　　与乾隆盛世　第 4166 号
估　　价：RMB 2,000,000~3,000,000
成 交 价：RMB 3,360,000

钧窑天蓝釉鼓钉式三足洗
年　　代：宋 / 元
款　　识："七"款
尺　　寸：直径 19.7 厘米
拍卖时间：北京保利　2010 年 12 月 5 日
　　　　　"在望山庄"徐氏珍藏第 4451 号
估　　价：RMB 1,500,000~2,500,000
成 交 价：RMB 5,488,000

耀州窑青釉折枝花卉折腰盘

年　　代：北宋
尺　　寸：直径 21 厘米
拍卖时间：北京保利　2010 年 12 月 6 日
　　　　　中国古董珍玩 1　第 5255 号
估　　价：RMB 150,000~200,000
成 交 价：RMB 168,000

龙泉窑双鱼洗

年　　代：宋
尺　　寸：21.5 厘米
拍卖时间：北京保利　2010 年 11 月 21 日
　　　　　铄古铸今——明清工艺的摹古与创新　第 2679 号
估　　价：RMB 150,000~250,000
成 交 价：RMB 168,000

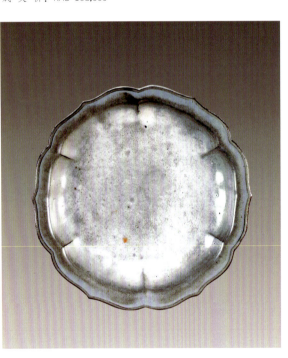

钧窑天蓝釉菱口洗

年　　代：元明早期
款　　识："九"号款
尺　　寸：直径 20 厘米
拍卖时间：北京保利　2010 年 12 月 5 日
　　　　　宫廷艺术重要瓷器工艺品　第 4668 号
估　　价：RMB 500,000~800,000
成 交 价：RMB 560,000

粉青双凤耳瓶（一对）

年　　代：南宋
尺　　寸：高 19 厘米
拍卖时间：北京保利　2010 年 12 月 6 日
　　　　　中国古董珍玩 1　第 5253 号
估　　价：RMB 200,000~300,000
成 交 价：RMB 224,000

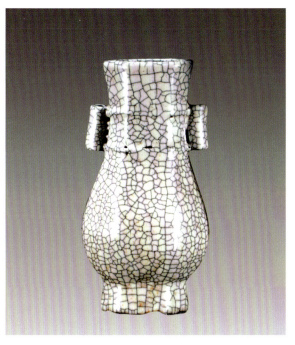

哥窑八方贯耳壶

年　　代：南宋至元

尺　　寸：高 15.5 厘米

拍卖时间：北京保利　2010 年 12 月 5 日

　　　　　宫廷艺术重要瓷器工艺品　第 4669 号

估　　价：RMB 3,000,000~5,000,000

成 交 价：RMB 4,704,000

粉青双凤耳瓶（一对）

年　　代：南宋

尺　　寸：高 19 厘米

拍卖时间：北京保利　2010 年 12 月 6 日

　　　　　中国古董珍玩 1　第 5253 号

估　　价：RMB 200,000~300,000

成 交 价：224,000

磁州窑绿地黑花诗文梅瓶

年　　代：宋 / 金

尺　　寸：高 30.5 厘米

拍卖时间：北京保利　2010 年 12 月 6 日

　　　　　中国古董珍玩 1　第 5259 号

估　　价：RMB 60,000~80,000

成 交 价：RMB 100,800

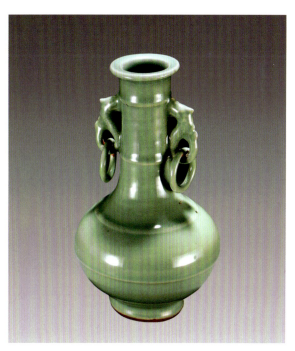

龙泉窑双龙耳游环瓶

年　　代：宋 / 元

尺　　寸：高 26 厘米

拍卖时间：北京保利　2010 年 12 月 6 日

　　　　　中国古董珍玩 1　第 5263 号

估　　价：RMB 65,000~85,000

成 交 价：RMB 425,600

耀州窑黑釉兔毫盏
年　　代：宋
尺　　寸：直径 13.5 厘米
拍卖时间：北京保利　2010 年 12 月 6 日
　　　　　中国古董珍玩 1　第 5257 号
估　　价：RMB 50,000~80,000
成 交 价：RMB 123,200

钧窑天蓝釉盘
年　　代：北宋
尺　　寸：直径 14 厘米
拍卖时间：北京保利　2010 年 12 月 6 日
　　　　　中国古董珍玩 1　第 5258 号
估　　价：RMB 100,000~200,000
成 交 价：RMB 112,000

青花孔雀牡丹纹大梅瓶
年　　代：元
尺　　寸：高 52.5 厘米
拍卖时间：北京保利　2010 年 12 月 6 日
　　　　　中国古董珍玩 1　第 5273 号
估　　价：RMB 7,000,000~9,000,000
成 交 价：RMB 12,880,000

明清陶瓷

中国古代陶瓷拍卖
投资考成汇典

ZHONG GUO GU DAI TAO CI
PAI MAI TOU ZI
KAO CHENG HUI DIAN

1. 明瓷概况

从明代起，全国各地制瓷高手云集景德镇，使景德镇成为全国瓷业中心，有瓷都之誉。虽然此时河北彭城（邯郸）、浙江处州（龙泉）、福建德化、江苏宜兴都有特色瓷器的大量生产，但都不如景德镇器瓷业的全面发展。

明廷在景德镇建立官窑，凭借官方的优势，全面地继承了青瓷、白瓷的烧制技术，还把高温、低温色釉技术用于彩瓷的烧制之中，使各种色釉瓷和彩绘瓷（其中以青花瓷为主位）逐渐流行，彻底改变了明以前以单色釉瓷为主的局面；在器形方面也丰富多彩，达到无物不备的程度。明代景德镇的民窑也兴旺发达，形成了官民竞市的局面。

明代官窑瓷的艺术成就突出，永乐官窑鲜红釉、甜白釉和青花瓷，在我国陶瓷发展史上占有特殊的地位。宣德官窑则以青花和铜红釉最好，成为中国陶瓷发展史上两颗相映的灿烂明珠。成化官窑仿哥窑冰裂纹的小件瓷，纹片、釉色精美；成化官窑五彩彩瓷，精妙绝伦；成化斗彩则达到了历史顶峰，典型器物有鸡缸杯、高士杯等，以后各朝斗彩瓷望尘莫及，以至留下"明看成化，清看雍正"之说。弘治官窑的娇黄釉瓷达到了历史最高水平，为历朝黄釉瓷所不及，并又出现了黄釉绿彩和黄釉青花等名贵彩瓷。万历官窑以品种丰富多彩，达到了"制作日巧，无物不备"的程度而著称，是明代瓷器的鼎盛时期。

2. 清瓷概况

清代瓷业从康熙十九年（1680 年）开始得到恢复和发展，在康熙、雍正、乾隆三朝有了更长足的发展，质量之精美，造型之多样，彩釉之丰富，可谓登峰造极。清瓷的成就可分三个方面：一是仿宋法古，二是颜色釉，三是青花与五彩。

仿宋法古，上到战国金银错壶，下到唐三彩及定、汝、哥、官、钧，无一不取得卓越成就。颜色釉，如胭脂水、豇豆红、龙泉青、孔雀绿、瓜皮绿以及油红、变钧等不下百十种，真正做到得心应手、随心所欲，而且色彩鲜明、釉质莹泽、胎质精美，都可说是前无古人。青花五彩，达到瓷器艺术的历史高峰。此外，珐琅彩、满地百花、青花加紫、素三彩，或以繁复取胜，或以淡雅见长，更是花样翻新。值得特别称道的是，此时期瓷器实现了画意精美、瓷质莹洁和造型秀挺的密切结合。

3. 明清陶瓷典型拍卖品

1993 年，香港苏富比"苏富比 20 年（1973 年—1993 年）拍卖专场"第 30 号拍品——"明洪武釉里红折枝牡丹纹棱口大盘"，以 1034 万港币成交。第 32 号拍品——"明洪武釉里红缠枝牡丹纹玉壶春瓶"，以 1705 万港币成交。第 39 号拍品——"明洪武釉里红缠枝牡丹菊纹大碗"，以 2035 万港币成交。第 56 号拍品——"明永乐青花缠枝牡丹桃纹大碗"，以 1320 万港币成交。第 73 号拍品——"明永乐青花葡萄纹棱口大盘"，以 330 万港币成交。

1995 年 4 月，北京翰海拍品——"明永乐青花扁腹葫芦瓶"，以 1331 万元创造了当年国内瓷器最高纪录。

1998 年 5 月，中国嘉德拍品——"清雍正青花釉里红天球瓶"，以 440 万元刷新当年同类拍品的最高纪录。

4. 近年陶瓷拍卖市场交易情况（选取代表拍品）

2004 年中国陶瓷拍卖十大天价排行榜：

第一名，旧金山伯得富拍品——"明洪武釉里红四季花卉纹大盘"，成交价高达 572.625 万美元，此成交价仅次于历年中国瓷器拍卖第一高价——纽约多伊尔拍卖公司以 5831.5 万美元拍出的"元代青花朝圣龙纹扁壶"，成为历年中国陶瓷拍卖十大天价第二名。

第二名，"清代乾隆胭脂红地轧道锦纹粉彩缠枝花卉纹梅瓶"，以 4150.24 万港币成交，刷新了清代瓷器世界拍卖的最高纪录，并超过 2002 年 5 月 7 日香港苏富比被张永珍以 4150 万港币成交的年代。

第三名，香港佳士得拍品——"明代永乐时期青花内外底龙戏珠纹棱口洗"，以 4094.375 万港币成交。

第四名，香港佳士得拍品——"青花龙凤呈祥棱口洗"，以 26,383,750 港元成交。

第五名，"元青花缠枝牡丹纹双鱼耳大罐"，以 2190.375 万港币成交，标志着元代瓷器制作已经领袖群伦，跻身成为世界瓷艺的重心。

第六名，"清雍正豆青釉双龙耳大瓶"，以 1742.375 万港币成交，这件高价拍品是雍正年间仿古作品，它打破了清代单色釉瓷器拍卖的世界成交记录。

第七名，"清雍正珐琅彩暗凤蓝料山水图碗"，以 1686.375 万港币成交。

第八名，"清雍正粉彩花卉纹六棱碗"，以 1518.375 万元成交。

第九名，"清雍正青花釉里红海水云龙纹天球瓶"，以 1518.24 万港币成交，第六高价至第九高价的四件瓷品都是清代雍正时期官窑名品。

第十名，"北宋磁州窑刻花褐彩梅瓶"，以 11350.375 万港币成交。这件瓷器在"1935—1936 年英国伦敦中国艺术国际博览会"上已经抢尽风头，风靡一时；又在 2004 年香港佳士得拍卖会上刷新了磁州窑梅瓶拍卖的世界成交记录。

2005 年，是中国陶瓷艺术品拍卖最好的一年。

2005 年 5 月 2 日，香港苏富比拍品——"乾隆外粉青釉浮雕芭蕉叶镂空缠枝花卉纹内青花六方套瓶"，以 4761.522 万元人民币成交。

2005 年 5 月 30 日，香港佳士得拍品——"乾隆粉彩仿珐华莲池水禽纹盖罐（一对）"，以 2565.2 万元人民币成交。

2005 年 7 月 12 日，伦敦佳士得拍品——"元青花鬼谷子下山图罐"，高 27.5 厘米，径宽 33 厘米，以 22834.1978 万元人民币成交。

2005 年 10 月 23 日，香港苏富比拍品——"乾隆御制珐琅彩古月轩题诗花石锦鸡图双耳瓶"，高 16.5 厘米，以 12240.88 万元人民币成交。

2005 年 10 月 23 日，香港苏富比拍品——"明宣德青花云龙纹葵口洗"，直径 18.9 厘米，以 2980.72 万元人民币成交。

2008 年，受全球金融危机的影响，在北京各大拍卖公司的春季拍卖会上，古代陶瓷拍卖还是价格居高，多件中国古代瓷器的成交价跃升到千万以上，甚至超过两千万，让收藏界为之一震。

2008 年，北京翰海的"古董珍玩"专场拍品——"清乾隆粉青釉描金镂空开光粉彩荷莲童子转心瓶"，以 2133.6 万元人民币成交。

2008 年，中国嘉德拍品——"南宋官窑琮式瓶"，这件官窑琮式瓶曾两次出现在北京翰海的拍卖会上。

2008 年，拍卖时间：北京长风拍品——"元青花缠枝牡丹纹大罐"，以 1344 万元人民币的成交。

2008 年，中国嘉德拍品——"清乾隆釉里红团龙纹葫芦瓶"，以 400 万元人民币起叫，经过数位买家的竞价，最终以 1232 万元人民币的高价落槌。

2008 年，中国嘉德拍品——"明永乐青花暗刻龙纹碗"，以 1041.6 万元人民币成交。

2009 年 11 月 11 日，北京翰海拍品——"清乾隆官窑青花红彩龙纹如意耳葫芦瓶"，以 1200 万元人民币起拍，最终以 8344 万元成交，创下了国内瓷器拍卖最高纪录。

2009 年，北京翰海拍品——"清乾隆青花海水红彩龙纹八吉祥如意耳葫芦瓶"，以 8344 万元人民币的高价成交，成为 2009 年中国瓷器拍卖十大排行榜第一。

2010 年春季，中国嘉德第 2615 号拍品——"明代早期青花绘缠枝花卉托杂宝纹碗"，以 224 万元人民币成交，而同类碗在 1991 年的潘家园旧货市场上仅 200 元就可以买到，亦不算十分精细之物。

2010 年 4 月 8 日，香港苏富比拍品——"清乾隆时期粉青地金彩（交锁夔龙）图兽耳瓶（一对）"，以 3538 万港币万元成交。

2010 年 11 月 11 日，伦敦班布里吉斯拍品——"乾隆黄地粉彩四面开光吉庆有余纹转心瓶"，最终以 516 万英镑成交，获同年中国瓷器拍卖十大排行榜第一。

2010 年 10 月 7 日，香港苏富比拍品——"清乾隆期浅黄地洋彩锦上添花（万寿延绵）图长颈葫芦瓶"，以 2526.6 万港币成交，为同年中国瓷器拍卖十大排行榜第二。

2011 年 4 月 7 日，香港苏富比拍品——"清乾隆御制珐琅彩（古月轩）题诗（锦鸡花石）图胆瓶"，以 2 亿港币成交，成为 2011 年中国瓷器十大排行榜第一，中国艺术品拍卖十大排行榜第八名。

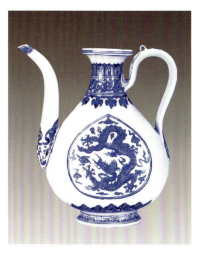

青花龙纹执壶
年　　代：明永乐
拍卖时间：香港苏富比
　　　　　1973 年—1993 年（20 年）
　　　　　苏富比 20 年　第 52 号
成 交 价：HKD 5,720,000

青花龙纹棱口洗
年　　代：15 世纪初
拍卖时间：香港苏富比
　　　　　1973 年—1993 年（20 年）
　　　　　苏富比 20 年　第 59 号
成 交 价：HKD 11,220,000

青花葡萄纹棱口大盘
年　　代：明永乐
拍卖时间：香港苏富比
　　　　　1973 年—1993 年（20 年）
　　　　　苏富比 20 年　第 73 号
成 交 价：HKD 3,300,000

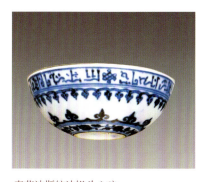

青花波斯纹边馒头心碗
年　　代：明永乐
拍卖时间：香港苏富比
　　　　　1973 年—1993 年（20 年）
　　　　　苏富比 20 年　第 53 号
成 交 价：HKD 462,000

青花缠枝牡丹桃纹大碗
年　　代：明永乐
拍卖时间：香港苏富比
　　　　　1973 年—1993 年（20 年）
　　　　　苏富比 20 年　第 56 号
成 交 价：HKD 13,200,000

青花团龙纹棱口碗
年　　代：明宣德
款　　识："大明宣德年制"款
拍卖时间：香港苏富比
　　　　　1973 年—1993 年（20 年）
　　　　　苏富比 20 年　第 60 号
成 交 价：GBP 190,000

青花海水龙纹高足碗
年　　代：明宣德
款　　识："大明宣德年制"款
拍卖时间：香港苏富比
　　　　　1973 年—1993 年（20 年）
　　　　　苏富比 20 年　第 61 号
成 交 价：HKD 2,200,000

青花九龙纹高足碗
年　　代：明宣德
款　　识："大明宣德年制"款
拍卖时间：香港苏富比
　　　　　1973 年—1993 年（20 年）
　　　　　苏富比 20 年　第 62 号
成 交 价：HKD 3,080,000

青花缠枝莲八吉祥纹盖碗
年　　代：明宣德
款　　识："大明宣德年制"款
拍卖时间：香港苏富比
　　　　　1973 年—1993 年（20 年）
　　　　　苏富比 20 年　第 79 号
成 交 价：HKD 3,080,000

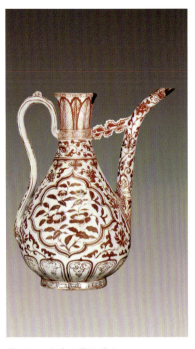

釉里红开光式山茶纹执壶
年　　代：明洪武
拍卖时间：香港苏富比
　　　　　1973 年—1993 年（20 年）
　　　　　苏富比 20 年　第 37 号
成 交 价：HKD 8,800,000

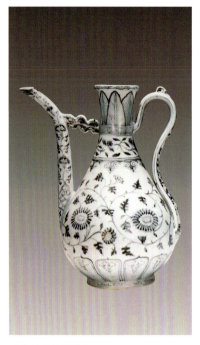

青花缠枝菊纹执壶
年　　代：明洪武
拍卖时间：香港苏富比
　　　　　1973 年—1993 年（20 年）
　　　　　苏富比 20 年　第 38 号
成 交 价：HKD 7,700,000

釉里红折枝牡丹纹棱口大盘
年　　代：明洪武
拍卖时间：香港苏富比
　　　　　1973 年—1993 年（20 年）
　　　　　苏富比 20 年　第 30 号
成 交 价：HKD 10,340,000

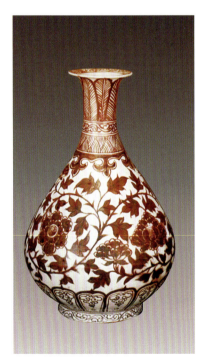

釉里红缠枝牡丹纹玉壶春瓶
年　　代：明洪武
拍卖时间：香港苏富比
　　　　　1973 年—1993 年（20 年）
　　　　　苏富比 20 年　第 32 号
成 交 价：HKD 17,050,000

釉里红螭龙纹梅瓶
年　　代：明洪武
拍卖时间：香港苏富比
　　　　　1973 年—1993 年（20 年）
　　　　　苏富比 20 年　第 40 号
成 交 价：HKD 3,190,000

釉里红缠枝牡丹菊纹大碗
年代：明洪武
拍卖时间：香港苏富比
　　　　　1973 年—1993 年（20 年）
　　　　　苏富比 20 年　第 39 号
成 交 价：HKD 20,350,000

青花轮花绶带扁壶
年　　代：明永乐
拍卖时间：香港苏富比
　　　　　1973 年—1993 年（20 年）
　　　　　苏富比 20 年　第 41 号
成 交 价：HKD 3,960,000

青花轮花绶带扁壶
年　　代：明永乐
拍卖时间：香港苏富比
　　　　　1973 年—1993 年（20 年）
　　　　　苏富比 20 年　第 44 号
成 交 价：HKD 5,500,000

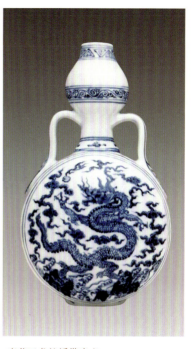

青花云龙纹绶带扁壶
年　　代：明永乐
拍卖时间：香港苏富比
　　　　　1973 年—1993 年（20 年）
　　　　　苏富比 20 年　第 45 号
成 交 价：HKD 7,150,000

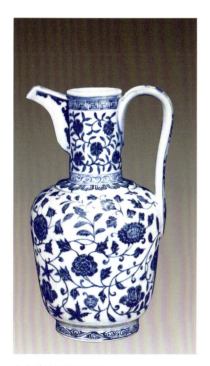

青花缠枝花卉纹执壶
年　　代：明永乐
拍卖时间：香港苏富比
　　　　　1973 年—1993 年（20 年）
　　　　　苏富比 20 年　第 51 号
成 交 价：HKD 6,820,000

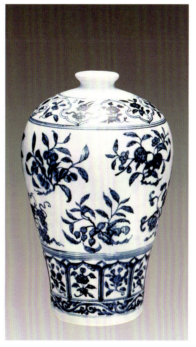

青花折枝花果纹梅瓶
年　　代：明永乐
拍卖时间：香港苏富比
　　　　　1973 年—1993 年（20 年）
　　　　　苏富比 20 年　第 49 号
成 交 价：HKD 7,700,000

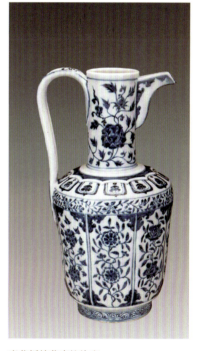

青花折枝花卉纹执壶
年　　代：明永乐
拍卖时间：香港苏富比
　　　　　1973 年—1993 年（20 年）
　　　　　苏富比 20 年　第 50 号
成 交 价：HKD 3,740,000

青花花果纹大盘

年　　代：明永乐

拍卖时间：香港苏富比

　　　　　1973 年—1993 年（20 年）

　　　　　苏富比 20 年　第 72 号

成 交 价：HKD 902,000

青花鹦鹉桃纹大盘

年　　代：明永乐

拍卖时间：香港苏富比

　　　　　1973 年—1993 年（20 年）

　　　　　苏富比 20 年　第 74 号

成 交 价：HKD 2,420,000

青花缠枝莲双凤纹盘

年　　代：明宣德

款　　识："大明宣德年制"款

拍卖时间：香港苏富比

　　　　　1973 年—1993 年（20 年）

　　　　　苏富比 20 年　第 87 号

成 交 价：HKD 4,840,000

青花岁寒三友纹碗

年　　代：明宣德

款　　识："大明宣德年制"款

拍卖时间：香港苏富比

　　　　　1973 年—1993 年（20 年）

　　　　　苏富比 20 年　第 84 号

成 交 价：HKD 3,630,000

青花缠枝莲八吉祥纹碗

年　　代：明宣德

款　　识："大明宣德年制"款

拍卖时间：香港苏富比

　　　　　1973 年—1993 年（20 年）

　　　　　苏富比 20 年　第 86 号

成 交 价：HKD 1,760,000

斗彩鸡缸杯

年　　代：明成化

款　　识："大明成化年制"款

拍卖时间：香港苏富比

　　　　　1973 年—1993 年（20 年）

　　　　　苏富比 20 年　第 123 号

成 交 价：HKD 5,280,000

青花折枝花卉纹小罐

年　　代：明宣德

款　　识"大明宣德年制"款

拍卖时间：香港苏富比

　　　　　1973 年—1993 年 (20 年)

　　　　　苏富比 20 年　第 80 号

成　交　价：HKD 2,750,000

青花缠枝莲纹把杯

年　　代：明宣德

款　　识"大明宣德年制"款

拍卖时间：香港苏富比

　　　　　1973 年—1993 年 (20 年)

　　　　　苏富比 20 年　第 90 号

成　交　价：HKD 2,750,000

青花岁寒三友纹盘

年　　代：明宣德

款　　识："大明宣德年制"款

拍卖时间：香港苏富比

　　　　　1973 年—1993 年 (20 年)

　　　　　苏富比 20 年　第 95 号

成　交　价：HKD 5,940,000

青花双桃纹棱口大盘

年　　代：明永乐

拍卖时间：香港苏富比

　　　　　1973 年—1993 年 (20 年)

苏富比 20 年　第 88 号

成　交　价：HKD 5,280,000

白地绿龙碗

年　　代：明成化

款　　识："大明成化年制"款

拍卖时间：香港苏富比

　　　　　1973 年—1993 年 (20 年)

　　　　　苏富比 20 年　第 122 号

成　交　价：HKD 715,000

青花阿拉伯文卷草直颈瓶
年　　代：明正德
款　　识："正德年制"款
拍卖时间：香港苏富比
　　　　　1973年—1993年（20年）
　　　　　苏富比20年　第109号
成 交 价：HKD 1,320,000

青花卷草纹梅瓶
年　　代：明成化
拍卖时间：香港苏富比
　　　　　1973年—1993年（20年）
　　　　　苏富比20年　第107号
成 交 价：HKD 2,640,000

五彩瓜棱式花鸟纹提梁壶
年　　代：明万历
款　　识："大明万历年制"款
拍卖时间：香港苏富比
　　　　　1973年—1993年（20年）
　　　　　苏富比20年　第132号
成 交 价：HKD 2,530,000

五彩龙纹棱口碟
年　　代：明隆庆
款　　识："大明隆庆年制"款
拍卖时间：香港苏富比
　　　　　1973年—1993年（20年）
　　　　　苏富比20年　第133号
成 交 价：HKD 935,000

青花婴戏图大罐
年　　代：明嘉靖
款　　识："大明嘉靖年制"款
拍卖时间：香港苏富比
　　　　　1973年—1993年（20年）
　　　　　苏富比20年　第108号
成 交 价：HKD 3,520,000

黄地青花折枝花果纹盘
年　　代：明宣德
款　　识："大明宣德年制"款
拍卖时间：香港苏富比
　　　　　1973 年—1993 年（20 年）
　　　　　苏富比 20 年　第 156 号
成 交 价：HKD 3,300,000

黄地青花折枝花果纹盘
年　　代：明弘治
款　　识："大明弘治年制"款
拍卖时间：香港苏富比
　　　　　1973 年—1993 年（20 年）
　　　　　苏富比 20 年　第 158 号
成 交 价：HKD 4,070,000

黄地青花折枝花果纹盘
年　　代：明成化
款　　识："大明成化年制"款
拍卖时间：香港苏富比
　　　　　1973 年—1993 年（20 年）
　　　　　苏富比 20 年　第 159 号
成 交 价：HKD 3,300,000

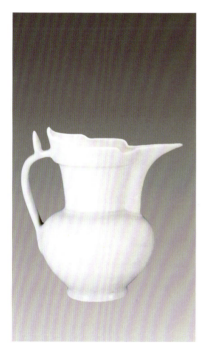

白釉暗花僧帽壶
年　　代：明永乐
拍卖时间：香港苏富比
　　　　　1973 年—1993 年（20 年）
　　　　　苏富比 20 年　第 136 号
成 交 价：HKD 1,760,000

鸡油黄釉碗（一对）
年　　代：明嘉靖
款　　识："大明嘉靖年制"款
拍卖时间：香港苏富比　1973 年—1993 年（20 年）
　　　　　苏富比 20 年　第 145 号
成 交 价：HKD 1,078,000

青花葡萄纹大盘

年　　代：明永乐

尺　　寸：口径 37.7 厘米

拍卖时间：香港佳士得

　　　　　1993 年 3 月 23 日

　　　　　中国瓷器、玉器、工艺品

　　　　　第 710 号

估　　价：HKD 800,000~1,000,000

龙泉窑莲纹菱口大盘

年　　代：明

尺　　寸：口径 42.2 厘米

拍卖时间：香港佳士得

　　　　　1992 年 9 月 29 日

　　　　　中国瓷器、玉器、翡翠、

　　　　　工艺品　第 466 号

估　　价：HKD 100,000~150,000

黄地青花折枝花果纹盘

年　　代：明正德

款　　识："大明正德年制"款

拍卖时间：香港苏富比

　　　　　1973 年—1993 年（20 年）

　　　　　苏富比 20 年　第 160 号

成 交 价：HKD 1,870,000

青花云龙笔山

年　　代：明万历

款　　识：双框六字横款

尺　　寸：长 17.5 厘米

拍卖时间：香港佳士得　1992 年 9 月 29 日

　　　　　中国瓷器、玉器、翡翠、工艺品　第 481 号

估　　价：HKD 150,000~180,000

青花折枝花果瓜棱罐

年　　代：明永乐

尺　　寸：高 13.3 厘米

拍卖时间：香港佳士得

　　　　　1992 年 9 月 29 日

　　　　　中国瓷器、玉器、翡翠、

　　　　　工艺品　第 472 号

估　　价：HKD 900,000~1,200,000

青花花卉罐

年　　代：明永乐

尺　　寸：高 10.2 厘米

拍卖时间：香港佳士得

　　　　　1992 年 9 月 29 日

　　　　　中国瓷器、玉器、翡翠、

　　　　　工艺品　第 471 号

估　　价：HKD 1,000,000~1,500,000

釉里红花卉碗

年　　代：明洪武

尺　　寸：口径 21 厘米

拍卖时间：香港佳士得

　　　　　1992 年 9 月 29 日

　　　　　中国瓷器、玉器、翡翠、

　　　　　工艺品　第 467 号

估　　价：HKD 1,500,000~2,000,000

蓝地白花波涛海兽高足碗

年　　代：明宣德

款　　识：双圈双行六字楷书器心款

尺　　寸：口径 15 厘米

拍卖时间：香港佳士得

　　　　　1992 年 9 月 29 日

　　　　　中国瓷器、玉器、翡翠、

　　　　　工艺品　第 473 号

估　　价：HKD 500,000~700,000

五彩寿仙

年　　代：明万历

尺　　寸：高 44 厘米

拍卖时间：香港佳士得

　　　　　1992 年 9 月 29 日

　　　　　中国瓷器、玉器、翡翠、

　　　　　工艺品　第 486 号

估　　价：HKD 280,000~320,000

青花缠枝花卉萝卜瓶

年　　代：明宣德

款　　识：双圈双行六字楷书款

尺　　寸：高 25.4 厘米

拍卖时间：香港佳士得

　　　　　1992 年 9 月 29 日

　　　　　中国瓷器、玉器、翡翠、

　　　　　工艺品　第 474 号

估　　价：HKD 800,000~1,000,000

青花束莲花卉盘

年　　代：明永乐

尺　　寸：口径 27.6 厘米

拍卖时间：香港佳士得　1992 年 9 月 29 日
　　　　　中国瓷器、玉器、翡翠、
　　　　　工艺品　第 470 号

估　　价：HKD 700,000~900,000

五彩人物八宝花式折沿盆

年　　代：明万历

款　　识：双圈双行六字楷书款

尺　　寸：宽 35.5 厘米

拍卖时间：香港佳士得　1992 年 9 月 29 日
　　　　　中国瓷器、玉器、翡翠、
　　　　　工艺品　第 483 号

估　　价：HKD 200,000~250,000

釉里红三多纹高足杯

年　　代：明宣德

款　　识：双圈双行六字楷书款

尺　　寸：口径 11.7 厘米

拍卖时间：香港佳士得　1993 年 3 月 23 日
　　　　　中国瓷器、玉器、工艺品
　　　　　第 715 号

估　　价：HKD 1,500,000~1,800,000

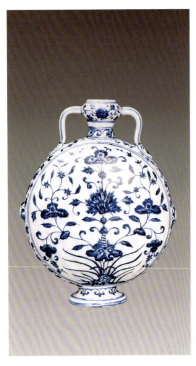

青花缠枝莲绶带耳扁壶

年　　代：明永乐

尺　　寸：高 26.7 厘米

拍卖时间：香港佳士得
　　　　　1994 年 10 月 31 日
　　　　　中国重要陶瓷　第 547 号

估价 HKD：3,000,000~3,500,000

青花折枝花卉灵芝纹执壶

年代：明永乐

尺　　寸：高 36.5 厘米

拍卖时间：香港佳士得
　　　　　1994 年 10 月 31 日
　　　　　中国重要陶瓷　第 548A 号

估　　价：HKD 8,000,000~10,000,000

青花缠枝莲纹梅瓶

年　　代：明永乐

尺　　寸：高 25.5 厘米

拍卖时间：香港佳士得
　　　　　1994 年 10 月 31 日
　　　　　中国重要陶瓷　第 549 号

估　　价：HKD 700,000~1,000,000

青花婴戏图罐

年　　代：明嘉靖

款　　识：双圈双行六字楷书款

尺　　寸：宽 31.8 厘米

拍卖时间：香港佳士得　1993 年 3 月
　　　　　23 日　中国瓷器、玉器、
　　　　　工艺品　第 721 号

估　　价：HKD 350,000~450,000

青花庭院人物图盖罐

年　　代：明成化

尺　　寸：高 33 厘米

拍卖时间：香港佳士得　1993 年 3 月
　　　　　23 日　中国瓷器、玉器、
　　　　　工艺品　第 718 号

估　　价：HKD 1,000,000~1,500,000

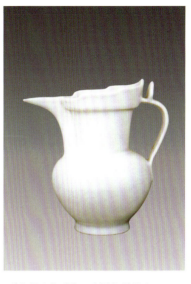

甜白釉暗花番莲八吉祥纹僧帽壶

年　　代：明永乐

尺　　寸：高 19.5 厘米

拍卖时间：香港佳士得　1993 年 3 月
　　　　　23 日　中国瓷器、玉器、
　　　　　工艺品　第 722 号

估　　价：HKD 550,000~700,000

嵌黄铜龙泉窑青釉刻花纹罐

年　　代：明

尺　　寸：高 34 厘米

拍卖时间：香港佳士得
　　　　　1993 年 3 月 23 日
　　　　　中国瓷器、玉器、工艺品
　　　　　第 723 号

估　　价：HKD 180,000~220,000

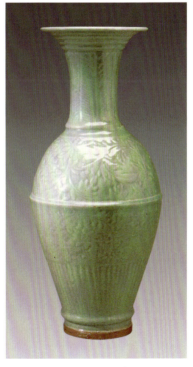

龙泉窑青釉刻花印牡丹纹大花瓶

年　　代：明初

尺　　寸：高 68 厘米

拍卖时间：香港佳士得
　　　　　1993 年 3 月 23 日
　　　　　中国瓷器、玉器、工艺品
　　　　　第 724 号

估　　价：HKD 180,000~250,000

五彩龙凤纹蒜头瓶

年　　代：明万历

款　　识：六字楷书款

尺　　寸：高 46.2 厘米

拍卖时间：香港佳士得　1993 年 3 月 23 日
　　　　　中国瓷器、玉器、工艺品
　　　　　第 731 号

估　　价：HKD 450,000~550,000

红地黄彩双龙纹罐

年　　代：明嘉靖

款　　识：双行六字楷书款

尺　　寸：高 14 厘米

拍卖时间：香港佳士得　1993 年 3 月 23 日

　　　　　中国瓷器、玉器、工艺品　第 728 号

估　　价：HKD 800,000～900,000

龙泉窑青釉刻花大盘

年　　代：明初

尺　　寸：口径 51.5 厘米

拍卖时间：香港佳士得　1993 年 3 月 23 日

　　　　　中国瓷器、玉器、工艺品　第 725 号

估　　价：HKD 120,000～160,000

青花卉纹大碗

年　　代：明洪武

尺　　寸：口径 42.5 厘米

拍卖时间：香港佳士得　1993 年 3 月 23 日

　　　　　中国瓷器、玉器、工艺品　第 709 号

估　　价：HKD 1,000,000～1,500,000

青花缠枝牡丹纹大罐

年　　代：15 世纪

尺　　寸：高 35 厘米

拍卖时间：香港佳士得　1993 年 3 月 23 日

　　　　　中国瓷器、玉器、工艺品　第 717 号

估　　价：HKD 250,000～300,000

青花携琴访友梅瓶
年　　代：明成化
尺　　寸：高 22 厘米
拍卖时间：香港佳士得　1994 年 10 月 31 日
　　　　　中国重要陶瓷　第 553 号
估　　价：HKD 1,200,000~1,500,000

甜白釉刻花果纹梅瓶
年　　代：明永乐
尺　　寸：高 36.5 厘米
拍卖时间：香港佳士得
　　　　　1994 年 10 月 31 日中国重要陶瓷　第 561 号
估　　价：HKD 1,200,000~1,500,000

青花花卉大碗
年　　代：明宣德
款　　识："大明宣德年制"
拍卖时间：北京翰海　1994 年 9 月 19 日中国古董、珍玩　第 9 号
估　　价：HKD 200,000~300,000

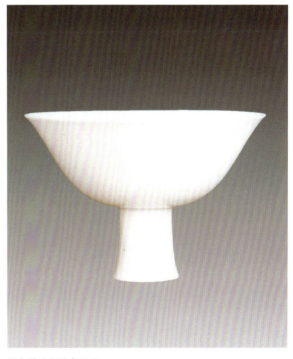

甜白釉暗龙纹高足碗
年　　代：明永乐
尺　　寸：口径 15.2 厘米
拍卖时间：香港佳士得　1994 年 10 月 31 日
　　　　　中国重要陶瓷　第 560 号
估　　价：HKD 500,000~700,000

釉里红缠枝花卉菱口杯托

年　　代：明洪武

尺　　寸：口径 19.6 厘米

拍卖时间：香港佳士得

　　　　　 1994 年 10 月 31 日

　　　　　 中国重要陶瓷　第 544 号

估　　价：HKD 400,000~500,000

青花缠枝花卉纹折沿盘

年　　代：明永乐

尺　　寸：口径 40.6 厘米

拍卖时间：香港佳士得

　　　　　 1994 年 10 月 31 日

　　　　　 中国重要陶瓷　第 548 号

估　　价：HKD 500,000~600,000

黄釉撇口碗

年　　代：明成化

款　　识："大明成化年制"款

拍卖时间：香港苏富比

　　　　　 1994 年 11 月 1 日

　　　　　 中国瓷器工艺品　第 30 号

估　　价：HKD 250,000~350,000

青花缠枝牡丹桃纹大碗

年　　代：明永乐

拍卖时间：香港苏富比

　　　　　 1994 年 11 月 1 日

　　　　　 中国瓷器工艺品　第 34 号

估　　价：HKD 1,200,000~1,800,000

青花外双龙赶珠纹内缠枝菊纹撇口碗

年　　代：明宣德

款　　识："大明宣德年制"

拍卖时间：香港苏富比

　　　　　 1994 年 11 月 1 日

　　　　　 中国瓷器工艺品　第 36 号

估　　价：HKD 1,500,000~2,000,000

青花缠枝花卉纹直口盘

年　　代：明宣德

款　　识："大明宣德年制"横款

拍卖时间：香港苏富比　1994 年 11 月 1 日

　　　　　中国瓷器工艺品　　第 38 号

估　　价：HKD 800,000~1,000,000

青花仙人寿字纹碟

年　　代：明万历

款　　识："大明万历年制"款

拍卖时间：香港苏富比　1994 年 11 月 1 日

　　　　　中国瓷器工艺品　　第 45 号

估　　价：HKD 25,000~30,000

青花缠枝瓜纹碗

年　　代：明成化

款　　识："大明成化年制"款

拍卖时间：香港苏富比

　　　　　1994 年 11 月 1 日

　　　　　中国瓷器工艺品　　第 40 号

估　　价：HKD 2,500,000~3,500,000

五彩瑞兽纹鼓式盖罐

年　　代：明万历

款　　识："大明万历年制"款

拍卖时间：香港苏富比

　　　　　1994 年 11 月 1 日

　　　　　中国瓷器工艺品　　第 54 号

估　　价：HKD 1,000,000~1,500,000

蓝地青花百仙鹤云纹罐

年　　代：明万历

款　　识："大明万历年制"款

拍卖时间：香港苏富比
　　　　　　1994 年 11 月 1 日
　　　　　　中国瓷器工艺品　第 47 号

估　　价：RMB 380,000~450,000

青花开光翎毛走兽大盖罐

年　　代：明嘉靖

尺　　寸：高 60 厘米

拍卖时间：中国嘉德　1994 年 11 月 9 日
　　　　　　瓷器玉器鼻烟壶工艺品
　　　　　　第 631 号

估　　价：RMB 150,000~250,000

成 交 价：RMB 220,000

青花九狮穿花纹圆盒

年　　代：明崇祯

尺　　寸：直径 16.8 厘米

拍卖时间：中国嘉德　1994 年 11 月 9 日
　　　　　　瓷器玉器鼻烟壶工艺品
　　　　　　第 628 号

估　　价：RMB 200,000~250,000

成 交 价：RMB 220,000

青花轮花绶带葫芦扁瓶

年　　代：明永乐

尺　　寸：高 25.8 厘米

拍卖时间：邦瀚斯　2010 年 5 月 13 日
　　　　　　中国艺术品　第 212 号

估　　价：GBP 90,000~120,000

成 交 价：GBP 216,000

五彩"穿花赶珠云龙"图蒜头瓶

年　　代：明万历

款　　识："大明万历年制"款

尺　　寸：高 43.5 厘米

拍卖时间：香港苏富比　2010 年 4 月 8 日
　　　　　　中国重要瓷器及工艺品
　　　　　　第 1865 号

估　　价：HKD 2,000,000~3,000,000

成 交 价：HKD 9,380,000

白地绿彩牡丹纹藏草瓶

年　　代：明

尺　　寸：高 22.8 厘米

拍卖时间：伦敦佳士得
　　　　　　2010 年 5 月 11 日
　　　　　　中国瓷器、工艺品第 232 号

估　　价：GBP 100,000~150,000

成 交 价：GBP 158,050

青花内外底龙戏珠纹棱口洗

年　　代：明永乐

尺　　寸：直径 18.3 厘米

拍卖时间：香港佳士得　2004 年 4 月 26 日

　　　　　中国宫廷御制艺术精品、陶

　　　　　瓷及工艺精品　第 960 号

估　　价：HKD 15,000,000~20,000,000

成 交 价：HKD 40,943,750

青花外庭园人物内 "岁寒三友" 图盘

年　　代：明宣德

款　　识："大明宣德年制" 款

尺　　寸：直径 17.7 厘米

拍卖时间：香港苏富比　2004 年 4 月 25 日

　　　　　中国瓷器、工艺品　第 287 号

估　　价：HKD 8,000,000~10,000,000

成 交 价：HKD 11,486,400

黄地青花折枝花果纹盘

年　　代：明弘治

拍卖时间：中国嘉德　1995 年 10 月 9 日

　　　　　瓷器、玉器、工艺品

　　　　　第 662 号

估　　价：RMB 3,000,000~4,000,000

法华竹石纹梅瓶

年　　代：明

尺　　寸：高 30.5 厘米

拍卖时间：香港佳士得　1995 年 4 月 30 日

　　　　　中国瓷器工艺品（中国陶瓷、

　　　　　杂项、玉器及鼻烟壶）

　　　　　第 648 号

估　　价：HKD 120,000~180,000

青花缠枝莲狮耳蒜头口瓶

年　　代：明万历

拍卖时间：北京翰海

　　　　　1995 年 10 月 7 日

　　　　　中国古董珍玩

　　　　　第 1030 号

估　　价：RMB 60,000~80,000

青花缠枝牡丹纹玉壶春瓶

年　　代：明洪武

尺　　寸：高 33 厘米

拍卖时间：香港佳士得

　　　　　2009 年 12 月 1 日

　　　　　重要中国瓷器及工艺精品

　　　　　第 1868 号

成 交 价：HKD 20,820,000

钧窑玫瑰紫釉鼓钉水仙盆

年　　代：元明
尺　　寸：直径 20.9 厘米
拍卖时间：纽约佳士得
　　　　　2009 年 9 月 15 日
　　　　　中国瓷器、工艺品第 341 号
估　　价：USD 300,000~500,000
成 交 价：USD 1,258,500

御制五彩云龙戏珠盖罐

年　　代：明万历
款　　识："大明万历年制"款
尺　　寸：宽 14.4 厘米
拍卖时间：香港邦瀚斯
　　　　　 2009 年 5 月 21 日
　　　　　中国工艺品及书画
　　　　　第 1150 号
估　　价：HKD 1,500,000~2,500,000
成 交 价：HKD 2,640,000

青花藏文"永平安"颂高足碗

年　　代：明宣德
款　　识："宣德年制"款
尺　　寸：高 16.8 厘米
拍卖时间：香港苏富比　2009 年 4 月 8 日
　　　　　中国瓷器、工艺品
　　　　　第 1671 号瓷器排行 TOP9
成 交 价：HKD 23,060,000

青花缠枝黄蜀葵宫碗

年　　代：明成化
款　　识："大明成化年制"款
尺　　寸：高 14.7 厘米
拍卖时间：香港苏富比 2009 年 10 月 8 日
　　　　　中国瓷器、工艺　第 1692 号
估　　价：HKD 32,000,000~42,000,000
成 交 价：HKD 36,500,000

青花鱼藻纹罐

年　　代：明嘉靖
款　　识："大明嘉靖年制"款
尺　　寸：高 30.2 厘米
拍卖时间：邦瀚斯　2009 年 5 月 14 日
　　　　　中国艺术品　第 54 号
估　　价：GBP 180,000~250,000
成 交 价：GBP 1,117,600

青花如意垂肩折枝花果纹梅瓶（玫茵堂藏）

年　　代：明永乐
尺　　寸：高 36.5 厘米
拍卖时间：香港苏富比
　　　　　2011 年 10 月 5 日
　　　　　重要中国御瓷选萃专拍第 11 号
估　　价：HKD 80,000,000~120,000,000
成 交 价：HKD 168,660,000

青花轮花绶带纹葫芦瓶
年　　代：明永乐
拍卖时间：中国嘉德
　　　　　1995 年 10 月 9 日　瓷器、玉器、工艺品
　　　　　第 660 号
估　　价：RMB 5,500,000

青花轮花绶带扁壶
年　　代：明宣德
款　　识："大明宣德年制"款
拍卖时间：北京东正　2011 年 11 月 17 日
　　　　　中国古董珍玩专场　第 17 号
估　　价：RMB 11,000,000~12,000,000
成 交 价：RMB 19,500,000

釉里红缠枝菊纹玉壶春瓶
年　　代：明洪武
尺　　寸：高 33 厘米
拍卖时间：香港佳士得　1995 年 4 月 30 日　中国瓷器工艺品
　　　　　（中国陶瓷、杂项、玉器及鼻烟壶）　第 640 号
估　　价：HKD 800,000~1,000,000

青花缠枝莲纹玉壶春瓶
年　　代：明永乐
尺　　寸：高 28 厘米
拍卖时间：香港佳士得　1995 年 4 月 30 日　中国瓷器工艺品
　　　　　（中国陶瓷、杂项、玉器及鼻烟壶）　第 642 号
估　　价：HKD 3,000,000~4,000,000

青花缠枝牡丹花果纹折沿盘
年　　代：明永乐
尺　　寸：口径 40 厘米
拍卖时间：香港佳士得　1995 年 4 月
　　　　　30 日　中国瓷器工艺品（中
　　　　　国陶瓷、杂项、玉器及鼻烟
　　　　　壶）　第 641 号
估　　价：HKD 1,500,000～2,000,000

青花花卉罐
年　　代：明成化
款　　识：双圈双行六字楷书款
尺　　寸：高 10.5 厘米、直径 13.6 厘米
拍卖时间：香港佳士得　1995 年 4 月
　　　　　30 日中国瓷器工艺品（中国
　　　　　陶瓷、杂项、玉器及鼻烟壶）
　　　　　第 644 号
估　　价：HKD 1,500,000～2,000,000

青花勾莲阿拉伯文盘
年　　代：明正德
款　　识：双圈双行六字楷书款
尺　　寸：口径 16 厘米
拍卖时间：香港佳士得　1995 年 4 月
　　　　　30 日　中国瓷器工艺品（中
　　　　　国陶瓷、杂项、玉器及鼻烟
　　　　　壶）　第 645 号
估　　价：HKD 220,000～280,000

青花穿莲龙大碗
年　　代：明嘉靖
款　　识：双行六字楷书款
尺　　寸：口径 36.6 厘米
拍卖时间：香港佳士得　1995 年 4 月 30 日
　　　　　中国瓷器工艺品　第 646 号
估　　价：HKD 45,000～65,000

五彩云龙缸
年　　代：明嘉靖
拍卖时间：北京翰海　1995 年 10 月 7 日
　　　　　中国古董珍玩　第 989 号
估　　价：HKD 1,500,000～1,800,000

青花双龙盒
年　　代：明万历
拍卖时间：北京翰海　1995 年 10 月 7 日
　　　　　中国古董珍玩　第 1029 号
估　　价：HKD 120,000～180,000

白釉火石红龙暗花盘
年　　代：明弘治
拍卖时间：北京翰海　1995 年 10 月 7 日
　　　　　中国古董珍玩　第 999 号
估　　价：RMB 350,000～400,000

青花荷莲鱼藻纹十棱洗
年　　代：明宣德
拍卖时间：北京翰海 1995 年 10 月 7 日
　　　　　中国古董珍玩　第 1031 号
估　　价：RMB 880,000～1,500,000

青花龙凤呈祥棱口洗
年　　代：明永乐
尺　　寸：宽 18 厘米
拍卖时间：香港佳士得　2004 年 11 月 1 日
　　　　　中国艺术精品、陶瓷及工艺精品
　　　　　/ 龙凤传珍　第 860 号
成　交　价：HKD 26,383,750

黄地青花花纹盘

年　　代：	明弘治
款　　识：	"大明弘治年制"六字二行楷书款
尺　　寸：	直径 26.3 厘米
拍卖时间：	北京华辰　华辰十周年（2002—2012）
	第 0745 号
估　　价：	RMB 1,000,000~1,500,000
成 交 价：	RMB 2,035,000

娇黄釉盘

年　　代：	明宣德
款　　识：	"大明宣德年制"六字二行楷书款
尺　　寸：	直径 20.1 厘米
拍卖时间：	北京华辰　华辰十周年（2002—2012）
	第 0134 号
估　　价：	RMB 400,000~800,000
成 交 价：	RMB 1,320,000

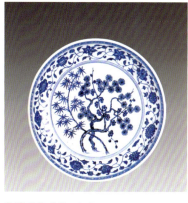

青花缠枝莲纹盘

年　　代：	明永乐
尺　　寸：	直径 27.7 厘米
拍卖时间：	中国嘉德
	1999 年 10 月 27 日
	瓷器玉器工艺品鼻烟壶
	第 771 号
估　　价：	RMB 330,000~380,000
成 交 价：	RMB 352,000

青花缠枝花卉纹菱口盘

年　　代：	明永乐
尺　　寸：	直径 34 厘米
拍卖时间：	北京华辰
	华辰五周年（2003—2008）
	第 0820 号
估　　价：	RMB 1,500,000~2,000,000
成 交 价：	RMB 2,090,000

宣德青花岁寒三友盘

年　　代：	明宣德
款　　识：	"大明宣德年制"
	六字横行楷书款
尺　　寸：	直径 31.4 厘米
拍卖时间：	北京华辰
	华辰十周年（2002—2012）
	第 0133 号
估　　价：	RMB 800,000~1,000,000
成 交 价：	RMB 1,650,000

瓜藤纹宫碗

年　　代：	明成化
尺　　寸：	直径 15.4 厘米
拍卖时间：	香港苏富比　2011 年 4 月 7 日
	重要中国御瓷选萃专拍第 56 号
估　　价：	HKD 80,000,000~120,000,000
成 交 价：	HKD 90,000,000

青花锦纹壮罐
年　　代：明成化
尺　　寸：高 23.2 厘米
拍卖时间：北京华辰　华辰五周年
　　　　　（2003-2008）　第 0742 号
估　　价：RMB 450,000~550,000
成 交 价：RMB 1,375,000

白釉暗刻梅瓶
年　　代：明永乐
尺　　寸：高 34.3 厘米
拍卖时间：北京华辰　华辰五周年
　　　　　（2003-2008）　第 0132 号
估　　价：RMB 800,000~1,000,000
成 交 价：RMB 880,000

青花龙凤纹瓶
年　　代：明嘉靖
尺　　寸：高 47.6 厘米
拍卖时间：中国嘉德　2003 年 7 月 13 日
　　　　　瓷器工艺品第 1177 号
估　　价：RMB 30,000~50,000
成 交 价：RMB 74,800

黄地青花花纹盘
年　　代：明弘治
尺　　寸：口径 26.3 厘米
拍卖时间：北京华辰　华辰五周年
　　　　　（2003-2008）　第 0745 号
估　　价：RMB 1,000,000~1,500,000
成 交 价：RMB 2,035,000

龙泉刻花菱口大盘
年　　代：明初
尺　　寸：直径 45 厘米
拍卖时间：北京保利　2007 年 6 月 2 日
　　　　　古董珍玩 1　第 2011 号
估　　价：RMB 150,000~200,000
成 交 价：RMB 181,500

白釉暗刻云凤纹盘
年　　代：明永乐
尺　　寸：直径 16.8 厘米
拍卖时间：中国嘉德　2003 年 7 月 13 日
　　　　　瓷器工艺品　第 1184 号
估　　价：RMB 250,000~350,000
成 交 价：RMB 495,000

青花花鸟图瓜棱罐

年　　代：明嘉靖

款　　识："大明嘉靖年制"
　　　　　六字二行楷书款

尺　　寸：高25.2厘米

拍卖时间：中国嘉德　2003年7月13日
　　　　　瓷器工艺品　第1179号

估　　价：RMB 250,000~350,000

成 交 价：RMB 275,000

青花缠枝莲纹罐

年　　代：明嘉靖

尺　　寸：高35.5厘米

拍卖时间：中国嘉德　2004年11月6日
　　　　　瓷器家具工艺品　第150号

估　　价：RMB 100,000~150,000

成 交 价：RMB 143,000

青花花卉纹莲子罐

年　　代：明崇祯

尺　　寸：高16.6厘米

拍卖时间：中国嘉德　2004年11月6日
　　　　　瓷器家具工艺品　第162号

估　　价：RMB 10,000~20,000

成 交 价：RMB 38,500

青花人物图笔筒

年　　代：明崇祯

尺　　寸：直径21.5厘米

拍卖时间：中国嘉德　2003年7月13日
　　　　　瓷器工艺品　第1181号

估　　价：RMB 80,000~120,000

成 交 价：RMB 90,200

青花戏曲人物图大笔筒

年　　代：明崇祯

尺　　寸：高21厘米

拍卖时间：中国嘉德　2004年11月6日
　　　　　瓷器家具工艺品　第160号

估　　价：RMB 120,000~180,000

成 交 价：RMB 132,000

青花戏曲人物图笔筒

年　　代：明崇祯

尺　　寸：高20.8厘米

拍卖时间：中国嘉德　2003年7月13日
　　　　　瓷器工艺品　第1180号

估　　价：RMB 300,000~500,000

成 交 价：RMB 572,000

五彩葡萄纹方盘

年　　代：明嘉靖
款　　识："大明嘉靖年制"六字二行楷书款
尺　　寸：直径18.2厘米
拍卖时间：中国嘉德　2003年7月13日瓷器工艺品　第1182号
估　　价：RMB 200,000~300,000
成 交 价：RMB 352,000

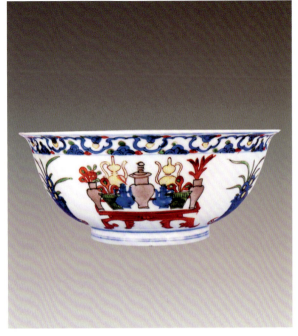

五彩九供双龙戏珠碗

年　　代：明万历
款　　识："大明万历年制"双圈双行六字青花楷书款
尺　　寸：口径19.5厘米、高8厘米
拍卖时间：上海嘉泰　2004年11月30日珍瓷雅器　第0027号
估　　价：RMB 350,000~450,000
成 交 价：RMB 440,000

青花折枝花卉纹菱口大盘

年　　代：明永乐
尺　　寸：直径38厘米
拍卖时间：中国嘉德　2005年11月4日
　　　　　瓷器工艺品鼻烟壶翡翠　第474号
估　　价：RMB 2,200,000~2,800,000
成 交 价：RMB 2,420,000

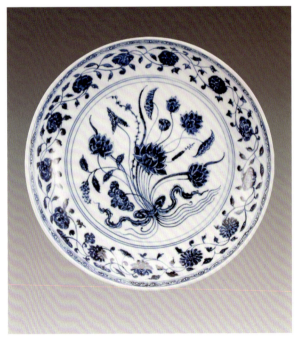

青花束莲纹盘

年　　代：明永乐
尺　　寸：直径31.4厘米
拍卖时间：北京诚轩　2006年6月5日
　　　　　瓷器工艺品实录　第14号
估　　价：RMB 360,000~460,000
成 交 价：RMB 803,000

青花绘人物故事提梁壶

年　　代：明崇祯

尺　　寸：高 25 厘米

拍卖时间：北京华辰　华辰五周年（2003-2008）　第 1007 号

估　　价：RMB 550,000~650,000

成 交 价：RMB 682,000

青花婴戏龙纹大捧盒

年　　代：明万历

款　　识："大明万历年制"六字二行楷书款

尺　　寸：直径 22.3 厘米

拍卖时间：中国嘉德　2005 年 11 月 4 日

　　　　　瓷器工艺品鼻烟壶翡翠　第 479 号

估　　价：RMB 350,000~550,000

成 交 价：RMB 385,000

釉里红缠枝牡丹纹玉壶春瓶

年　　代：明洪武

尺　　寸：高 33.2 厘米

拍卖时间：北京诚轩　2006 年 6 月 5 日

　　　　　瓷器工艺品实录　第 13 号

估　　价：RMB 600,000~900,000

成 交 价：RMB 1,078,000

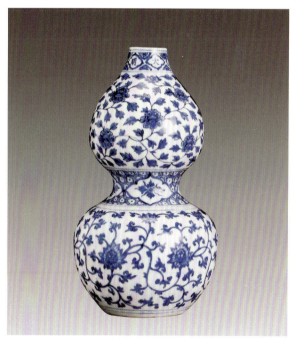

青花缠枝花卉纹葫芦瓶

年　　代：明嘉靖

款　　识："大明嘉靖年制"六字横行楷书款

尺　　寸：高 26.6 厘米

拍卖时间：北京诚轩　2006 年 6 月 5 日

　　　　　瓷器工艺品实录　第 23 号

估　　价：RMB 120,000~150,000

成 交 价：RMB 583,000

龙泉刻花卉锦纹乳钉梅瓶

年　　代：明初

尺　　寸：高 47 厘米

拍卖时间：北京保利　2007 年 6 月 2 日
　　　　　古董珍玩 1　第 2009 号

估　　价：RMB 80,000~120,000

成 交 价：RMB 85,800

青花五彩人物图盖罐

年　　代：明万历

款　　识："大明万历年制"
　　　　　六字二行楷书款

尺　　寸：直径 15 厘米

拍卖时间：北京诚轩　2006 年 6 月 5 日
　　　　　瓷器工艺品实录　第 25 号

估　　价：RMB 700,000~900,000

成 交 价：RMB 1,210,000

青花龙纹葫芦壁瓶

年　　代：明万历

款　　识："大明万历年制"款

尺　　寸：高 34 厘米

拍卖时间：北京保利　2007 年 6 月 2 日
　　　　　古董珍玩 1　第 2038 号

估　　价：RMB 350,000~450,000

成 交 价：RMB 352,000

青花龙纹镂空盖盒

年　　代：明万历

款　　识："大明万历年制"
　　　　　六字楷书款

尺　　寸：直径 21 厘米

拍卖时间：北京保利　2007 年 6 月 2 日
　　　　　古董珍玩 1　第 2035 号

估　　价：RMB 1,000,000~1,500,000

成 交 价：RMB 1,078,000

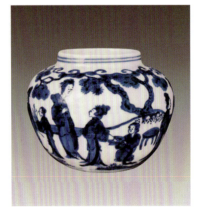

青花簪花仕女图小罐

年　　代：明嘉靖

款　　识："大明嘉靖年制"
　　　　　环形楷书款

尺　　寸：高 8 厘米

拍卖时间：北京保利　2007 年 6 月 2 日
　　　　　古董珍玩 1　第 2028 号

估　　价：RMB 350,000~550,000

成 交 价：RMB 550,000

青花人物故事大罐

年　　代：明天顺

尺　　寸：高 37.5 厘米

拍卖时间：北京保利　2007 年 6 月 2 日
　　　　　古董珍玩 1　第 2023 号

估　　价：RMB 200,000~300,000

成 交 价：RMB 198,000

甜白釉暗刻一束莲纹盘

年　　代：明永乐

尺　　寸：直径 27.7 厘米

拍卖时间：北京匡时　2007 年 12 月 3 日

　　　　　古代瓷器工艺品专场

　　　　　第 2067 号

估　　价：RMB 500,000~700,000

成 交 价：RMB 616,000

黄釉盘

年　　代：明弘治

款　　识："大明弘治年制"青花楷书款

尺　　寸：直径 22 厘米

拍卖时间：北京匡时　2007 年 12 月 3 日

　　　　　古代瓷器工艺品专场

　　　　　第 2065 号

估　　价：RMB 180,000~250,000

成 交 价：RMB 201,600

青花一束莲纹盘

年　　代：明永乐

尺　　寸：直径 32 厘米

拍卖时间：北京匡时　2007 年 12 月 3 日

　　　　　古代瓷器工艺品专场

　　　　　第 2066 号

估　　价：RMB 250,000~300,000

成 交 价：RMB 425,600

釉里红缠枝菊纹玉壶春瓶

年　　代：明洪武

尺　　寸：高 35.2 厘米

拍卖时间：北京匡时　2007 年 12 月 3 日　古代瓷器工艺品专场　第 2068 号

估　　价：RMB 1,500,000~2,000,000

成 交 价：RMB 1,904,000

青花缠枝莲纹碗

年　　代：明永乐

尺　　寸：直径 17.3 厘米

拍卖时间：北京匡时　2008 年 5 月 21 日

　　　　　古代瓷器工艺品专场第 331 号

估　　价：RMB 500,000~700,000

成 交 价：RMB 560,000

斗彩婴戏杯

年　　代：明嘉靖

款　　识："大明嘉靖年制" 款

尺　　寸：直径 6 厘米

拍卖时间：北京保利　2008 年 5 月 31 日

　　　　　"缕烟凝香" 专场第 2208 号

估　　价：RMB 120,000~150,000

成 交 价：RMB 392,000

青花璎珞海马纹罐

年　　代：明嘉靖

款　　识："大明嘉靖年制" 六字双行楷书款

尺　　寸：高 27 厘米

拍卖时间：华晨拍卖　2010 年 5 月 15 日

　　　　　瓷器、玉器、工艺品　第 1204 号

估　　价：RMB 80,000~120,000

成 交 价：RMB 156,800

青花高士图梅瓶

年　　代：明正统

尺　　寸：高 33 厘米

拍卖时间：华晨拍卖　2010 年 5 月 15 日

　　　　　瓷器、玉器、工艺品　第 1202 号

估　　价：RMB 200,000~300,000

成 交 价：RMB 280,000

龙泉划花墩式碗

年　　代：明
尺　　寸：直径 22 厘米
拍卖时间：北京保利　2009 年 11 月 24 日
　　　　　长春阁名物志　第 3260 号
估　　价：RMB 30,000~50,000
成 交 价：RMB 67,200

五彩牡丹纹盘

年　　代：明万历
款　　识："大明万历年制"
　　　　　六字二行楷书款
尺　　寸：直径 35.4 厘米
拍卖时间：中国嘉德　2009 年 11 月 21 日
　　　　　瓷器工艺品第 1804 号
估　　价：RMB 180,000~280,000
成 交 价：RMB 347,200

青花龙拜观音图净水碗

年　　代：明崇祯
尺　　寸：口径 21.5 厘米
拍卖时间：中国嘉德　2009 年 11 月 21 日
　　　　　瓷器工艺品　第 2016 号
估　　价：RMB 650,000~850,000
成 交 价：RMB 840,000

青花松竹梅纹盘

年　　代：明宣德
款　　识："大明宣德年制"
　　　　　青花楷书横款
尺　　寸：直径 31 厘米
拍卖时间：北京匡时　2008 年 5 月 21 日
　　　　　古代瓷器工艺品专场第 330 号
估　　价：RMB 1,800,000~2,200,000
成 交 价：RMB 2,296,000

青花缠枝四季花卉菱口盘

年　　代：明永乐
尺　　寸：直径 38 厘米
拍卖时间：北京保利　2009 年 5 月 29 日
　　　　　中国元明清宫廷艺术——
　　　　　古董夜场　第 1356 号
估　　价：RMB 2,000,000~3,000,000
成 交 价：RMB 2,912,000

青花并蒂莲折沿盘

年　　代：明永乐
尺　　寸：直径 37.5 厘米
拍卖时间：北京保利　2009 年 5 月 29 日
　　　　　中国元明清宫廷艺术——
　　　　　古董夜场　第 1362 号
估　　价：RMB 1,800,000~2,800,000
成 交 价：RMB 3,080,000

青花五彩八蛮进宝碗

年　　代：明万历

款　　识："大明万历年制"款

尺　　寸：直径 11 厘米

拍卖时间：北京保利　2008 年 5 月 31 日

　　　　　"缕烟凝香"专场第 2209 号

估　　价：RMB 150,000~200,000

成 交 价：RMB 179,200

青花缠枝莲大碗

年　　代：明宣德

款　　识："大明宣德年制"款

尺　　寸：直径 28 厘米

拍卖时间：北京保利　2009 年 5 月 29 日

　　　　　中国元明清宫廷艺术——

　　　　　古董夜场　第 1358 号

估　　价：RMB 3,500,000~4,500,000

成 交 价：RMB 4,928,000

青花折枝花卉折腰碗

年　　代：明宣德

款　　识："大明宣德年制"款

尺　　寸：直径 17.4 厘米

拍卖时间：北京保利　2009 年 5 月 29 日

　　　　　中国元明清宫廷艺术——

　　　　　古董夜场　第 1357 号

估　　价：RMB 2,600,000~3,600,000

成 交 价：RMB 3,024,000

青花模印八吉祥净水壶

年　　代：明永乐

尺　　寸：高 13 厘米

拍卖时间：北京保利　2009 年 5 月 29 日

　　　　　中国元明清宫廷艺术——古董

　　　　　夜场　第 1361 号

估　　价：RMB 800,000~1,200,000

成 交 价：RMB 1,680,000

青花群仙祝寿大葫芦瓶

年　　代：明嘉靖

款　　识："大明嘉靖年制"款

尺　　寸：高 56 厘米

拍卖时间：北京保利　2009 年 5 月 29 日

　　　　　中国元明清宫廷艺术——古董

　　　　　夜场　第 1363 号

估　　价：RMB 5,000,000~7,000,000

成 交 价：RMB 9,072,000

青花"访贤图"筒瓶

年　　代：明崇祯

尺　　寸：高 41.6 厘米

拍卖时间：北京匡时　2008 年 5 月 21 日

　　　　　古代瓷器工艺品专场

　　　　　第 328 号

估　　价：RMB 300,000~400,000

成 交 价：RMB 784,000

御制五彩云龙戏珠盖罐

年　　代：明万历

款　　识："大明万历年制"款

尺　　寸：宽 14.4 厘米

拍卖时间：香港邦瀚斯　2009 年 5 月 21 日

　　　　　中国工艺品及书画第 1150 号

估　　价：HKD 1,500,000~2,500,000

成 交 价：HKD 2,640,000

罕见蓝地铁锈料绘仙人故事图大罐

年　　代：明中期

尺　　寸：直径 33.5 厘米

拍卖时间：华晨拍卖　2010 年 5 月 15 日

　　　　　瓷器、玉器、工艺品

　　　　　第 1203 号

估　　价：RMB 120,000~150,000

成 交 价：RMB 134,400

青花缠枝花卉开光八仙人物纹罐

年　　代：明万历

尺　　寸：高 36 厘米

拍卖时间：华晨拍卖　2010 年 5 月 15 日

　　　　　瓷器、玉器、工艺品

　　　　　第 1205 号

估　　价：RMB 120,000~180,000

成 交 价：RMB 235,200

青花人物故事图象腿瓶

年　　代：明崇祯

尺　　寸：高 44 厘米

拍卖时间：华晨拍卖　2010 年 5 月 15 日

　　　　　瓷器、玉器、工艺品

　　　　　第 1206 号

估　　价：RMB 180,000~280,000

成 交 价：RMB 224,000

青花文姬归汉图花觚

年　　代：明崇祯

尺　　寸：高 39 厘米

拍卖时间：华晨拍卖　2010 年 5 月 15 日

　　　　　瓷器、玉器、工艺品

　　　　　第 1208 号

估　　价：RMB 100,000~200,000

成 交 价：RMB 156,800

青花折枝花果梅瓶

年　　代：明

尺　　寸：直径 36 厘米

拍卖时间：北京保利　2010 年 6 月 4 日

　　　　　"九土来王"东西美术交流

　　　　　与乾隆盛世　第 4170 号

估　　价：RMB 1,500,000~2,500,000

成 交 价：RMB 3,360,000

五彩神仙人物盘（五件）

年　　代：明万历

款　　识："大明万历年制"

　　　　　　六字双行青花楷书款

尺　　寸：直径 15.6 厘米 ~16 厘米

拍卖时间：北京匡时　2008 年 5 月 21 日

　　　　　　古代瓷器工艺品专场　第 397 号

估　　价：RMB 700,000~900,000

成 交 价：RMB 784,000

青花缠枝花卉纹折沿盘

年　　代：明永乐

尺　　寸：直径 40.5 厘米

拍卖时间：北京匡时　2008 年 5 月 21 日

　　　　　　古代瓷器工艺品专场　第 332 号

估　　价：RMB 350,000~500,000

成 交 价：RMB 548,800

五彩龙凤纹调色盘
年　　代：明万历
款　　识："大明万历年制"
　　　　　六字二行楷书款
尺　　寸：直径 22.8 厘米
拍卖时间：中国嘉德　2010 年 5 月 16 日
　　　　　柔翰清心——书斋雅器紫玉金
　　　　　砂　第 2236 号
估　　价：RMB 120,000~160,000
成 交 价：RMB 179,200

青花山水纹茶壶
年　　代：明晚期
尺　　寸：宽 19.3 厘米
拍卖时间：中国嘉德　2010 年 5 月 16 日
　　　　　柔翰清心——书斋雅器紫玉金
　　　　　砂　第 2233 号
估　　价：RMB 60,000~80,000
成 交 价：RMB 109,760

青花折枝花卉纹菱口盘
年　　代：明永乐
尺　　寸：直径 19.7 厘米
拍卖时间：北京中汉　2010 年 5 月 18 日
　　　　　瓷器工艺品　第 013 号
估　　价：RMB 350,000~450,000
成 交 价：RMB 425,600

青花缠枝花卉纹碗
年　　代：明永乐
尺　　寸：直径 16.9 厘米
拍卖时间：北京中汉　2010 年 5 月 18 日
　　　　　瓷器工艺品　第 012 号
估　　价：RMB 600,000~800,000
成 交 价：RMB 672,000

青花缠枝牡丹花卉大碗
年　　代：明宣德
款　　识："大明宣德年制"款
尺　　寸：直径 28.5 厘米
拍卖时间：北京保利　2010 年 6 月 4 日 "九土来王"东西美术交流与乾隆盛世
　　　　　第 4169 号
估　　价：RMB 2,000,000~3,000,000
成 交 价：RMB 4,256,000

青花龙纹笔
年　　代：明万历
款　　识："大明万历年制"款
尺　　寸：长 20 厘米
拍卖时间：北京保利　2010 年 6 月 5 日
　　　　　中国古董珍玩　第 4990 号
估　　价：RMB 250,000~350,000
成 交 价：RMB 336,000

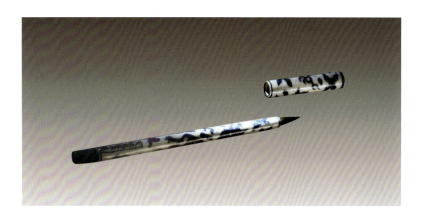

浇黄釉盘
年　　代：明嘉靖
款　　识："大明嘉靖年制"款
尺　　寸：直径22.2厘米
拍卖时间：北京中汉　2010年5月18日
　　　　　瓷器工艺品　第014号
估　　价：RMB 220,000~300,000
成 交 价：RMB 280,000

青花龙纹小盘
年　　代：明嘉靖
款　　识："大明嘉靖年制"款
尺　　寸：直径14厘米
拍卖时间：北京保利　2010年6月5日
　　　　　中国古董珍玩　第4992号
估　　价：RMB 100,000~150,000
成 交 价：RMB 112,000

法华人物罐
年　　代：明代
尺　　寸：高34.5厘米
拍卖时间：北京匡时　2010年6月6日
　　　　　瓷玉工艺品专场　第1212号
估　　价：RMB 120,000~150,000
成 交 价：RMB 179,200

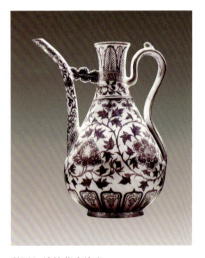

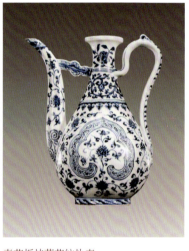

釉里红缠枝花卉执壶
年　　代：明洪武
尺　　寸：高33.7厘米
拍卖时间：北京翰海　2010年6月7日
　　　　　玉微山馆——琅石轩古董珍
　　　　　藏　第2407号
估　　价：RMB 1,000,000~1,500,000
成 交 价：RMB 1,848,000

青花折枝莲花纹执壶
年　　代：明永乐
尺　　寸：高29.4厘米
拍卖时间：北京翰海　2010年6月7日
　　　　　古董珍玩　第2973号
估　　价：RMB 6,000,000~8,000,000
成 交 价：RMB 11,200,000

青花四折枝花菱口盘
年　　代：明永乐
规　　格：直径38厘米
拍卖时间：北京长风　2010年6月22日
　　　　　瓷器杂项　第967号
估　　价：RMB 3,200,000~3,800,000
成 交 价：RMB 3,864,000

青花缠枝花卉大碗
年　　代：明宣德
款　　识："大明宣德年制"楷书款
尺　　寸：直径28.9厘米
拍卖时间：北京翰海　2010年6月7日
　　　　　古董珍玩　第2974号
估　　价：RMB 6,000,000~8,000,000
成 交 价：RMB 8,960,000

五彩花草纹调色盘

年　　代：明万历

款　　识："大明万历年制"
　　　　　　青花六字楷书款

规格：直径 24 厘米

拍卖时间：北京长风　2010 年 6 月 22 日
　　　　　　瓷器杂项　第 811 号

估　　价：RMB 150,000~180,000

成 交 价：RMB 168,000

青花缠枝莲纹盏托

年　　代：明初

尺　　寸：直径 19.5 厘米

拍卖时间：北京匡时　2010 年 12 月 4 日
　　　　　　瓷玉工艺品专场　第 286 号

估　　价：RMB 300,000~350,000

成 交 价：RMB 504,000

青花一把莲折沿大盘

年　　代：明永乐

尺　　寸：直径 44.8 厘米

拍卖时间：北京匡时　2010 年 12 月 4 日
　　　　　　瓷玉工艺品专场　第 265 号

估　　价：RMB 1,000,000~1,500,000

成 交 价：RMB 1,792,000

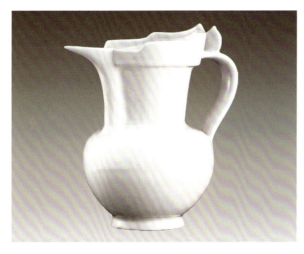

甜白釉僧帽壶

年　　代：明永乐

尺　　寸：高 20.5 厘米

拍卖时间：北京匡时　2010 年 12 月 4 日
　　　　　　瓷玉工艺品专场　第 295 号

估　　价：RMB 1,200,000~1,500,000

成 交 价：RMB 1,680,000

龙泉青釉梅瓶

年　　代：明洪武

尺　　寸：高 39 厘米

拍卖时间：北京保利　2010 年 12 月 5 日
　　　　　　"在望山庄"徐氏珍藏　第 4453 号

估　　价：RMB 700,000~900,000

成 交 价：RMB 896,000

青花船形水滴

年　　代：明永乐

规　　格：长 16 厘米、高 9 厘米

拍卖时间：北京长风　2010 年 6 月 22 日
　　　　　　瓷器杂项　第 954 号

估　　价：RMB 500,000~600,000

成 交 价：RMB 392,000

青花龙纹笔架

年　　代：明万历

尺　　寸：高 10.7 厘米

拍卖时间：北京匡时　2010 年 12 月 4 日
　　　　　瓷玉工艺品专场　第 282 号

估　　价：RMB 400,000~450,000

成 交 价：RMB 481,600

珊瑚红釉渣斗

年　　代：明正德

尺　　寸：高 10.5 厘米

拍卖时间：北京匡时　2010 年 12 月 4 日
　　　　　瓷玉工艺品专场　第 287 号

估　　价：RMB 3,000,000~3,500,000

成 交 价：RMB 3,472,000

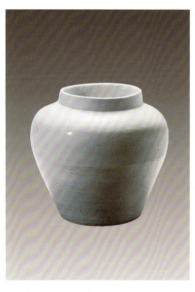

白釉划云凤纹大罐

年　　代：明弘治

尺　　寸：高 27 厘米

拍卖时间：北京保利　2010 年 12 月 5 日
　　　　　"在望山庄"徐氏珍藏第 4454 号

估　　价：RMB 150,000~200,000

成 交 价：RMB 358,400

米万钟制青花洞石花卉出戟觚

年　　代：明天启

款　　识："天启年米石隐制"款

尺　　寸：高 32 厘米

拍卖时间：北京保利　2010 年 12 月 5 日
　　　　　"在望山庄"徐氏珍藏
　　　　　第 4462 号

估　　价：RMB 6,000,000~8,000,000

成 交 价：RMB 12,320,000

青花龙纹盘

年　　代：明正德

款　　识："正德年制"款

尺　　寸：直径 24 厘米

拍卖时间：北京保利　2010 年 12 月 5 日
　　　　　"在望山庄"徐氏珍藏
　　　　　第 4457 号

估　　价：RMB 500,000~800,000

成 交 价：RMB 784,000

青花披肩花缠枝莲花盖罐

年　　代：明永乐

尺　　寸：高 27.5 厘米

拍卖时间：北京保利　2010 年 12 月 5 日
　　　　　"在望山庄"徐氏珍藏
　　　　　第 4456 号

估　　价：RMB 6,000,000~8,000,000

成 交 价：RMB 14,000,000

五彩花鸟花口盘
年　　代：明万历
款　　识："大明万历年制"
尺　　寸：直径 15.5 厘米
拍卖时间：北京保利　2010 年 12 月 6 日
　　　　　中国古董珍玩 1　第 5280 号
估　　价：RMB 150,000~200,000
成 交 价：RMB 336,000

五彩花鸟盘
年　　代：明万历
尺　　寸：直径 25 厘米
拍卖时间：北京保利　2010年12月6日
　　　　　中国古董珍玩 1　第 5282 号
估　　价：RMB 150,000~200,000
成 交 价：RMB 324,800

青花镂空云龙盖盒
年　　代：明万历
款　　识："大明万历年制"款
尺　　寸：直径 21.3 厘米
拍卖时间：北京保利　2010 年 12 月 5 日
　　　　　"在望山庄"徐氏珍藏
　　　　　第 4460 号
估　　价：RMB 1,500,000~2,500,000
成 交 价：RMB 1,680,000

龙泉窑刻花镂空狮子绣球鼓墩
年　　代：明
尺　　寸：高 15.5 厘米
拍卖时间：北京保利　2010 年 12 月 6 日
　　　　　中国古董珍玩 1　第 5265 号
估　　价：RMB 300,000~500,000
成 交 价：RMB 336,000

青花庭园凤凰纹大盖罐
年　　代：明万历
尺　　寸：高 67 厘米
拍卖时间：北京保利　2010 年 12 月 5
　　　　　"在望山庄"徐氏珍藏
　　　　　第 4464 号
估　　价：RMB 2,300,000~3,300,000
成 交 价：RMB 3,584,000

青花缠枝花卉折沿盘
年　　代：明永乐
尺　　寸：40.5 厘米
拍卖时间：北京保利　2010 年 12 月 6 日
　　　　　中国古董珍玩 1　第 5274 号
估　　价：RMB 1,800,000~2,800,000
成 交 价：RMB 3,024,000

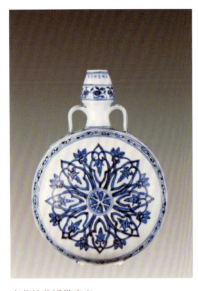

青花轮花绶带扁壶

年　　代：明宣德

款　　识："大明宣德年制"款

拍卖时间：北京东正

　　　　　2011 年 11 月 17 日

　　　　　中国古董珍玩专场

　　　　　第 17 号

估　　价：RMB 11,000,000~12,000,000

成 交 价：RMB 19,500,000

青花如意垂肩折枝花果纹梅瓶（玫茵堂藏）

年　　代：明永乐

尺　　寸：高 36.5 厘米

拍卖时间：香港苏富比

　　　　　2011 年 10 月 5 日

　　　　　重要中国御瓷选萃专拍

　　　　　第 11 号

估　　价：HKD 80,000,000~120,000,000

成 交 价：HKD 168,660,000

青花五彩云龙纹蟋蟀罐

年　　代：明

尺　　寸：高 16 厘米

拍卖时间：北京匡时

　　　　　2011 年 9 月 17 日

　　　　　瓷玉工艺品专场实录

　　　　　第 3065 号

估　　价：RMB 200,000~220,000

成 交 价：RMB 207,000

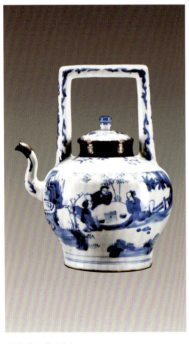

青花高士提梁壶

年　　代：明崇祯

尺　　寸：高 27 厘米

拍卖时间：北京保利　2010 年 12 月 6 日

　　　　　中国古董珍玩 1　第 5287 号

估　　价：RMB 180,000~280,000

成 交 价：RMB 201,600

青花海水葡萄纹大盘

年　　代：明永乐

尺　　寸：直径 38 厘米

拍卖时间：北京翰海　2010 年 12 月 21 日

　　　　　五十周年庆典夜场第 2328 号

估　　价：RMB 4,500,000~5,000,000

成 交 价：RMB 6,496,000

青花五彩鱼藻纹盖罐

年　　代：明嘉靖

款　　识："大明嘉靖年制"楷书款

尺　　寸：高 40 厘米

拍卖时间：北京翰海　2010 年 12 月 21 日

　　　　　五十周年庆典夜场第 2329 号

估　　价：RMB 20,000,000~30,000,000

成 交 价：RMB 23,520,000

青花狮子绣球小盘（一对）

年　　代：明嘉靖

款　　识："大明嘉靖年制"

尺　　寸：直径 13 厘米

拍卖时间：北京保利　2010 年 12 月 6 日

　　　　　中国古董珍玩 1　第 5283 号

估　　价：RMB 150,000~200,000

成 交 价：RMB 324,800

青花海八怪大碗

年　　代：明万历

款　　识："大明万历年制"

尺　　寸：直径 20 厘米

拍卖时间：北京保利　2010 年 12 月 6 日

　　　　　中国古董珍玩 1　第 5285 号

估　　价：RMB 200,000~300,000

成 交 价：RM B 1,064,000

青花一束莲盘

年　　代：明永乐

尺　　寸：直径 33.3 厘米

拍卖时间：北京匡时　2012 年 6 月 4 日

　　　　　瓷玉工艺品专场（一）

　　　　　第 1233 号

估　　价：RMB 1,000,000~1,200,000

成 交 价：RMB 1,207,500

五彩花卉腰圆盆

年　　代：明万历

尺　　寸：长 46 厘米

拍卖时间：北京保利　2010 年 12 月 6 日

　　　　　中国古董珍玩 1　第 5281 号

估　　价：RMB 150,000~200,000

成 交 价：RMB 336,000

青花缠枝花纹天球瓶
年　　代：清乾隆
款　　识："大清乾隆年制"款
拍卖时间：香港苏富比
　　　　　1973 年—1993 年（20 年）
　　　　　苏富比 20 年　第 165 号
成 交 价：HKD 1,430,000

青花缠枝莲纹花觚
年　　代：清乾隆
款　　识："大清乾隆五年"题款
拍卖时间：香港苏富比
　　　　　1973 年—1993 年（20 年）
　　　　　苏富比 20 年　第 172 号
成 交 价：HKD 3,300,000

青花缠枝花纹莲蓬口直颈瓶
年　　代：清雍正
款　　识："大清康熙年制"款
拍卖时间：香港苏富比
　　　　　1973 年—1993 年（20 年）
　　　　　苏富比 20 年　第 171 号
成 交 价：HKD 2,750,000

青花折枝花卉纹梅瓶
年　　代：清雍正
拍卖时间：香港苏富比
　　　　　1973 年—1993 年（20 年）
　　　　　苏富比 20 年　第 173 号
成 交 价：HKD 935,000

青花八仙尊
年　　代：清乾隆
款　　识："大清乾隆年制"款
拍卖时间：香港苏富比
　　　　　1973 年—1993 年（20 年）
　　　　　苏富比 20 年　第 174 号
成 交 价：HKD 253,000

青花缠枝莲纹壶形大尊
年　　代：清乾隆
款　　识："大清乾隆年制"款
拍卖时间：香港苏富比
　　　　　1973 年—1993 年（20 年）
　　　　　苏富比 20 年　第 179 号
成 交 价：HKD 1,210,000

青花缠枝莲纹壶形尊
年　　代：清雍正
款　　识："大清康熙年制"款
拍卖时间：香港苏富比
　　　　　1973 年—1993 年（20 年）
　　　　　苏富比 20 年　第 176 号
成 交 价：HKD 880,000

青花缠枝莲八吉祥纹盖壶
年　　代：清乾隆
款　　识："大清乾隆年制"款
拍卖时间：香港苏富比
　　　　　1973 年—1993 年（20 年）
　　　　　苏富比 20 年　第 181 号
成 交 价：HKD 1,155,000

青花缠枝花桃纹贯耳方壶
年　　代：清乾隆
款　　识："大清乾隆年制"款
拍卖时间：香港苏富比
　　　　　1973 年—1993 年（20 年）
　　　　　苏富比 20 年　第 182 号
成 交 价：HKD 990,000

釉里红加彩折枝花纹水盂
年　　代：清康熙
款　　识："大清康熙年制"款
拍卖时间：香港苏富比
　　　　　1973 年—1993 年（20 年）
　　　　　苏富比 20 年　第 187 号
成 交 价：HKD 1,870,000

青花釉里红腾龙纹双耳扁壶
年　　代：清乾隆
款　　识："大清乾隆年制"款
拍卖时间：香港苏富比
　　　　　1973 年—1993 年（20 年）
　　　　　苏富比 20 年　第 193 号
成 交 价：HKD 1,320,000

青花釉里红云龙纹天球瓶
年　　代：清乾隆
款　　识："大清乾隆年制"款
拍卖时间：香港苏富比
　　　　　1973 年—1993 年（20 年）
　　　　　苏富比 20 年　第 198 号
成 交 价：HKD 3,190,000

青花釉里红穿花游龙纹玉壶春瓶
年　　代：清雍正
款　　识："大清康熙年制"款
拍卖时间：香港苏富比
　　　　　1973 年—1993 年（20 年）
　　　　　苏富比 20 年　第 195 号
成 交 价：HKD 2,310,000

釉里红螭龙纹葫芦瓶
年　　代：清乾隆
款　　识："大清乾隆年制"款
拍卖时间：香港苏富比
　　　　　1973 年—1993 年（20 年）
　　　　　苏富比 20 年　第 197 号
成 交 价：HKD 3,190,000

青花釉里红穿花龙纹梅瓶
年　　代：清乾隆
款　　识："大清乾隆年制"款
拍卖时间：香港苏富比
　　　　　1973 年—1993 年（20 年）
　　　　　苏富比 20 年　第 196 号
成 交 价：HKD 3,960,000

斗彩竹纹碗（一对）
年　　代：清雍正
款　　识："大清康熙年制"款
拍卖时间：香港苏富比
　　　　　1973 年—1993 年（20 年）
　　　　　苏富比 20 年　第 246 号
成 交 价：HKD 517,000

五彩花卉纹高足杯
年　　代：清康熙
款　　识："大清康熙年制"款
拍卖时间：香港苏富比
　　　　　1973 年—1993 年（20 年）
　　　　　苏富比 20 年　第 202 号
成 交 价：HKD 1,078,000

斗彩云纹水盂（一对）
年　　代：清雍正
款　　识："大清康熙年制"款
拍卖时间：香港苏富比　1973 年—
　　　　　1993 年（20 年）
　　　　　苏富比 20 年　第 252 号
成 交 价：HKD 1,760,000

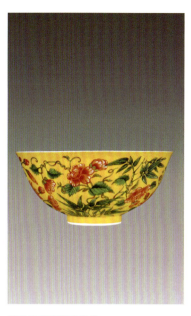

胭脂红地珐琅彩开光式花卉纹碗
年　　代：清康熙
款　　识："康熙御制"红料款
拍卖时间：香港苏富比
　　　　　1973年—1993年（20年）
　　　　　苏富比20年 第207号
成 交 价：HKD 1,980,000

蓝地珐琅彩缠枝莲纹题字碗
年　　代：清康熙
款　　识："康熙御制"红料款
拍卖时间：香港苏富比
　　　　　1973年—1993年（20年）
　　　　　苏富比20年 第208号
成 交 价：HKD 2,310,000

黄地珐琅彩花卉纹碗
年　　代：清康熙
款　　识："康熙御制"红料款
拍卖时间：香港苏富比
　　　　　1973年—1993年（20年）
　　　　　苏富比20年 第211号
成 交 价：HKD 5,500,000

五彩花鸟纹碗
年　　代：清康熙
款　　识："大清康熙年制"款
拍卖时间：香港苏富比
　　　　　1973年—1993年（20年）
　　　　　苏富比20年 第204号
成 交 价：HKD 10,450,000

珐琅彩花卉纹题诗小杯
年　　代：清雍正
款　　识："雍正年制"蓝料款
拍卖时间：香港苏富比
　　　　　1973年—1993年（20年）
　　　　　苏富比20年 第229号
成 交 价：HKD 4,620,000

珐琅彩花鸟纹题诗碗
年　　代：清雍正
款　　识："雍正年制"蓝料款
拍卖时间：香港苏富比
　　　　　1973年—1993年（20年）
　　　　　苏富比20年 第228号
成 交 价：HKD 16,500,000

粉彩蝴蝶团花碗

年　　代：清雍正

款　　识："大清康熙年制"款

拍卖时间：香港苏富比　1973年—1993年（20年）

　　　　　　苏富比20年　第287号

成 交 价：HKD 253,000

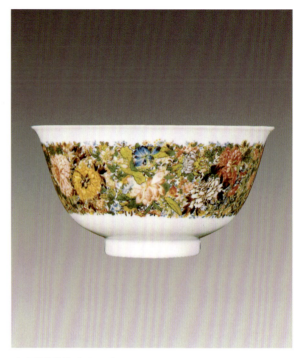

珐琅彩花卉纹碗（一对）

年　　代：清雍正

款　　识："雍正年制"蓝料款

拍卖时间：香港苏富比　1973年—1993年（20年）

　　　　　　苏富比20年　第232号

成 交 价：HKD 6,050,000

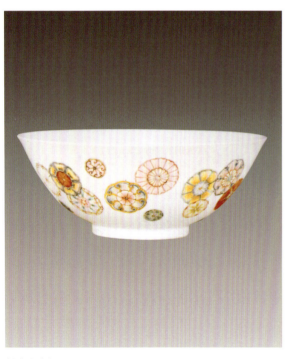

粉彩皮球花碗

年　　代：清雍正

款　　识："大清康熙年制"款

拍卖时间：香港苏富比

　　　　　　1973年—1993年（20年）

　　　　　　苏富比20年　第284号

成 交 价：HKD 2,640,000

珐琅彩花鸟纹题诗碗

年　　代：清乾隆

款　　识："乾隆年制"蓝料款

拍卖时间：香港苏富比

　　　　　　1973年—1993年（20年）

　　　　　　苏富比20年　第227号

成 交 价：HKD 1,100,000

黄地珐琅彩缠枝莲纹碗

年　　代：清康熙

款　　识："康熙御制"红料款

拍卖时间：香港苏富比　1973 年—1993 年（20 年）

　　　　　苏富比 20 年　第 212 号

成 交 价：GBP 31,350

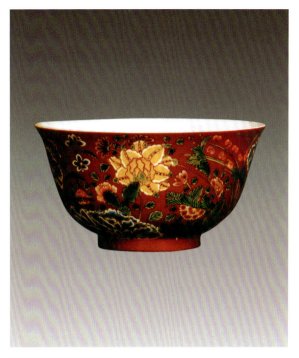

珊瑚红地五彩花卉纹碗

年　　代：清雍正

款　　识："雍正御制"款

拍卖时间：香港苏富比　1973 年—1993 年（20 年）

　　　　　苏富比 20 年　第 220 号

成 交 价：HKD 1,650,000

粉彩八仙器纹六棱碗

年　　代：清雍正

款　　识："大清康熙年制"款

拍卖时间：香港苏富比　1973 年—1993 年（20 年）

苏富比 20 年　第 289 号

成 交 价：HKD 803,000

斗彩人物楼阁大缸

年　　代：清康熙

拍卖时间：香港苏富比　1973 年—1993 年（20 年）

　　　　　苏富比 20 年　第 243 号

成 交 价：HKD 550,000

斗彩花卉桃纹碗（一对）

年　　代：清康熙

款　　识："大清康熙年制"款

拍卖时间：香港苏富比　1973 年—

　　　　　1993 年（20 年）

　　　　　苏富比 20 年第 251 号

成 交 价：HKD 2,200,000

斗彩三多纹碗（一对）

年　　代：清雍正

款　　识："大清康熙年制"款

拍卖时间：香港苏富比

　　　　　1973 年—1993 年（20 年）

　　　　　苏富比 20 年　第 248 号

成 交 价：HKD 5,060,000

五彩庭苑仕女图大盘

年　　代：清康熙

款　　识："大清康熙年制"款

拍卖时间：香港苏富比

　　　　　1973 年—1993 年（20 年）

　　　　　苏富比 20 年　第 199 号

成 交 价：HKD 286,000

斗彩桃纹盘

年　　代：清雍正

款　　识："大清康熙年制"款

拍卖时间：香港苏富比

　　　　　1973 年—1993 年（20 年）

　　　　　苏富比 20 年　第 249 号

成 交 价：HKD 1,320,000

斗彩水仙花石纹盘

年　　代：清雍正

款　　识："大清康熙年制"款

拍卖时间：香港苏富比

　　　　　1973 年—1993 年（20 年）

　　　　　苏富比 20 年　第 247 号

成 交 价：HKD 1,155,000

斗彩花卉纹盖盒子

年　　代：清雍正

款　　识："大清康熙年制"款

拍卖时间：香港苏富比

　　　　　1973 年—1993 年（20 年）

　　　　　苏富比 20 年　第 250 号

成 交 价：HKD 2,860,000

粉彩桃纹大盘

年　　代：清雍正

款　　识："大清康熙年制"款

拍卖时间：香港苏富比

　　　　　1973年—1993年（20年）

　　　　　苏富比20年　第273号

成 交 价：HKD 3,520,000

粉彩花卉纹大盘

年　　代：清雍正

款　　识："大清康熙年制"款

拍卖时间：香港苏富比

　　　　　1973年—1993年（20年）

　　　　　苏富比20年　第274号

成 交 价：HKD 4,400,000

粉彩桃纹盘（一对）

年　　代：清雍正

款　　识："大清康熙年制"款

拍卖时间：香港苏富比

　　　　　1973年—1993年（20年）

　　　　　苏富比20年　第276号

成 交 价：HKD 5,500,000

斗彩鸡缸杯

年　　代：清雍正

款　　识："大清康熙年制"款

拍卖时间：香港苏富比

　　　　　1973年—1993年（20年）

　　　　　苏富比20年　第262号

成 交 价：HKD 1,925,000

粉彩桃纹天球瓶

年　　代：清乾隆

款　　识："大清乾隆年制"款

拍卖时间：香港苏富比

　　　　　1973年—1993年（20年）

　　　　　苏富比20年　第277号

成 交 价：HKD 935,000

粉彩花鸟纹瓶

年　　代：清雍正

款　　识："大清康熙年制"款

拍卖时间：香港苏富比

　　　　　1973年—1993年（20年）

　　　　　苏富比20年　第281号

成 交 价：HKD 12,100,000

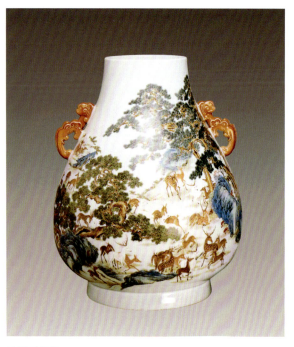

粉彩百鹿尊
年　　代：清乾隆
款　　识："大清乾隆年制"款
拍卖时间：香港苏富比　1973 年—1993 年（20 年）
　　　　　苏富比 20 年　第 290 号
成 交 价：HKD 4,180,000

粉彩庭苑仕女图灯笼瓶
年　　代：清嘉庆
款　　识：描红六字篆书款
尺　　寸：高 31.8 厘米
拍卖时间：香港佳士得　1992 年 9 月 29 日
　　　　　中国瓷器、玉器、翡翠、工艺品　第 601 号
估　　价：HKD 600,000~800,000

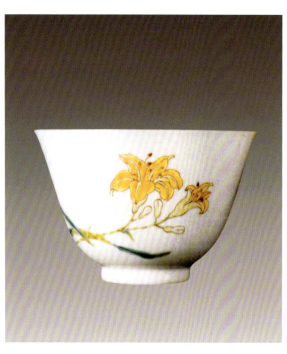

粉彩折枝花卉纹碗
年　　代：清雍正
款　　识："大清康熙年制"款
拍卖时间：香港苏富比　1973 年—1993 年（20 年）
　　　　　苏富比 20 年　第 282 号
成 交 价：HKD 1,980,000

柠檬黄釉菊瓣形盘
年　　代：清雍正
款　　识：双圈双行六字楷书款
尺　　寸：口径 16.2 厘米
拍卖时间：香港佳士得　1993 年 3 月 23 日　中国瓷器、玉器、
　　　　　工艺品　第 738 号
估　　价：HKD 150,000~200,000

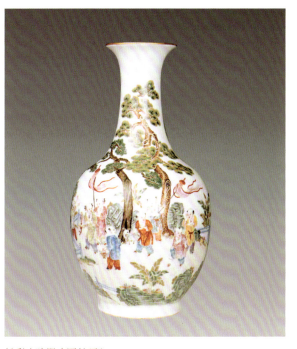

粉彩庭院婴戏图长颈瓶

年　　代：清道光
款　　识：描红六字篆书款
尺　　寸：高 33 厘米
拍卖时间：香港佳士得　1992 年 9 月 29 日
　　　　　中国瓷器、玉器、翡翠、工艺品　第 623 号
估　　价：HKD 350,000~400,000

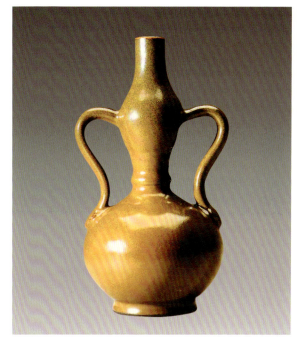

茶叶末釉葫芦形双耳瓶

年　　代：清乾隆
款　　识：六字篆书款
尺　　寸：高 25.8 厘米
拍卖时间：香港佳士得　1993 年 3 月 23 日
　　　　　中国瓷器、玉器、工艺品　第 733 号
估　　价：HKD 150,000~250,000

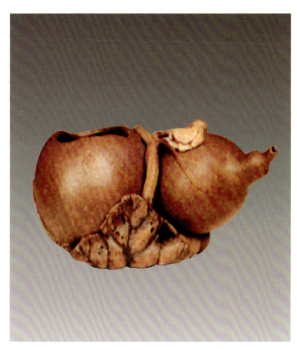

宜兴荷叶缠枝葫芦水注

款　　识："陈鸣远"印款
尺　　寸：长 11.2 厘米
拍卖时间：香港佳士得　1992 年 9 月 29 日
　　　　　中国瓷器、玉器、翡翠、
　　　　　工艺品　第 627 号
估　　价：HKD 80,000~100,000

宜兴鹿形水盛

款　　识："天启年造"刻款及"陈中美制"印款
尺　　寸：长 14 厘米
拍卖时间：香港佳士得　1992 年 9 月 29 日　中国瓷器、玉器、
　　　　　翡翠、工艺品　第 628 号
估　　价：HKD 60,000~80,000

青花花果蒜头瓶
年　　代：清乾隆
款　　识："大清乾隆年制"方章款
拍卖时间：北京翰海　1994年9月19日
　　　　　中国古董、珍玩　第19号
估　　价：RMB 300,000~400,000

青花折枝花果梅瓶
年　　代：清乾隆
款　　识："大清乾隆年制"方章款
拍卖时间：北京翰海　1994年9月19日
　　　　　中国古董、珍玩　第20号
估　　价：RMB 600,000~800,000

青花竹石芭蕉玉壶春瓶
年　　代：清乾隆
款　　识："大清乾隆年制"方章款
拍卖时间：北京翰海　1994年9月19日
　　　　　中国古董、珍玩　第22号
估　　价：RMB 400,000~600,000

青花缠枝莲纹赏瓶（一对）
年　　代：清道光
款　　识："大清道光年制"方章款
拍卖时间：北京翰海　1994年9月19日　中国古董、珍玩　第24号
估　　价：RMB 120,000~150,000

青花缠枝莲纹灯笼尊
年　　代：清道光
款　　识："大清道光年制"方章款
拍卖时间：北京翰海　1994年9月19日
　　　　　中国古董、珍玩　第26号
估　　价：RMB 100,000~120,000

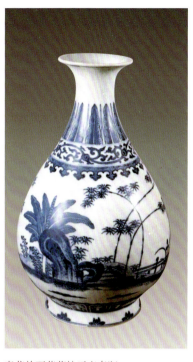

青花竹石芭蕉纹玉壶春瓶

年　　代：清咸丰
款　　识："大清咸丰年制"楷书款
拍卖时间：北京翰海　1994年9月19日
　　　　　中国古董、珍玩　第27号
估　　价：RMB 80,000~120,000

祭蓝金皮球观音瓶

年　　代：清光绪
款　　识："大清光绪年制"
　　　　　金字楷书款
拍卖时间：北京翰海　1994年9月19日
　　　　　中国古董、珍玩　第40号
估　　价：RMB 50,000~60,000

窑变盖碗尊

年　　代：清乾隆
款　　识："大清乾隆年制"方章刻款
拍卖时间：北京翰海　1994年9月19日
　　　　　中国古董、珍玩　第58号
估　　价：RMB 60,000~80,000

窑变贯耳瓶（一对）

年　　代：清光绪
款　　识："大清光绪年制"刻款
拍卖时间：北京翰海　1994年9月19日　中国古董、珍玩　第64号
估　　价：RMB 40,000~50,000

青花釉里红折枝三多纹直颈瓶

年　　代：清雍正
款　　识：双行双圈六字楷书款
尺　　寸：高20厘米
拍卖时间：香港佳士得　1994年10月31日
　　　　　中国重要陶瓷　第585号
估　　价：HKD 550,000~700,000

黄地赭绿龙小盘（一对）
年　　代：清康熙
款　　识："大清康熙年制"楷书款
拍卖时间：北京翰海　1994年9月19日
　　　　　中国古董、珍玩　第33号
估　　价：RMB 80,000~100,000

青花矾红海水龙盘（一对）
年　　代：清乾隆
款　　识："大清乾隆年制"方章款
拍卖时间：北京翰海　1994年9月19日
　　　　　中国古董、珍玩　第44号
估　　价：RMB 60,000~80,000

釉里红三果碗（一对）
年　　代：清康熙
款　　识："大清康熙年制"楷书款
　　　　　（其中一只小伤）
拍卖时间：北京翰海　1994年9月19日
　　　　　中国古董、珍玩　第34号
估　　价：RMB 80,000~100,000

胭脂地料彩花卉碗（一对）
年　　代：清嘉庆
款　　识："大清嘉庆年制"方章款
拍卖时间：北京翰海　1994年9月19日
　　　　　中国古董、珍玩　第69号
估　　价：RMB 250,000~300,000

祭蓝碗
年　　代：清雍正
款　　识："大清雍正年制"楷书款
拍卖时间：北京翰海　1994年9月19日
　　　　　中国古董、珍玩　第51号
估　　价：RMB 20,000～30,000

豇豆红暗刻团龙太白尊
年　　代：清康熙
款　　识："大清康熙年制"楷书款
拍卖时间：北京翰海　1994年9月19日
　　　　　中国古董、珍玩　第49号
估　　价：RMB 100,000～120,000

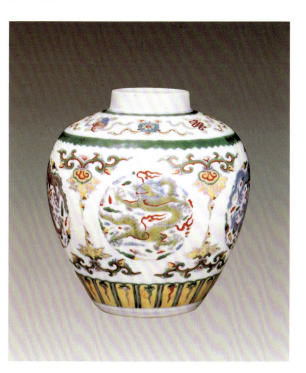

斗彩五团龙罐
年　　代：清雍正
款　　识：双圈双行六字楷书款
尺　　寸：口径16.5厘米
拍卖时间：香港佳士得　1994年10月31日
　　　　　中国重要陶瓷　第616A号
估　　价：HKD 400,000～600,000

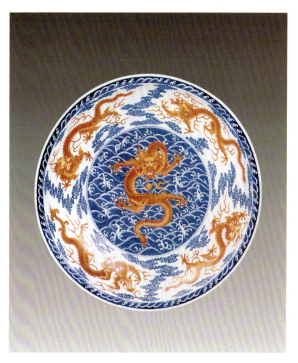

青花矾红龙涛纹大盘
年　　代：清乾隆
款　　识：六字篆书款
尺　　寸：口径48厘米
拍卖时间：香港佳士得　1994年10月31日
　　　　　中国重要陶瓷　第599号
估　　价：HKD 400,000～600,000

斗彩鸳鸯莲花纹小碗（一对）

年　　代：清乾隆

款　　识："大清乾隆年制"方章款

拍卖时间：北京翰海

　　　　　1994 年 9 月 19 日

　　　　　中国古董、珍玩　第 90 号

估　　价：RMB 120,000~160,000

斗彩莲池鸳鸯纹卧足盘（一对）

年　　代：清雍正

款　　识：双圈双行六字楷书款

尺　　寸：口径 17.5 厘米

拍卖时间：香港佳士得

　　　　　1994 年 10 月 31 日

　　　　　中国重要陶瓷　第 616 号

估　　价：HKD 900,000~1,000,000

珊瑚红地五彩开光牡丹纹碗

年　　代：清雍正

款　　识："雍正御制"青花双框款

尺　　寸：口径 10.5 厘米

拍卖时间：香港佳士得

　　　　　1994 年 10 月 31 日

　　　　　中国重要陶瓷　第 570 号

估　　价：HKD 2,000,000~2,500,000

粉彩折枝花卉如意尊（一对）
年　　代：清末
款　　识："四勿堂制"蓝料方章款
拍卖时间：北京翰海　1994年9月19日
　　　　　中国古董、珍玩　第80号
估　　价：RMB 100,000~120,000

斗彩莲池鸳鸯墩式碗（一对）
年　　代：清乾隆
款　　识：六字篆书款
尺　　寸：口径16.5厘米
拍卖时间：香港佳士得
　　　　　1994年10月31日
　　　　　中国重要陶瓷　第620号
估　　价：HKD 400,000~600,000

粉彩折枝花卉纹束腰盖碗（一对）
年　　代：清乾隆
款　　识：矾红六字篆书款
尺　　寸：口径9厘米
拍卖时间：香港佳士得
　　　　　1994年10月31日
　　　　　中国重要陶瓷　第658号
估　　价：HKD 120,000~150,000

斗彩云海龙纹直口盘（一对）
年　　代：清雍正
款　　识："大清康熙年制"款
拍卖时间：香港苏富比
　　　　　1994年11月1日
　　　　　中国瓷器工艺品　第75号
估　　价：800,000~1,000,000

五彩花神杯

年　　代：清乾隆

款　　识："大清乾隆年制"款

拍卖时间：香港苏富比

　　　　　1994 年 11 月 1 日

　　　　　中国瓷器工艺品　第 69 号

估　　价：HKD 80,000~100,000

斗彩卷草纹团花纹直口盉

年　　代：清雍正

款　　识："大清康熙年制"款

拍卖时间：香港苏富比

　　　　　1994 年 11 月 1 日

　　　　　中国瓷器工艺品　第 74 号

估　　价：HKD 250,000~350,000

洒蓝菊瓣纹盘

年　　代：清雍正

款　　识："大清雍正年制"楷书款

拍卖时间：北京翰海　1994 年 9 月 19 日

　　　　　中国古董、珍玩　第 53 号

估　　价：RMB 80,000~100,000

瓜藤纹宫碗

年　　代：明成化

尺　　寸：直径 15.4 厘米

拍卖时间：香港苏富比　2011 年 4 月 7 日

　　　　　重要中国御瓷选萃专拍第 56 号

估　　价：HKD 80,000,000~120,000,000

成 交 价：HKD 90,000,000

斗彩福寿碗

年　　代：清雍正

款　　识："大清雍正年制"楷书款

拍卖时间：北京翰海　1994 年 9 月 19 日

　　　　　中国古董、珍玩　第 86 号

估　　价：RMB 220,000~280,000

五彩荷塘鸳鸯花鸟纹碗

年　　代：清康熙

拍卖时间：香港苏富比

　　　　　1994 年 11 月 1 日

　　　　　中国瓷器工艺品　第 68 号

估　　价：HKD 100,000~150,000

德化窑白瓷观音持莲坐像

年　　代：清

尺　　寸：高 31 厘米

拍卖时间：香港佳士得

　　　　　1994 年 10 月 31 日

　　　　　中国重要陶瓷　第 650 号

估　　价：HKD 100,000~120,000

德化窑白瓷观音立像

年　　代：清

尺　　寸：高 41.3 厘米

拍卖时间：香港佳士得

　　　　　1994 年 10 月 31 日

　　　　　中国重要陶瓷　第 651 号

估　　价：HKD 80,000~120,000

松石绿地粉彩莲纹塑婴瓶

年　　代：清乾隆

款　　识：矾红六字篆书款

尺　　寸：高 31.2 厘米

拍卖时间：香港佳士得

　　　　　1994 年 10 月 31 日

　　　　　中国重要陶瓷　第 663 号

估　　价：HKD 1,500,000~1,800,000

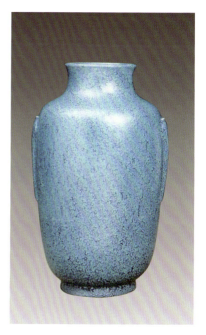

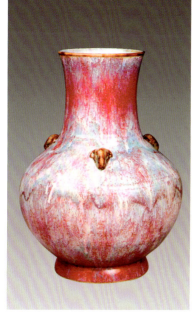

炉钧釉堆双耳灯笼尊

年　　代：清乾隆

款　　识：六字篆书印款

尺　　寸：高 24 厘米

拍卖时间：香港佳士得

　　　　　1994 年 10 月 31 日

　　　　　中国重要陶瓷　第 639 号

估　　价：HKD 150,000~200,000

窑变釉三栖尊

年　　代：清乾隆

款　　识：六字篆书印款

尺　　寸：高 33 厘米

拍卖时间：香港佳士得

　　　　　1994 年 10 月 31 日

　　　　　中国重要陶瓷　第 643 号

估　　价：HKD 300,000~350,000

镂空豆青釉描金螭龙内粉彩八仙转心瓶

年　　代：清乾隆

款　　识：褚墨色六字篆书款

尺　　寸：高 34.3 厘米

拍卖时间：香港佳士得

　　　　　1994 年 10 月 31 日

　　　　　中国重要陶瓷　第 660 号

估　　价：HKD 300,000~500,000

青花荷塘鸳鸯纹盘（一对）

年　　代：清雍正

款　　识："大清康熙年制"款

拍卖时间：香港苏富比　1994 年 11 月 1 日　中国瓷器工艺品　第 137 号

估　　价：HKD 120,000~150,000

豇豆红太白尊

年　　代：清康熙

款　　识："大清康熙年制"款

拍卖时间：香港苏富比

　　　　　　1994 年 11 月 1 日

　　　　　　中国瓷器工艺品　第 93 号

估　　价：HKD 170,000~200,000

斗彩夔凤莲纹盘（一对）

年　　代：清乾隆

款　　识："大清乾隆年制"款

拍卖时间：香港苏富比　1994 年 11 月 1 日中国瓷器工艺品　第 76 号

估　　价：HKD 160,000~180,000

斗彩婴戏图罐

年　　代：清乾隆

款　　识："大清乾隆年制"款

拍卖时间：香港苏富比

　　　　　　1994 年 11 月 1 日

　　　　　　中国瓷器工艺品　第 81 号

估　　价：HKD 300,000~400,000

炉钧釉双耳炉

年　　代：清雍正

款　　识："大清康熙年制"款

拍卖时间：香港苏富比　1994 年 11 月 1 日　中国瓷器工艺品　第 99 号

估　　价：HKD 60,000~80,000

斗彩折枝莲蝙蝠纹小罐

年　　代：清乾隆

款　　识："大清乾隆年制"款

拍卖时间：香港苏富比

　　　　　　1994 年 11 月 1 日

　　　　　　中国瓷器工艺品　第 80 号

估　　价：HKD 200,000~300,000

胭脂红双鱼形尊

年　　代：清雍正

款　　识："大清雍正年制"方款

拍卖时间：香港苏富比

　　　　　　1994 年 11 月 1 日

　　　　　　中国瓷器工艺品　第 109 号

估　　价：HKD 100,000～150,000

青花仙鹤纹碗（一对）

年　　代：清雍正

款　　识："大清康熙年制"款

拍卖时间：香港苏富比　　1994 年 11 月 1 日　、中国瓷器工艺品　第 138 号

估　　价：HKD 400,000～500,000

绿釉龙纹盘

年　　代：清乾隆

款　　识："大清乾隆年制"款

拍卖时间：香港苏富比

　　　　　　1994 年 11 月 1 日

　　　　　　中国瓷器工艺品　第 104 号

估　　价：HKD 90,000～120,000

豆青釉三孔花插（一对）

年　　代：清雍正

款　　识："大清康熙年制"款

拍卖时间：香港苏富比　1994 年 11 月 1 日　中国瓷器工艺品　第 111 号

估　　价：HKD 180,000～220,000

豆青釉六联瓶

年　　代：清雍正

款　　识："大清康熙年制"款

拍卖时间：香港苏富比

　　　　　　1994 年 11 月 1 日

　　　　　　中国瓷器工艺品　第 113 号

估　　价：HKD 300,000～400,000

仿官窑三足炉

年　　代：清雍正

款　　识："大清康熙年制"款

拍卖时间：香港苏富比　1994 年 11 月 1 日　中国瓷器工艺品　第 106 号

估　　价：HKD 150,000～200,000

豆青釉弦纹蒜头口尊
年　　代：清雍正
款　　识："大清康熙年制"款
拍卖时间：香港苏富比
　　　　　1994 年 11 月 1 日
　　　　　中国瓷器工艺品　第 112 号
估　　价：HKD 250,000~300,000

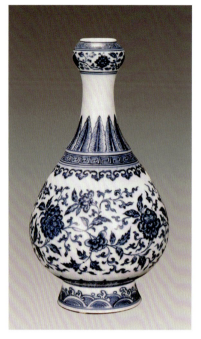

青花缠枝花卉蒜头瓶
年　　代：清雍正
款　　识："大清康熙年制"款
拍卖时间：香港苏富比
　　　　　1994 年 11 月 1 日
　　　　　中国瓷器工艺品　第 145 号
估　　价：HKD 1,000,000~1,500,000

豆青釉刻夔龙凤凰纹八方瓶
年　　代：清乾隆
拍卖时间：香港苏富比
　　　　　1994 年 11 月 1 日
　　　　　中国瓷器工艺品　第 114 号
估　　价：HKD 500,000~700,000

豆青刻二龙争珠纹尊
年　　代：清康熙
拍卖时间：香港苏富比
　　　　　1994 年 11 月 1 日
　　　　　中国瓷器工艺品　第 96 号
估　　价：HKD 150,000~200,000

炉钧釉莲蓬口长颈瓶
年　　代：清雍正
款　　识："雍正年制"款
拍卖时间：香港苏富比
　　　　　1994 年 11 月 1 日
　　　　　中国瓷器工艺品　第 100 号
估　　价：HKD 300,000~400,000

青花折枝花果蒜头口瓶
年　　代：清乾隆
款　　识："大清乾隆年制"款
拍卖时间：香港苏富比
　　　　　1994 年 11 月 1 日
　　　　　中国瓷器工艺品　第 161 号
估　　价：HKD 400,000~500,000

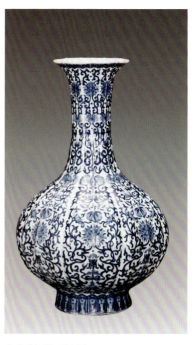

青花花果纹瓜棱撇口瓶

年　　代：清乾隆

款　　识："大清乾隆年制"款

拍卖时间：香港苏富比

　　　　　1994 年 11 月 1 日

　　　　　中国瓷器工艺品　第 149 号

估　　价：HKD 220,000~280,000

青花缠枝莲纹壶形兽耳尊

年　　代：清乾隆

款　　识："大清乾隆年制"款

拍卖时间：香港苏富比

　　　　　1994 年 11 月 1 日

　　　　　中国瓷器工艺品　第 151 号

估　　价：HKD 220,000~280,000

青花折枝花果纹六方尊

年　　代：清乾隆

款　　识："大清乾隆年制"款

拍卖时间：香港苏富比

　　　　　1994 年 11 月 1 日

　　　　　中国瓷器工艺品　第 159 号

估　　价：HKD 600,000~800,000

茶叶末釉直颈瓶

年　　代：清乾隆

款　　识："大清乾隆年制"款

拍卖时间：香港苏富比

　　　　　1994 年 11 月 1 日

　　　　　中国瓷器工艺品　第 120 号

估　　价：HKD 100,000~150,000

茶叶末釉双耳葫芦瓶

年　　代：清乾隆

款　　识："大清乾隆年制"款

拍卖时间：香港苏富比

　　　　　1994 年 11 月 1 日

　　　　　中国瓷器工艺品　第 122 号

估　　价：HKD 150,000~180,000

青花矾红云蝠龙纹毛笔（一对）

年　　代：清乾隆

款　　识："大清乾隆年制"款

拍卖时间：香港苏富比

　　　　　1994 年 11 月 1 日

　　　　　中国瓷器工艺品　第 183 号

估　　价：HKD 50,000~70,000

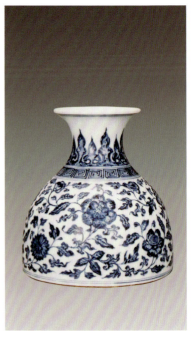

粉彩过墙花果纹撇口碗
年　　代：清乾隆
款　　识："大清乾隆年制"款
拍卖时间：香港苏富比
　　　　　1994 年 11 月 1 日
　　　　　中国瓷器工艺第 189 号
估　　价：HKD 80,000~100,000

黄地五彩青花龙纹碗
年　　代：清康熙
款　　识："大清康熙年制"款
拍卖时间：香港苏富比
　　　　　1994 年 11 月 1 日
　　　　　中国瓷器工艺品第 219 号
估　　价：HKD 90,000~120,000

青花缠枝花卉纹瓶
年　　代：清雍正
款　　识："大清康熙年制"款
拍卖时间：香港苏富比
　　　　　1994 年 11 月 1 日
　　　　　中国瓷器工艺品　第 139 号
估　　价：HKD 800,000~1,000,000

粉彩九桃花卉纹天球瓶
年　　代：清乾隆
款　　识："大清乾隆年制"款
拍卖时间：香港苏富比　1994 年 11 月 1 日　中国瓷器工艺品　第 192 号
估　　价：HKD 2,000,000~3,000,000

釉里红折枝花卉纹水盂
年　　代：清康熙
款　　识："大清康熙年制"款
拍卖时间：香港苏富比
　　　　　1994 年 11 月 1 日
　　　　　中国瓷器工艺品　第 173 号
估　　价：HKD 1,500,000~1,800,000

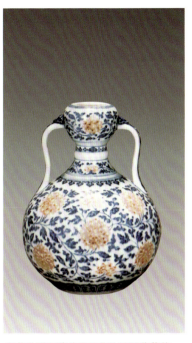

青花釉里红缠枝石榴花纹双耳葫芦尊

年　　代：清雍正

款　　识："大清康熙年制"款

拍卖时间：香港苏富比

　　　　　1994 年 11 月 1 日

　　　　　中国瓷器工艺品　第 178 号

估　　价：HKD 1,400,000~1,600,000

釉里红缠枝莲纹葫芦瓶

年　　代：清乾隆

款　　识："大清乾隆年制"款

拍卖时间：香港苏富比

　　　　　1994 年 11 月 1 日

　　　　　中国瓷器工艺品　第 179 号

估　　价：HKD 1,500,000~2,000,000

珐琅彩花卉石纹大口直身瓶

年　　代：清雍正

款　　识："大清雍正年制"刻款

拍卖时间：香港苏富比

　　　　　1994 年 11 月 1 日

　　　　　中国瓷器工艺品　第 188 号

估　　价：HKD 2,800,000~3,500,000

粉彩鸡缸杯

年　　代：清乾隆

款　　识："大清乾隆仿古"款

拍卖时间：香港苏富比

　　　　　1994 年 11 月 1 日

　　　　　中国瓷器工艺品　第 185 号

估　　价：HKD 70,000~90,000

矾红龙纹酒杯（一对）

年　　代：清康熙

款　　识："大明成化年制"款

　　　　　（官仿成化）

拍卖时间：香港苏富比

　　　　　1994 年 11 月 1 日

　　　　　中国瓷器工艺品　第 184 号

估　　价：HKD 50,000~70,000

粉彩百花图直口杯

年　　代：清乾隆

款　　识："大清乾隆年制"款

拍卖时间：香港苏富比

　　　　　1994 年 11 月 1 日

　　　　　中国瓷器工艺品　第 190 号

估　　价：HKD 120,000~160,000

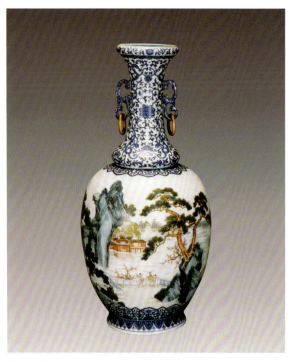

青花粉彩山水人物双耳环瓶

年　　代：清乾隆

款　　识："大清乾隆年制"款

拍卖时间：香港苏富比　1994 年 11 月 1 日

　　　　　　中国瓷器工艺品第 193 号

估　　价：HKD 2,000,000～3,000,000

孔雀蓝地粉彩镂空螭龙八仙图转心瓶

年　　代：清乾隆

款　　识："大清乾隆年制"款

拍卖时间：香港苏富比　1994 年 11 月 1 日

　　　　　　中国瓷器工艺品第 198 号

估　　价：HKD 600,000～800,000

孔雀蓝地缠枝莲蝠纹葫芦瓶

年　　代：清道光

款　　识："大清道光年制"款

拍卖时间：香港苏富比　1994 年 11 月 1 日

　　　　　　中国瓷器工艺品　第 197 号

估　　价：HKD 280,000～320,000

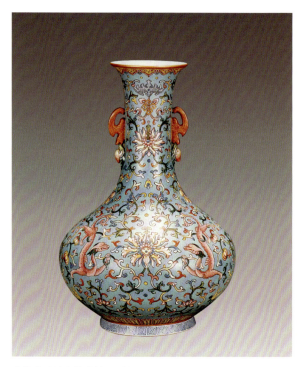

孔雀蓝地螭龙花卉纹双耳瓶

年　　代：清乾隆

款　　识："大清乾隆年制"款

拍卖时间：香港苏富比　1994 年 11 月 1 日

　　　　　　中国瓷器工艺品　第 196 号

估　　价：HKD 700,000～900,000

黑地五彩缠枝花卉纹碗

年　　代：清雍正

款　　识："大清康熙年制"款

拍卖时间：香港苏富比　1994 年 11 月 1 日
　　　　　中国瓷器工艺品第 225 号

估　　价：HKD 120,000~150,000

墨彩矾红山水人物图盘（四只）

年　　代：19 世纪

款　　识："德诚斋制"款

拍卖时间：香港苏富比　1994 年 11 月 1 日
　　　　　中国瓷器工艺品第 226 号

估　　价：HKD 80,000~100,000

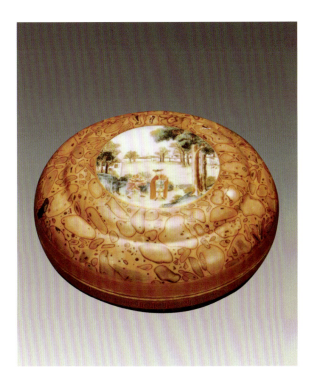

粉彩仿石釉开光识西洋人物盖盒

年　　代：清乾隆

款　　识："大清乾隆年制"描金款

拍卖时间：香港苏富比　1994 年 11 月 1 日
　　　　　中国瓷器工艺品第 201 号

估　　价：HKD 80,000~100,000

粉彩仿木纹釉开光识鸡纹折沿盘

年　　代：清乾隆

拍卖时间：香港苏富比　1994 年 11 月 1 日
　　　　　中国瓷器工艺品第 205 号

估　　价：HKD 120,000~150,000

广东粉彩开光识人物庭园双耳瓶（一对）

年　　代：19 世纪

拍卖时间：香港苏富比　1994 年 11 月 1 日　中国瓷器工艺品　第 207 号

估　　价：HKD 90,000~120,000

青花外缠枝莲内水波宝相花纹圆洗

年　　代：清乾隆

款　　识："大清乾隆年制"款

拍卖时间：香港苏富比　1994 年 11 月 1 日　中国瓷器工艺品　第 152 号

估　　价：HKD 1,600,000~1,800,000

黄地青花云龙捧寿图六角尊（一对）

年　　代：清乾隆

款　　识："大清乾隆年制"款

拍卖时间：香港苏富比　1994 年 11 月 1 日　中国瓷器工艺品　第 223 号

估　　价：HKD 650,000~850,000

青花螭龙寿字纹葫芦扁瓶（一对）

年　　代：清乾隆

款　　识："大清乾隆年制"款

拍卖时间：香港苏富比　1994 年 11 月 1 日　中国瓷器工艺品　第 150 号

估　　价：HKD 350,000~450,000

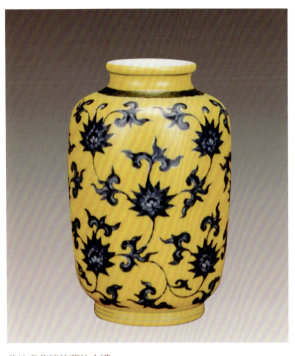

黄地青花缠枝莲纹小罐

年　　代：清雍正

款　　识："大清康熙年制"款

拍卖时间：香港苏富比　1994 年 11 月 1 日
　　　　　中国瓷器工艺品第 224 号

估　　价：HKD 280,000~350,000

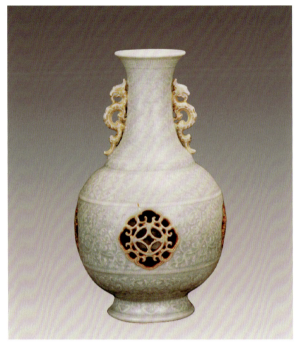

豆青釉描金刻缠枝花卉镂空双耳瓶

年　　代：清乾隆

款　　识："大清乾隆年制"款

拍卖时间：香港苏富比　1994 年 11 月 1 日
　　　　　中国瓷器工艺品第 228 号

估　　价：HKD 200,000~300,000

豆青地描金缠枝花卉纹双耳盒瓶

年　　代：清嘉庆

款　　识："大清嘉庆年制"款

拍卖时间：香港苏富比　1994 年 11 月 1 日
　　　　　中国瓷器工艺品第 229 号

估　　价：HKD 200,000~250,000

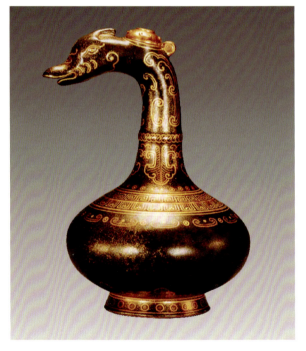

仿铜釉描金鹅形执壶

年　　代：清乾隆

款　　识："大清乾隆年制"款

拍卖时间：香港苏富比　1994 年 11 月 1 日
　　　　　中国瓷器工艺品第 230 号

估　　价：HKD 300,000~400,000

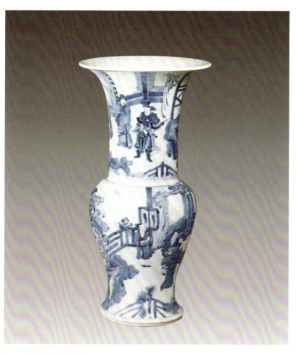

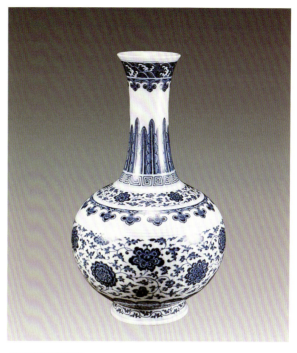

青花山水人物凤尾尊

年　　代：清康熙

拍卖时间：中国嘉德　1995 年 5 月 11 日

　　　　　瓷器、玉器、工艺品　第 693 号

估　　价：RMB 50,000~70,000

青花缠枝莲赏瓶

年　　代：清光绪

拍卖时间：中国嘉德　1995 年 5 月 11 日

　　　　　瓷器、玉器、工艺品　第 729 号

估　　价：RMB 50,000~70,000

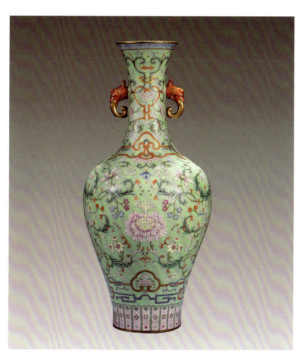

淡绿地粉彩缠枝莲纹蝠耳撇口瓶

年　　代：清乾隆

款　　识：矾红六字篆书款

尺　　寸：口径 17.2 厘米

拍卖时间：香港佳士得　1995 年 4 月 30 日

　　　　　中国瓷器工艺品　第 673 号

估　　价：HKD 150,000~200,000

青花缠枝莲六方大瓶

年　　代：清乾隆

款　　识："大清乾隆年制"六字三行方章

尺　　寸：高 69 厘米

拍卖时间：中国嘉德　1994 年 11 月 9 日

　　　　　瓷器玉器鼻烟壶工艺品　第 627 号

估　　价：RMB 500,000~700,000

成 交 价：RMB 440,000

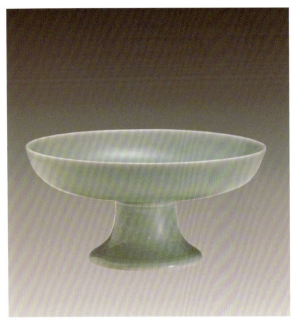

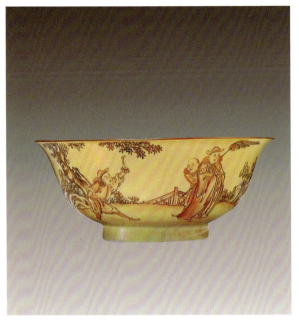

豆青釉暗花高足盘

年　　代：清乾隆

款　　识："大清乾隆年制"六字一行篆书横款

尺　　寸：直径 17.8 厘米

拍卖时间：中国嘉德　1994 年 11 月 9 日
　　　　　瓷器玉器鼻烟壶工艺品　　第 644 号

估　　价：RMB 150,000~180,000

成 交 价：RMB 132,000

米色地褐彩西洋人物纹碗

年　　代：清乾隆

款　　识："大清乾隆年制"六字三行方章款

尺　　寸：直径 19.2 厘米

拍卖时间：中国嘉德　1994 年 11 月 9 日
　　　　　瓷器玉器鼻烟壶工艺品　　第 658 号

估　　价：RMB 80,000~100,000

成 交 价：RMB 107,800

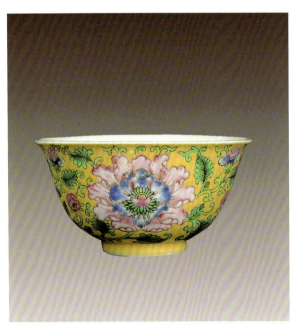

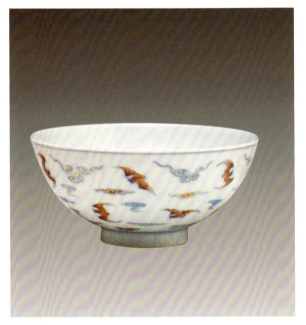

黄地粉彩缠枝牡丹碗

年　　代：清道光

款　　识：六字篆书款

尺　　寸：口径 11.2 厘米

拍卖时间：香港佳士得　1995 年 4 月 30 日
　　　　　中国瓷器工艺品（中国陶瓷、杂项、玉器及鼻烟壶）
　　　　　第 683 号

估　　价：HKD 220,000~280,000

斗彩云蝠纹碗

年　　代：清雍正

款　　识："大清雍正年制"六字二行楷书款

尺　　寸：直径 9.8 厘米

拍卖时间：中国嘉德　1994 年 11 月 9 日
　　　　　瓷器玉器鼻烟壶工艺品　　第 672 号

估　　价：RMB 180,000~280,000

成 交 价：RMB 110,000

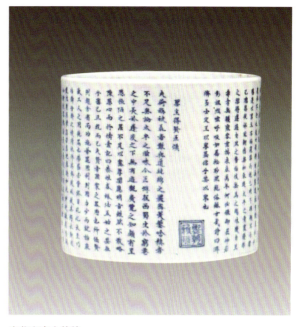

青花一束莲纹大盘

年　　代：	清雍正
款　　识：	"大清雍正年制"六字二行楷书款
尺　　寸：	39.5厘米

拍卖时间：中国嘉德　1994年11月9日
　　　　　瓷器玉器鼻烟壶工艺品　第617号

估　　价：RMB 300,000~400,000

成 交 价：RMB 275,000

青花文字大笔筒

年　　代：	清康熙
款　　识：	"圣主得贤臣颂"　通体环周小楷
尺　　寸：	直径14.5厘米

拍卖时间：中国嘉德　1994年11月9日
　　　　　瓷器玉器鼻烟壶工艺品　第615号

估　　价：RMB 60,000~80,000

成 交 价：RMB 66,000

外珊瑚红地百蝠纹内九蝠万寿大盘

年　　代：	清雍正
款　　识：	双圈双行六字楷书款
尺　　寸：	口径50.6厘米

拍卖时间：香港佳士得　1995年4月30日
　　　　　中国瓷器工艺品（中国陶瓷、杂项、
　　　　　玉器及鼻烟壶）　第651号

估　　价：HKD 500,000~600,000

青花釉里红海水龙纹盘

年　　代：	清康熙
款　　识：	"大清康熙年制"六字二行楷书款
尺　　寸：	直径17.5厘米

拍卖时间：中国嘉德　1994年11月9日
　　　　　瓷器玉器鼻烟壶工艺品　第650号

估　　价：RMB 50,000~70,000

成 交 价：RMB 66,000

矾红彩云龙盘（2件）
年　　代：清宣统
拍卖时间：北京翰海
　　　　　1995 年 10 月 7 日
　　　　　中国古董珍玩　第 932 号
估　　价：RMB 60,000~80,000

黄地粉彩花卉御制诗洗（2件）
年　　代：清嘉庆
拍卖时间：北京翰海
　　　　　1995 年 10 月 7 日
　　　　　中国古董珍玩　第 935 号
估　　价：RMB 60,000~80,000

粉彩花卉纹盘（一对）
年　　代：清雍正
拍卖时间：中国嘉德
　　　　　1995 年 5 月 11 日
　　　　　瓷器、玉器、工艺品第 751 号
估　　价：RMB 160,000~200,000

粉青釉立粉五福碗

年　　代：清康熙

款　　识："竹庆堂制
　　　　　　"四字二行篆书款

尺　　寸：直径 19.8 厘米

拍卖时间：中国嘉德　1994年11月9日
　　　　　瓷器玉器鼻烟壶工艺品
　　　　　第 610 号

估　　价：RMB 28,000~38,000

成 交 价：RMB 44,000

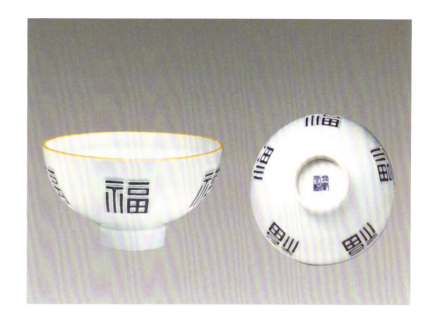

斗彩云龙纹斗笠碗（一对）

年　　代：清雍正

拍卖时间：中国嘉德
　　　　　　1995 年 5 月 11 日
　　　　　　瓷器、玉器、工艺品
　　　　　　第 744 号

估　　价：RMB 240,000~280,000

青花缠枝莲纹深腹碗（一对）

年　　代：清同治

拍卖时间：中国嘉德
　　　　　　1995 年 5 月 11 日
　　　　　　瓷器、玉器、工艺品
　　　　　　第 726 号

估　　价：RMB 25,000~35,000

青花龙凤纹捧盒

年　　代：清雍正

拍卖时间：中国嘉德　1995 年 5 月 11 日
　　　　　瓷器、玉器、工艺品第 710 号

估　　价：RMB 120,000~140,000

斗彩莲池鸳鸯碗

年　　代：清康熙

拍卖时间：中国嘉德　1995 年 5 月 11 日
　　　　　瓷器、玉器、工艺品第 741 号

估　　价：RMB 60,000~80,000

斗彩人物碗

年　　代：清康熙

拍卖时间：中国嘉德　1995 年 5 月 11 日
　　　　　瓷器、玉器、工艺品第 742 号

估　　价：RMB 80,000~100,000

粉彩人物方瓶

年　　代：清道光

拍卖时间：中国嘉德　1995 年 5 月 11 日
　　　　　瓷器、玉器、工艺品第 752 号

估　　价：RMB 150,000~250,000

青花粉彩灵仙祝寿赏瓶

年　　代：清嘉庆

拍卖时间：中国嘉德　1995 年 5 月 11 日
　　　　　瓷器、玉器、工艺品第 755 号

估　　价：RMB 450,000~550,000

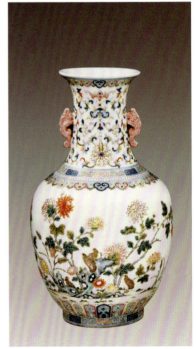

粉彩安居乐业图双耳瓶

年　　代：清道光

拍卖时间：中国嘉德　1995 年 5 月 11 日
　　　　　瓷器、玉器、工艺品第 756 号

估　　价：RMB 280,000~320,000

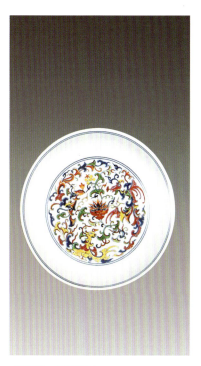

斗彩矾红西番莲纹盘
年　　代：清乾隆
拍卖时间：中国嘉德　1995年5月11日
　　　　　瓷器、玉器、工艺品
　　　　　第746号
估　　价：RMB 100,000～150,000

粉彩山水盘
年　　代：清乾隆
拍卖时间：北京翰海　1995年10月7日
　　　　　中国古董珍玩　第946号
估　　价：RMB 80,000～100,000

粉彩八吉祥纹香炉
年　　代：清乾隆
拍卖时间：中国嘉德　1995年5月11日
　　　　　瓷器、玉器、工艺品
　　　　　第753号
估　　价：RMB 400,000～500,000

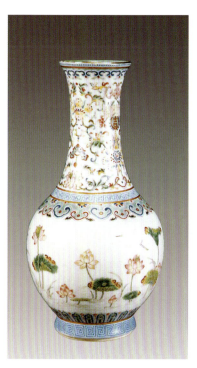

粉彩荷莲鸳鸯瓶
年　　代：清道光
拍卖时间：北京翰海　1995年10月7日
　　　　　中国古董珍玩　第978号
估　　价：RMB 120,000～180,000

斗彩团花双耳瓶
年　　代：清乾隆
拍卖时间：北京翰海　1995年10月7日
　　　　　中国古董珍玩　第979号
估　　价：RMB 250,000～400,000

绿地紫龙纹碗（2件）
年　　代：清康熙
拍卖时间：北京翰海
　　　　　1995年10月7日
　　　　　中国古董珍玩　第963号
估　　价：RMB 120,000～180,000

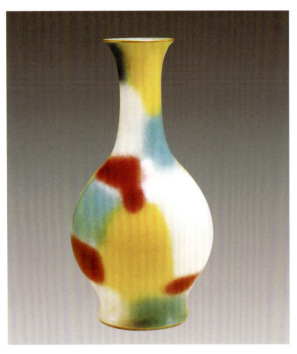

"桃花洞" 釉大瓶

年　　代：清乾隆

拍卖时间：中国嘉德　1995 年 10 月 9 日

　　　　　瓷器、玉器、工艺品　第 658 号

估　　价：RMB 180,000~220,000

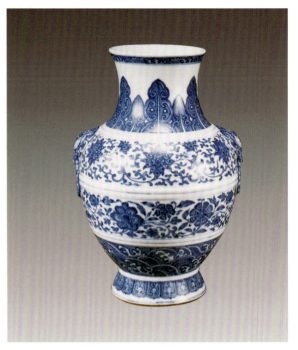

青花莲托八宝纹兽耳尊

年　　代：清乾隆

拍卖时间：中国嘉德

　　　　　1995 年 5 月 11 日　瓷器、玉器、工艺品　第 712 号

估　　价：RMB 500,000~600,000

斗彩海水云龙纹夔龙耳扁瓶

年　　代：清乾隆

款　　识：六字篆书款

尺　　寸：高 51 厘米

拍卖时间：香港佳士得　1995 年 4 月 30 日

　　　　　中国瓷器工艺品（中国陶瓷、

　　　　　杂项、玉器及鼻烟壶）　第 699 号

估　　价：HKD 7,000,000~9,000,000

青花缠枝莲纹大缸

年　　代：清乾隆

尺　　寸：直径 63.5 厘米

拍卖时间：中国嘉德　1994 年 11 月 9 日

　　　　　瓷器玉器鼻烟壶工艺品　第 636 号

估　　价：RMB 80,000~100,000

成 交 价：RMB 121,000

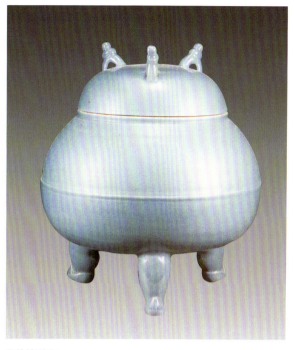

窑变釉石榴尊

年　　代：清嘉庆

拍卖时间：北京翰海　1995 年 10 月 7 日

　　　　　中国古董珍玩　第 1018 号

估　　价：RMB 50,000～70,000

蓝釉辅耳鼎

年　　代：清

拍卖时间：北京翰海　1995 年 10 月 7 日

　　　　　中国古董珍玩　第 1023 号

估　　价：RMB 50,000～70,000

粉青釉折沿起弦纹碗（2 件）

年　　代：清乾隆

拍卖时间：北京翰海　1995 年 10 月 7 日

　　　　　中国古董珍玩　第 1005 号

估　　价：RMB 120,000～160,000

青花"圣主得贤臣颂"文笔筒

年　　代：清康熙

拍卖时间：北京翰海　1995 年 10 月 7 日

　　　　　中国古董珍玩　第 1035 号

估　　价：RMB 100,000～150,000

窑变釉锥把瓶
年　　代：清乾隆
拍卖时间：北京翰海　1995 年 10 月 7 日
　　　　　中国古董珍玩　第 1019 号
估　　价：RMB 100,000~150,000

霁红釉玉壶春瓶
年　　代：清雍正
拍卖时间：北京翰海　1995 年 10 月 7 日
　　　　　中国古董珍玩　第 1026 号
估　　价：RMB 170,000~250,000

青花暗龙葫芦瓶
年　　代：清康熙
拍卖时间：北京翰海　1995 年 10 月 7 日
　　　　　中国古董珍玩　第 1041 号
估　　价：RMB 500,000~800,000

青花缠枝花卉弦纹赏瓶
年　　代：清乾隆
拍卖时间：北京翰海
　　　　　1995 年 10 月 7 日
　　　　　中国古董珍玩　第 1050 号
估　　价：RMB 120,000~150,000

青花花果蒜头口瓶
年　　代：清乾隆
拍卖时间：北京翰海
　　　　　1995 年 10 月 7 日
　　　　　中国古董珍玩　第 1053 号
估　　价：RMB 250,000~300,000

青花花卉纸槌瓶
年　　代：清道光
拍卖时间：北京翰海
　　　　　1995 年 10 月 7 日
　　　　　中国古董珍玩　第 1064 号
估　　价：RMB 80,000~120,000

黄釉莲花纹杯（一对）

年　　代：清雍正

拍卖时间：中国嘉德　1995年10月9日
　　　　　瓷器、玉器、工艺品
　　　　　第 631 号

估　　价：RMB 100,000～150,000

绿釉刻云纹盘（一对）

年　　代：清雍正

拍卖时间：中国嘉德　1995年10月9日
　　　　　瓷器、玉器、工艺品
　　　　　第 637 号

估　　价：RMB 120,000～150,000

蓝地白花鱼莲纹盉碗（一对）

年　　代：清雍正

拍卖时间：中国嘉德　1995年10月9日
　　　　　瓷器、玉器、工艺品
　　　　　第 671 号

估　　价：RMB 500,000～700,000

霁蓝金彩象耳方瓶（2件）

年　　代：清光绪

拍卖时间：北京翰海
　　　　　1995 年 10 月 7 日
　　　　　中国古董珍玩　第 1028 号

估　　价：RMB 120,000～150,000

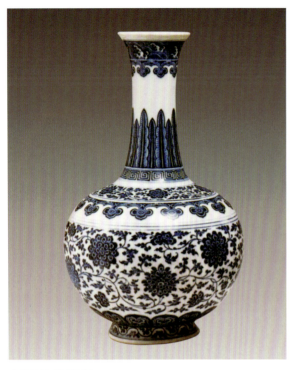

青花缠枝莲纹赏瓶
年　　代：清乾隆
拍卖时间：中国嘉德　1995 年 10 月 9 日
　　　　　瓷器、玉器、工艺品　第 681 号
估　　价：RMB 150,000~200,000

矾红彩加金龙纹大盘
年　　代：清光绪
拍卖时间：中国嘉德　1995 年 10 月 9 日
　　　　　瓷器、玉器、工艺品　第 708 号
估　　价：RMB 80,000~100,000

青花缠枝莲双耳尊（2 件）
年　　代：清乾隆
拍卖时间：北京翰海　1995 年 10 月 7 日
　　　　　中国古董珍玩　第 1056 号
估　　价：RMB 600,000~1,000,000

青花釉里红花卉象耳尊
年　　代：清晚期
拍卖时间：北京翰海　1995 年 10 月 7 日
　　　　　中国古董珍玩　第 1072 号
估　　价：RMB 88,000~120,000

青花玉壶春瓶

年　　代：清乾隆

拍卖时间：中国嘉德　1995 年 10 月 9 日

　　　　　瓷器、玉器、工艺品　第 677 号

估　　价：RMB 400,000~600,000

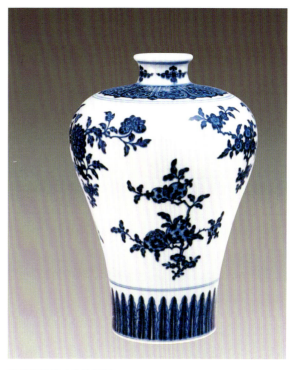

青花折枝花三多纹梅瓶

年　　代：清乾隆

拍卖时间：中国嘉德　1995 年 10 月 9 日

　　　　　瓷器、玉器、工艺品　第 678 号

估　　价：RMB 600,000~800,000

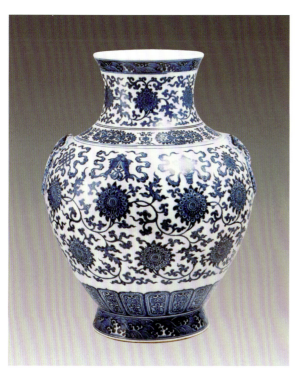

青花缠枝莲托八宝纹兽耳尊

年　　代：清乾隆

拍卖时间：中国嘉德　1995 年 10 月 9 日

　　　　　瓷器、玉器、工艺品　第 679 号

估　　价：RMB 500,000~700,000

青花缠枝莲纹鹿头尊

年　　代：清乾隆

拍卖时间：中国嘉德　1995 年 10 月 9 日

　　　　　瓷器、玉器、工艺品　第 680 号

估　　价：RMB 400,000~600,000

矾红团龙纹八棱酒盅（一对）
年　　代：清道光
拍卖时间：中国嘉德
　　　　　1995 年 10 月 9 日
　　　　　瓷器、玉器、工艺品
　　　　　第 712 号
估　　价：RMB 45,000~65,000

描红缠枝牡丹莲纹碗（一对）
年　　代：清乾隆
拍卖时间：中国嘉德
　　　　　1995 年 10 月 9 日
　　　　　瓷器、玉器、工艺品
　　　　　第 702 号
估　　价：RMB 120,000~150,000

青花西番莲托矾红八宝纹碗（一对）
年　　代：清道光
拍卖时间：中国嘉德
　　　　　1995 年 10 月 9 日
　　　　　瓷器、玉器、工艺品
　　　　　第 705 号
估　　价：RMB 60,000~80,000

青花矾红龙纹盘（一对）
年　　代：清乾隆
拍卖时间：中国嘉德
　　　　　1995 年 10 月 9 日
　　　　　瓷器、玉器 、工艺品
　　　　　第 704 号
估　　价：RMB 90,000~110,000

珊瑚红地粉彩花卉碗

年　　代：清雍正

款　　识："雍正年制"双方框青花款

尺　　寸：口径 13 厘米

拍卖时间：香港佳士得

　　　　　1995 年 10 月 29 日

　　　　　中国瓷器工艺品　第 753 号

估　　价：HKD 1,500,000~2,000,000

黄地青花束莲纹碗（一对）

年　　代：清雍正

款　　识：双圈双行六字楷书款

尺　　寸：口径 21.5 厘米

拍卖时间：香港佳士得

　　　　　1995 年 10 月 29 日

　　　　　中国瓷器工艺品　第 784A 号

估　　价：HKD 800,000~1,000,000

黄地粉彩西番莲福寿纹瓶（一对）

年　　代：清嘉庆

拍卖时间：中国嘉德

　　　　　1995 年 10 月 9 日

　　　　　瓷器、玉器、工艺品

　　　　　第 714 号

估　　价：RMB 300,000~500,000

青花缠枝莲纹双系花囊

年　　代：清乾隆

拍卖时间：中国嘉德　1995年10月9日

　　　　　瓷器、玉器、工艺品

　　　　　第 676 号

估　　价：RMB 400,000~600,000

粉彩二十四孝故事八棱瓶（一对）

年　　代：清光绪

拍卖时间：中国嘉德　1995 年 10 月 9 日　瓷器、玉器、工艺品　第 722 号

估　　价：RMB 200,000~250,000

黄地青花缠枝莲纹盘

年　　代：清乾隆
款　　识：六字篆书款
尺　　寸：口径 27 厘米
拍卖时间：香港佳士得　1995 年 10 月 29 日
　　　　　中国瓷器工艺品　第 785 号
估　　价：HKD 280,000~320,000

五彩游龙戏珠盘

年　　代：清康熙
款　　识：双圈双行六字楷书款
尺　　寸：口径 33 厘米
拍卖时间：香港佳士得　1995 年 10 月 29 日
　　　　　中国瓷器工艺品　第 718 号
估　　价：HKD 100,000~150,000

豆青釉云龙纹大盘

年　　代：清雍正
拍卖时间：中国嘉德　1995 年 10 月 9 日
　　　　　瓷器、玉器、工艺品　第 649 号
估　　价：RMB 350,000~450,000

斗彩西番莲纹盘

年　　代：清雍正
拍卖时间：中国嘉德　1995 年 10 月 9 日
　　　　　瓷器、玉器、工艺品　第 690 号
估　　价：RMB 80,000~120,000

粉彩桃梅竹纹碗（一对）

年　　代：清雍正

款　　识：双圈双行六字楷书款

尺　　寸：口径 9.2 厘米

拍卖时间：香港佳士得　1995 年 10 月 29 日
　　　　　中国瓷器工艺品　第 752 号

估　　价：HKD 1,200,000~1,800,000

青花缠枝莲纹撇口瓶

年　　代：清雍正

款　　识："大明宣德年制"款

尺　　寸：高 22.2 厘米

拍卖时间：香港佳士得 1995 年 10 月 30 日　私人收藏中国重
　　　　　要青花瓷器、中国古代翡翠、玉雕　第 655 号

估　　价：HKD 160,000~200,000

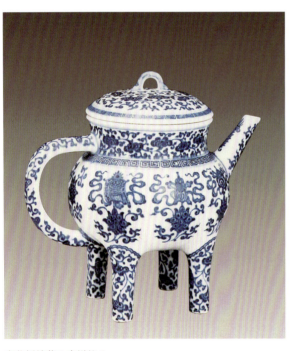

青花折枝莲八吉祥纹盉

年　　代：清乾隆

款　　识：六字篆书款

尺　　寸：高 22.7 厘米

拍卖时间：香港佳士得 1995 年 10 月 30 日　私人收藏中国重
　　　　　要青花瓷器、中国古代翡翠、玉雕　第 658 号

估　　价：HKD 500,000~600,000

青花缠枝花卉瓶

年　　代：清雍正

款　　识：双圈双行六字楷书款

尺　　寸：高 25.3 厘米

拍卖时间：香港佳士得 1995 年 10 月 30 日　私人收藏中国重
　　　　　要青花瓷器、中国古代翡翠、玉雕　第 660 号

估　　价：HKD 1,200,000~1,500,000

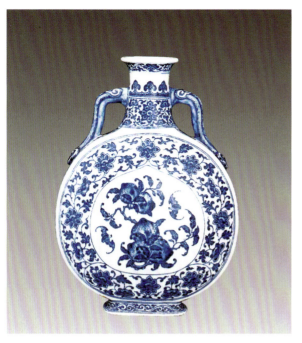

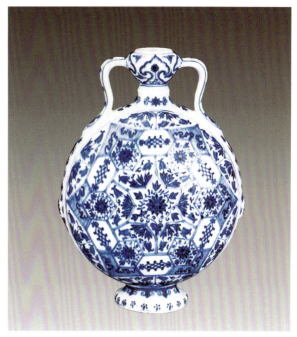

青花福寿纹带耳杏圆扁瓶

年　　代：清乾隆

款　　识：六字篆书款

尺　　寸：高 25 厘米

拍卖时间：香港佳士得 1995 年 10 月 30 日

　　　　　私人收藏中国重要青花瓷器　第 665 号

估　　价：HKD 120,000~150,000

仿明青花锦纹蒜头口绶带扁壶

年　　代：清

尺　　寸：高 24.6 厘米

拍卖时间：香港佳士得 1995 年 10 月 30 日

　　　　　私人收藏中国重要青花瓷器、中国

　　　　　古代翡翠、玉雕　第 668 号

估　　价：HKD 500,000~600,000

粉彩开光山水图双螭耳壁瓶

年　　代：清乾隆

拍卖时间：中国嘉德　1996 年 4 月 20 日　瓷器玉器鼻烟壶工艺品　第 660 号

估　　价：RMB 160,000~180,000

成 交 价：RMB 165,000

青花八宝纹大盘

年　　代：清雍正

拍卖时间：中国嘉德　1996年4月20日
　　　　　瓷器玉器鼻烟壶工艺品
　　　　　第693号

估　　价：RMB 180,000~220,000

成 交 价：RMB 242,000

青花圣主得贤臣颂笔筒

年　　代：清康熙

拍卖时间：中国嘉德　1996年4月20日
　　　　　瓷器玉器鼻烟壶工艺品
　　　　　第680号

估　　价：RMB 35,000~45,000

成 交 价：RMB 187,000

青花云龙纹双耳扁瓶

年　　代：清乾隆

拍卖时间：中国嘉德　1996年4月20日
　　　　　瓷器玉器鼻烟壶工艺品
　　　　　第703号

估　　价：RMB 100,000~150,000

成 交 价：RMB 330,000

青花缠枝莲纹鹿头尊

年　　代：清乾隆

拍卖时间：中国嘉德　1996年4月20日
　　　　　瓷器玉器鼻烟壶工艺品
　　　　　第702号

估　　价：RMB 400,000~600,000

成 交 价：RMB 495,000

青花缠枝莲纹盘口尊

年　　代：清乾隆

拍卖时间：中国嘉德　1996年4月20日
　　　　　瓷器玉器鼻烟壶工艺品
　　　　　第700号

估　　价：RMB 180,000~220,000

成 交 价：RMB 682,000

青花穿花龙凤纹大天球瓶

年　　代：清乾隆

拍卖时间：中国嘉德　1996年4月20日
　　　　　瓷器玉器鼻烟壶工艺品
　　　　　第701号

估　　价：RMB 300,000~400,000

成 交 价：RMB 330,000

青花矾红龙蝠纹大盖盒
年　　代：清嘉庆
拍卖时间：中国嘉德　1996年4月20日
　　　　　瓷器玉器鼻烟壶工艺品
　　　　　第720号
估　　价：RMB 160,000~200,000
成 交 价：RMB 165,000

斗彩团菊卷草纹盖罐
年　　代：清乾隆
拍卖时间：中国嘉德　1996年4月20日
　　　　　瓷器玉器鼻烟壶工艺品
　　　　　第734号
估　　价：RMB 160,000~220,000
成 交 价：RMB 198,000

仿永乐红釉暗龙纹高足碗
年　　代：清康熙
拍卖时间：中国嘉德　1996年4月20日
　　　　　瓷器玉器鼻烟壶工艺品
　　　　　第738号
估　　价：RMB 180,000~220,000
成 交 价：RMB 165,000

豆青釉葫芦瓶
年　　代：清嘉庆
拍卖时间：中国嘉德　1996年4月20日
　　　　　瓷器玉器鼻烟壶工艺品
　　　　　第747号
估　　价：RMB 80,000~100,000
成 交 价：RMB 165,000

仿哥釉弦纹瓶
年　　代：清雍正
拍卖时间：中国嘉德　1996年4月20日
　　　　　瓷器玉器鼻烟壶工艺品
　　　　　第749号
估　　价：RMB 250,000~350,000
成 交 价：RMB 308,000

金釉加彩法轮
年　　代：清乾隆
拍卖时间：中国嘉德　1996年4月20日
　　　　　瓷器玉器鼻烟壶工艺品
　　　　　第752号
估　　价：RMB 300,000~400,000
成 交 价：RMB 418,000

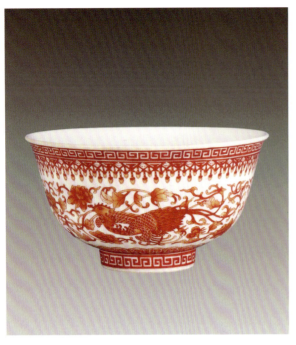

矾红双凤牡丹纹碗

年　　代：清乾隆

拍卖时间：中国嘉德　1996年4月20日

　　　　　瓷器玉器鼻烟壶工艺品　第724号

估　　价：RMB 40,000~60,000

成 交 价：RMB 154,000

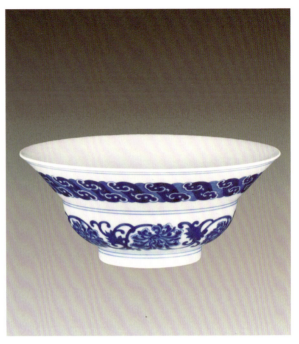

青花花卉纹斗笠碗

年　　代：清雍正

拍卖时间：中国嘉德　1996年4月20日

　　　　　瓷器玉器鼻烟壶工艺品　第696号

估　　价：RMB 120,000~160,000

成 交 价：RMB 154,000

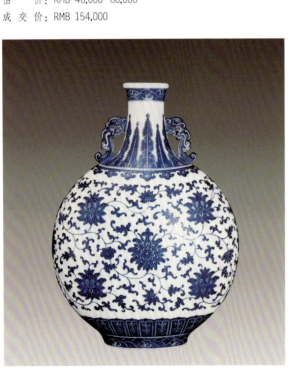

青花缠枝莲夔龙耳扁瓶

年　　代：清乾隆

款　　识：六字篆书款

尺　　寸：高45.2厘米

拍卖时间：香港佳士得 1995年10月30日

　　　　　私人收藏中国重要青花瓷器、

　　　　　中国古代翡翠、玉雕　第668A号

估　　价：HKD 600,000~800,000

粉彩牡丹纹摺扇形壁瓶

年　　代：清乾隆

拍卖时间：中国嘉德　1996年4月20日

　　　　　瓷器玉器鼻烟壶工艺品　第661号

估　　价：RMB 600,000~800,000

成 交 价：RMB 825,000

斗彩花卉兽面纹瓶

年　　代：清雍正

拍卖时间：中国嘉德　1999 年 4 月 21 日

　　　　　瓷器漆器工艺品家具　第 845 号

估　　价：RMB 120,000~150,000

成 交 价：RMB 275,000

素三彩罗汉座像

年　　代：清

拍卖时间：中国嘉德　1999 年 4 月 21 日

　　　　　瓷器漆器工艺品家具　第 943 号

估　　价：RMB 100,000~150,000

成 交 价：RMB 110,000

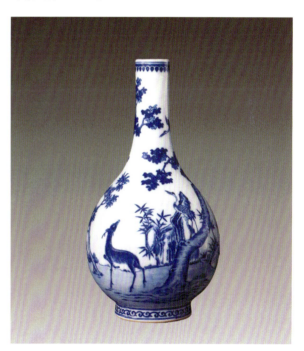

青花淡描缠枝莲托梵文小杯

年　　代：清雍正

拍卖时间：中国嘉德　1999 年 4 月 21 日

　　　　　瓷器漆器工艺品家具　第 864 号

估　　价：RMB 40,000~60,000

成 交 价：RMB 176,000

青花鹤鹿同春图锥把瓶

年　　代：清乾隆

款　　识："大清乾隆年制"六字三行篆书款

尺　　寸：高 26.3 厘米

拍卖时间：中国嘉德　1999 年 10 月 27 日

　　　　　瓷器玉器工艺品鼻烟壶　第 803 号

估　　价：RMB 60,000~80,000

成 交 价：RMB 363,000

斗彩缠枝花卉碗（一对）

年　　代：清雍正

款　　识："大清雍正年制"
　　　　　　六字二行楷书款

尺　　寸：12.3厘米

拍卖时间：中国嘉德　1999年10月27日
　　　　　　瓷器玉器工艺品鼻烟壶
　　　　　　第874号

估　　价：RMB 100,000~150,000

成 交 价：RMB 121,000

黄地绿彩婴戏图碗（一对）

年　　代：清雍正

款　　识："大清雍正年制"
　　　　　　六字二行楷书款

尺　　寸：直径15.1厘米

拍卖时间：中国嘉德　2001年11月4日
　　　　　　瓷器、家具、工艺品
　　　　　　第1063号

估　　价：RMB 100,000~150,000

成 交 价：RMB 154,000

五彩庭院仕女图盖罐（一对）

年　　代：清康熙

尺　　寸：高31厘米

拍卖时间：中国嘉德　2001年11月4日
　　　　　　瓷器、家具、工艺品
　　　　　　第1020号

估　　价：RMB 160,000~200,000

成 交 价：RMB 176,000

斗彩八宝寿字纹盘

年　　代：清雍正

拍卖时间：中国嘉德

　　　　　1999 年 4 月 21 日

　　　　　瓷器漆器工艺品家具

　　　　　第 843 号

估　　价：RMB 150,000～250,000

成 交 价：RMB 165,000

斗彩夔凤纹盘（一对）

年　　代：清乾隆

款　　识："大清乾隆年制"

　　　　　六字三行篆书款

尺　　寸：直径 19 厘米

拍卖时间：中国嘉德

　　　　　2001 年 11 月 4 日

　　　　　瓷器、家具、工艺品

　　　　　第 1010 号

估　　价：RMB 150,000～250,000

成 交 价：RMB 242,000

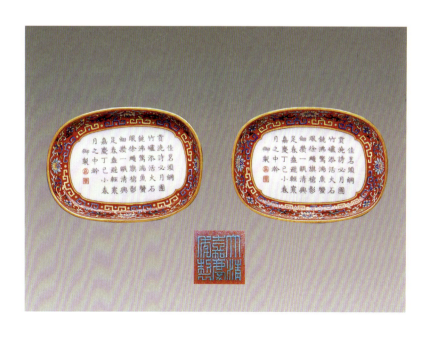

珊瑚红地粉彩开光卸题诗文海棠洗

年　　代：清嘉庆

款　　识："大清嘉庆年制"

　　　　　六字三行篆书款

尺　　寸：长 16 厘米

拍卖时间：中国嘉德　1999 年 10 月 27 日

　　　　　瓷器玉器工艺品鼻烟壶

　　　　　第 907 号

估　　价：RMB 150,000～200,000

成 交 价：RMB 165,000

青花龙凤纹碗

年　　代：清康熙

款　　识："大清康熙年制"六字二行楷书款

尺　　寸：直径 14.8 厘米

拍卖时间：中国嘉德　1999 年 10 月 27 日

　　　　　瓷器玉器工艺品鼻烟壶　第 787 号

估　　价：RMB 40,000~60,000

成 交 价：RMB 132,000

青花缠枝花卉纹大碗

年　　代：清雍正

款　　识："大清雍正年制"六字一行楷书款

尺　　寸：高 29.1 厘米

拍卖时间：中国嘉德　1999 年 10 月 27 日

　　　　　瓷器玉器工艺品鼻烟壶　第 791 号

估　　价：RMB 400,000~600,000

成 交 价：RMB 418,000

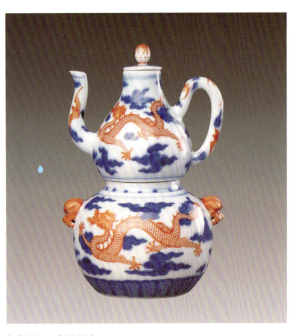

青花矾红云龙纹温壶

年　　代：清乾隆

款　　识："大清乾隆年制"六字三行篆书款

尺　　寸：高 17.3 厘米

拍卖时间：中国嘉德　1999 年 10 月 27 日

　　　　　瓷器玉器工艺品鼻烟壶　第 829 号

估　　价：RMB 50,000~70,000

成 交 价：RMB 121,000

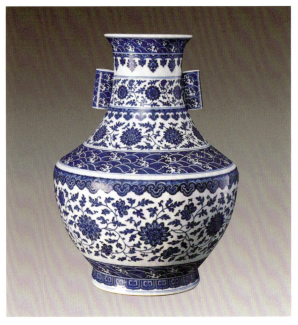

青花缠枝莲纹贯耳尊

年　　代：清乾隆

款　　识："大清乾隆年制"六字三行篆书款

尺　　寸：高 51.5 厘米

拍卖时间：中国嘉德　1999 年 10 月 27 日

　　　　　瓷器玉器工艺品鼻烟壶　第 804 号

估　　价：RMB 350,000~450,000

成 交 价：RMB 528,000

五彩麻姑献寿图盘
年　　代：清康熙
款　　识："大清康熙年制"六字二行楷书款
尺　　寸：直径 25.2 厘米
拍卖时间：中国嘉德　2001 年 11 月 4 日
　　　　　　瓷器、家具、工艺品　　第 1015 号
估　　价：RMB 300,000～400,000
成 交 价：RMB 330,000

青花缠枝莲纹盘
年　　代：清康熙
款　　识："大清康熙年制"六字二行楷书款
尺　　寸：直径 28 厘米
拍卖时间：中国嘉德　2001 年 11 月 4 日
　　　　　　瓷器、家具、工艺品　　第 1021 号
估　　价：RMB 150,000～200,000
成 交 价：RMB 165,000

青花三国人物故事图笔筒
年　　代：清康熙
款　　识："大清康熙年制"六字二行楷书款
尺　　寸：直径 21 厘米
拍卖时间：中国嘉德　2001 年 11 月 4 日
　　　　　　瓷器、家具、工艺品　　第 1034 号
估　　价：RMB 40,000～60,000
成 交 价：RMB 173,800

祭蓝釉梅瓶
年　　代：清雍正
款　　识："大清雍正年制"六字二行楷书款
尺　　寸：高 27 厘米
拍卖时间：中国嘉德　1999 年 10 月 27 日
　　　　　　器玉器工艺品鼻烟壶　第 869 号
估　　价：RMB 250,000～350,000
成 交 价：RMB 275,000

珊瑚红地五彩描金婴戏图大碗

年　　代：清嘉庆

款　　识："大清嘉庆年制"
　　　　　六字三行篆书款

尺　　寸：直径21厘米

拍卖时间：北京诚轩　2007年5月10日
　　　　　瓷器工艺品　第73号

估　　价：RMB 600,000~700,000

成 交 价：RMB 660,000

五彩花卉纹盘

年　　代：清康熙

款　　识："大清康熙年制"
　　　　　六字二行楷书款

尺　　寸：直径20.4厘米

拍卖时间：北京诚轩　2006年6月5日
　　　　　瓷器工艺品实录　第30号

估　　价：RMB 120,000~150,000

成 交 价：RMB 132,000

鸡油黄釉暗刻缠枝花卉纹碟（一对）

年　　代：清雍正

款　　识："大清雍正年制"
　　　　　六字二行楷书款

尺　　寸：直径11.2厘米

拍卖时间：北京诚轩　2007年5月10日
　　　　　瓷器工艺品　第38号

估　　价：RMB 150,000~200,000

成 交 价：RMB 198,000

豇豆红釉镗锣洗

年　　代：清康熙

款　　识："大清康熙年制"
　　　　　六字三行楷书款

尺　　寸：直径12厘米

拍卖时间：北京诚轩　2006年6月5日
　　　　　瓷器工艺品实录　第36号

估　　价：RMB 350,000~400,000

成 交 价：RMB 385,000

豇豆红釉太白尊

年　　代：清康熙

款　　识："大清康熙年制"
　　　　　六字三行楷书款

尺　　寸：高8.7厘米

拍卖时间：北京诚轩　2006年6月5日
　　　　　瓷器工艺品实录　第34号

估　　价：RMB 100,000~150,000

成 交 价：RMB 110,000

外黄釉内暗刻团龙捧寿字纹碗

年　　代：清康熙

款　　识："大清康熙年制"
　　　　　六字二行楷书款

尺　　寸：直径16.3厘米

拍卖时间：北京诚轩　2006年6月5日
　　　　　瓷器工艺品实录　第37号

估　　价：RMB 250,000~300,000

成 交 价：RMB 275,000

青花缠枝花卉纹铺首尊

年　　代：清乾隆

款　　识："大清乾隆年制"
　　　　　六字三行篆书款

尺　　寸：高 25.8 厘米

拍卖时间：中国嘉德　2001年11月4日
　　　　　瓷器、家具、工艺品
　　　　　第 1103 号

估　　价：RMB 120,000~150,000

成 交 价：RMB 143,000

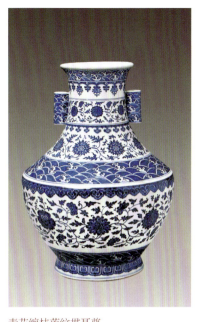

青花缠枝莲纹贯耳尊

年　　代：清乾隆

款　　识："大清乾隆年制"
　　　　　六字三行篆书款

尺　　寸：高 52.8 厘米

拍卖时间：中国嘉德　2001年11月4日
　　　　　瓷器、家具、工艺品
　　　　　第 1115 号

估　　价：RMB 150,000~200,000

成 交 价：RMB 165,000

青花博古山水人物图凤尾尊

年　　代：清康熙

尺　　寸：高 47.3 厘米

拍卖时间：中国嘉德　2001年11月4日
　　　　　瓷器、家具、工艺品
　　　　　第 1084 号

估　　价：RMB 100,000~150,000

成 交 价：RMB 110,000

茶叶末釉荸荠瓶

年　　代：清乾隆

款　　识："大清乾隆年制"
　　　　　六字三行篆书款

尺　　寸：高 33.5 厘米

拍卖时间：中国嘉德　2001年11月4日
　　　　　瓷器、家具、工艺品
　　　　　第 1040 号

估　　价：RMB 150,000~200,000

成 交 价：RMB 165,000

黄釉梅瓶

年　　代：清乾隆

款　　识："大清乾隆年制"
　　　　　六字三行篆书款

尺　　寸：高 22.7 厘米

拍卖时间：中国嘉德　2001年11月4日
　　　　　瓷器、家具、工艺品
　　　　　第 1056 号

估　　价：RMB 180,000~220,000

成 交 价：RMB 330,000

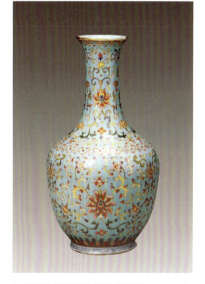

松石绿地粉彩描金缠枝莲纹瓶

年　　代：清乾隆

款　　识："大清乾隆年制"
　　　　　六字三行篆书款

尺　　寸：高 30 厘米

拍卖时间：中国嘉德　2001年11月4日
　　　　　瓷器、家具、工艺品
　　　　　第 1130 号

估　　价：RMB 500,000~700,000

成 交 价：RMB 550,000

珊瑚红地粉彩描金婴戏图碗

年　　代：清嘉庆

款　　识："大清嘉庆年制"

　　　　　六字三行篆书款

尺　　寸：直径21厘米

拍卖时间：中国嘉德　2001年11月4日

　　　　　瓷器、家具、工艺品

　　　　　第1074号

估　　价：RMB 450,000~650,000

成 交 价：RMB 528,000

粉彩牡丹图碗

年　　代：清雍正

款　　识："大清雍正年制"

　　　　　六字二行楷书款

尺　　寸：直径14厘米

拍卖时间：中国嘉德　2001年11月4日

　　　　　瓷器、家具、工艺品

　　　　　第1119号

估　　价：RMB 1,200,000~1,500,000

粉彩开光双鸭戏水纹大盘

年　　代：清雍正

款　　识："雍正年制"

　　　　　四字二行篆书款

尺　　寸：直径37.7厘米

拍卖时间：中国嘉德　2001年11月4日

　　　　　瓷器、家具、工艺品

　　　　　第1123号

估　　价：RMB 110,000~150,000

成 交 价：RMB 121,000

青花粉彩百猴图瓶

年　　代：清嘉庆

款　　识："大清嘉庆年制"

　　　　　六字三行篆书款

尺　　寸：高35.8厘米

拍卖时间：中国嘉德　2001年11月4日

　　　　　瓷器、家具、工艺品

　　　　　第1134号

估　　价：RMB 250,000~350,000

成 交 价：RMB 275,000

祭蓝釉锥把瓶

年　　代：清雍正

款　　识："大清雍正年制"

　　　　　六字二行楷书款

尺　　寸：高40厘米

拍卖时间：中国嘉德　2001年11月4日

　　　　　瓷器、家具、工艺品

　　　　　第1145号

估　　价：RMB 250,000~300,000

成 交 价：RMB 308,000

粉彩描金群仙祝寿图杯

年　　代：清中期

尺　　寸：高21厘米

拍卖时间：中国嘉德　2001年11月4日

　　　　　瓷器、家具、工艺品

　　　　　第1131号

估　　价：RMB 150,000~200,000

成 交 价：RMB 165,000

粉彩龙马负图瓷板

年　　代：清乾隆
尺　　寸：51厘米×39.2厘米
拍卖时间：中国嘉德　2001年11月4日
　　　　　瓷器、家具、工艺品
　　　　　第1125号
估　　价：RMB 150,000~200,000
成 交 价：RMB 165,000

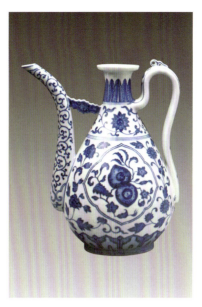

青花开光瑞果纹执壶

年　　代：清道光
款　　识："大清道光年制"
　　　　　六字三行篆书款
尺　　寸：高27厘米
拍卖时间：中国嘉德　2001年11月4日
　　　　　瓷器、家具、工艺品
　　　　　第1168号
估　　价：RMB 250,000~350,000
成 交 价：RMB 374,000

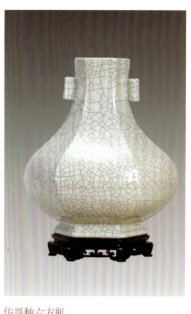

仿哥釉六方瓶

年　　代：清雍正
款　　识："大清雍正年制"
　　　　　六字三行篆书款
尺　　寸：高28厘米
拍卖时间：北京华辰　华辰十周年
　　　　　（2002-2012）　第0769号
估　　价：RMB 600,000~800,000
成 交 价：RMB 1,815,000

粉地粉彩开光群仙祝寿图壁瓶

年　　代：清乾隆
款　　识："大清乾隆年制"
　　　　　六字一行篆书款
尺　　寸：口径34.5厘米
拍卖时间：中国嘉德　2001年11月4日
　　　　　瓷器、家具、工艺品
　　　　　第1129号
估　　价：RMB 80,000~120,000
成 交 价：RMB 550,000

青花折枝花果纹鱼缸

年　　代：清雍正
款　　识："大清雍正年制"
　　　　　六字三行篆书款
尺　　寸：直径37厘米
拍卖时间：中国嘉德　2001年11月4日
　　　　　瓷器、家具、工艺品
　　　　　第1095号
估　　价：RMB 300,000~500,000
成 交 价：RMB 308,000

粉彩亭台楼阁山水人物图瓷板

年　　代：清乾隆
尺　　寸：24.3厘米×35.5厘米
拍卖时间：中国嘉德　2001年11月4日
　　　　　瓷器、家具、工艺品
　　　　　第1126号
估　　价：RMB 220,000~280,000
成 交 价：RMB 242,000

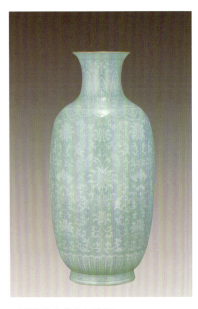

豆青釉堆白莲纹灯笼瓶
年　　代: 清乾隆
款　　识: "大清乾隆年制"
　　　　　六字三行红彩篆书款
尺　　寸: 高 55.5 厘米
拍卖时间: 北京华辰　华辰十周年
　　　　　（2002-2012）　第 0239 号
估　　价: RMB 1,500,000~2,500,000
成 交 价: RMB 1,650,000

青花仿青铜器饕餮纹"一粒珠"盖罐
年　　代: 清康熙
款　　识: "大清康熙年制"
　　　　　六字二行青花楷书款
尺　　寸: 高 12.8 厘米
拍卖时间: 北京华辰　华辰十周年
　　　　　（2002-2012）　第 0743 号
估　　价: RMB 1,000,000~1,200,000
成 交 价: RMB 1,120,000

祭蓝釉描金莲蝠纹灯笼尊
年　　代: 清乾隆
款　　识: "大清乾隆年制"
　　　　　六字三行篆书款
尺　　寸: 高 18.8 厘米
拍卖时间: 中国嘉德　2001年11月4日
　　　　　瓷器、家具、工艺品
　　　　　第 1146 号
估　　价: RMB 400,000~600,000
成 交 价: RMB 440,000

斗彩莲盘（一对）
年　　代: 清雍正
款　　识: "大清雍正年制"
　　　　　六字二行楷书款
尺　　寸: 高 15.6 厘米
拍卖时间: 北京华辰　华辰十周年
　　　　　（2002-2012）　第 0177 号
估　　价: RMB 220,000~280,000
成 交 价: RMB 572,000

青花鱼龙变化纹折沿洗
年　　代: 清康熙
款　　识: "大清康熙年制"
　　　　　六字二行楷书款
尺　　寸: 直径 38.8 厘米
拍卖时间: 北京华辰　华辰十周年
　　　　　（2002-2012）　第 0019 号
估　　价: RMB 1,200,000 1,500,000
成 交 价: RMB 1,344,000

黄地素三彩花卉云龙纹大盘
年　　代: 清康熙
款　　识: "大清康熙年制"
　　　　　六字二行楷书款
尺　　寸: 直径 40.6 厘米
拍卖时间: 北京华辰　华辰十周年
　　　　　（2002-2012）　第 0045 号
估　　价: RMB 1,000,000 1,200,000
成 交 价: RMB 1,120,000

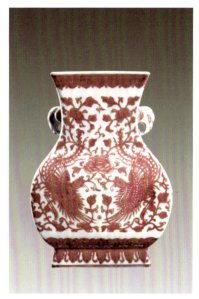

洋彩开光婴戏图海棠尊

年　　代：清乾隆

款　　识："大清乾隆年制"
　　　　　六字三行篆书款

尺　　寸：高 31 厘米

拍卖时间：北京华辰　华辰十周年
　　　　　（2002—2012）　第 0022 号

估　　价：RMB 2,000,000~2,500,000

成 交 价：RMB 2,464,000

釉里红穿花凤纹象耳方尊

年　　代：清乾隆

款　　识："大清乾隆年制"
　　　　　六字三行篆书款

尺　　寸：高 22 厘米

拍卖时间：北京华辰　华辰十周年
　　　　　（2002—2012）　第 0041 号

估　　价：RMB 850,000~1,200,000

成 交 价：RMB 952,000

青花缠枝花卉御题诗烛台

年　　代：清乾隆

款　　识："乾隆年制"四字篆书款

尺　　寸：高 22 厘米

拍卖时间：北京华辰　华辰十周年
　　　　　（2002—2012）　第 1218 号

估　　价：RMB 1,200,000~1,800,000

成 交 价：RMB 1,680,000

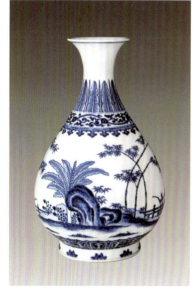

青花双龙捧寿纹绶带葫芦瓶

年　　代：清乾隆

款　　识："大清雍正年制"
　　　　　六字三行篆书款

尺　　寸：高 21 厘米

拍卖时间：中国嘉德　2002年4月23日
　　　　　瓷器、玉器、工艺品
　　　　　第 949 号

估　　价：RMB 150,000~200,000

成 交 价：RMB 275,000

青花缠枝花纹铺首尊

年　　代：清乾隆

款　　识："大清乾隆年制"
　　　　　六字三行篆书款

尺　　寸：高 25 厘米

拍卖时间：中国嘉德　2002年4月23日
　　　　　瓷器、玉器、工艺品
　　　　　第 950 号

估　　价：RMB 120,000~180,000

成 交 价：RMB 176,000

青花竹石芭蕉图玉壶春瓶

年　　代：清乾隆

款　　识："大清乾隆年制"
　　　　　六字三行篆书款

尺　　寸：高 28 厘米

拍卖时间：中国嘉德　2002年4月23日
　　　　　瓷器、玉器、工艺品
　　　　　第 951 号

估　　价：RMB 380,000~480,000

成 交 价：RMB 418,000

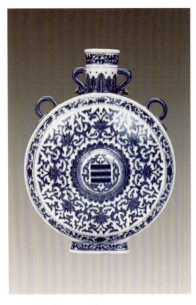

青花缠枝莲八卦纹扁瓶

年　　代：清乾隆
款　　识："大清乾隆年制"
　　　　　　六字三行篆书款
尺　　寸：高 36.8 厘米
拍卖时间：中国嘉德　2002年4月23日
　　　　　　瓷器、玉器、工艺品
　　　　　　第 952 号
估　　价：RMB 1,800,000~2,800,000
成 交 价：RMB 2,530,000

粉彩梅花纹杯（一对）

年　　代：清道光
款　　识："慎德堂"三字一行楷书款
尺　　寸：直径 9.2 厘米
拍卖时间：中国嘉德　2002年4月23日
　　　　　　瓷器、玉器、工艺品
　　　　　　第 1005 号
估　　价：RMB 50,000~70,000
成 交 价：RMB 170,500

青花五彩十二月花神杯

年　　代：清康熙
款　　识："大清康熙年制"
　　　　　　六字二行楷书款
尺　　寸：高 5 厘米
拍卖时间：北京华辰　华辰十周年
　　　　　　（2002-2012）　第 0014 号
估　　价：RMB 100,000~150,000
成 交 价：RMB 201,600

炉钧釉汉壶尊

年　　代：清雍正
款　　识："雍正御制"
　　　　　　四字二行楷书款
尺　　寸：高 31.7 厘米
拍卖时间：中国嘉德　2002年4月23日
　　　　　　瓷器、玉器、工艺品
　　　　　　第 1045 号
估　　价：RMB 500,000~700,000
成 交 价：RMB 726,000

孔雀绿釉花瓿

年　　代：清乾隆
款　　识："大清乾隆年制"
　　　　　　六字三行篆书款
尺　　寸：高 28 厘米
拍卖时间：中国嘉德　2002年4月23日
　　　　　　瓷器、玉器、工艺品
　　　　　　第 1049 号
估　　价：RMB 40,000~60,000
成 交 价：RMB 107,800

斗彩莲托八宝足碗

年　　代：清乾隆
款　　识："大清乾隆年制"
　　　　　　六字一行楷书款
尺　　寸：直径 11.8 厘米
拍卖时间：中国嘉德　2002年4月23日
　　　　　　瓷器、玉器、工艺品
　　　　　　第 1062 号
估　　价：RMB 250,000~300,000
成 交 价：RMB 418,000

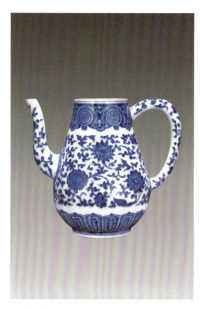

青花缠枝花卉纹梨型壶

年　　代：清乾隆

款　　识："大清乾隆年制"
　　　　　六字三行篆书款

尺　　寸：高 10.5 厘米

拍卖时间：北京华辰　华辰十周年
　　　　　（2002-2012）　第 1216 号

估　　价：RMB 180,000~280,000

成 交 价：RMB 1,344,000

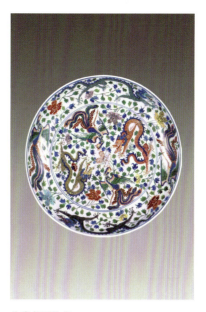

斗彩龙凤纹盘

年　　代：清康熙

款　　识："大清康熙年制"
　　　　　六字二行楷书款

尺　　寸：直径 31.5 厘米

拍卖时间：北京华辰　华辰十周年
　　　　　（2002-2012）　第 0133 号

估　　价：RMB 500,000~800,000

成 交 价：RMB 604,800

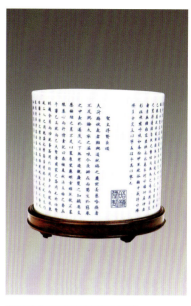

青花圣主得贤臣颂文字大笔筒

年　　代：清康熙

款　　识："大清康熙年制"
　　　　　六字三行楷书款

尺　　寸：直径 19 厘米

拍卖时间：中国嘉德　2002年4月23日
　　　　　瓷器、玉器、工艺品
　　　　　第 921 号

估　　价：RMB 80,000~120,000

成 交 价：RMB 385,000

青花锦纹壮罐

年　　代：清乾隆

尺　　寸：高 28.5 厘米

拍卖时间：中国嘉德　2002年4月23日
　　　　　瓷器、玉器、工艺品
　　　　　第 957 号

估　　价：RMB 50,000~70,000

成 交 价：RMB 57,200

釉里红福庆图壮罐

年　　代：清乾隆

尺　　寸：高 21 厘米

拍卖时间：中国嘉德　2002年4月23日
　　　　　瓷器、玉器、工艺品
　　　　　第 993 号

估　　价：RMB 150,000~250,000

成 交 价：RMB 165,000

青花缠枝莲纹象耳扁瓶

年　　代：清乾隆

尺　　寸：高 36.5 厘米

拍卖时间：中国嘉德　2002年4月23日
　　　　　瓷器、玉器、工艺品
　　　　　第 958 号

估　　价：RMB 25,000~35,000

成 交 价：RMB 27,500

天蓝釉笔洗
年　　代：清康熙
尺　　寸：高 12 厘米
拍卖时间：北京华辰　华辰五周年
　　　　　（2003~2008）　第 1006 号
估　　价：RMB 120,000~150,000
成 交 价：RMB 220,000

斗彩团菊纹碗
年　　代：清雍正
款　　识："大清康熙年制"
　　　　　六字二行楷书款
尺　　寸：直径 11.8 厘米
拍卖时间：中国嘉德　2002年4月23日
　　　　　瓷器、玉器、工艺品
　　　　　第 1058 号
估　　价：RMB 120,000~180,000
成 交 价：RMB 308,000

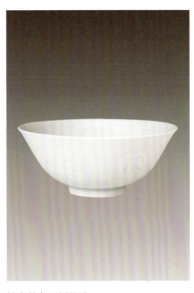

粉青釉印五蝠纹碗
年　　代：清雍正
款　　识："大清康熙年制"
　　　　　六字二行楷书款
尺　　寸：直径 15 厘米
拍卖时间：中国嘉德　2002年4月23日
　　　　　瓷器、玉器、工艺品
　　　　　第 1097 号
估　　价：RMB 120,000~180,000
成 交 价：RMB 165,000

青花缠枝莲纹大碗
年　　代：清宣统
款　　识："大清宣统年制"
　　　　　六字二行楷书款
尺　　寸：直径 44 厘米
拍卖时间：中国嘉德　2002年4月23日
　　　　　瓷器、玉器、工艺品
　　　　　第 1092 号
估　　价：RMB 80,000~120,000
成 交 价：RMB 176,000

青花松竹梅纹大碗
年　　代：清康熙
款　　识："大清康熙年制"
　　　　　六字二行楷书款
尺　　寸：直径 22 厘米
拍卖时间：中国嘉德　2002年4月23日
　　　　　瓷器、玉器、工艺品
　　　　　第 926 号
估　　价：RMB 300,000~500,000
成 交 价：RMB 495,000

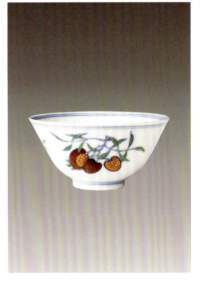

斗彩三果纹小杯
年　　代：清雍正
款　　识："大清康熙年制"
　　　　　六字二行楷书款
尺　　寸：直径 7 厘米
拍卖时间：中国嘉德　2002年4月23日
　　　　　瓷器、玉器、工艺品
　　　　　第 1057 号
估　　价：RMB 180,000~280,000
成 交 价：RMB 374,000

黄地五彩云龙纹碗
年　　代：清康熙
款　　识："大清康熙年制"
　　　　　六字二行楷书款
尺　　寸：直径 11 厘米
拍卖时间：中国嘉德　2002 年 4 月 23 日
　　　　　瓷器、玉器、工艺品
　　　　　第 1056 号
估　　价：RMB 180,000~280,000
成 交 价：RMB 429,000

黄釉刻云龙纹碗
年　　代：清康熙
款　　识："大清康熙年制"
　　　　　六字二行楷书款
尺　　寸：直径 12 厘米
拍卖时间：中国嘉德　2002 年 4 月 23 日
　　　　　瓷器、玉器、工艺品
　　　　　第 964 号
估　　价：RMB 150,000~200,000
成 交 价：RMB 187,000

胭脂紫地粉彩花卉小碗
年　　代：清雍正
款　　识："雍正御制"四字二行楷书款
尺　　寸：直径 9.2 厘米
拍卖时间：中国嘉德　2002 年 4 月 23 日
　　　　　瓷器、玉器、工艺品
　　　　　第 998 号
估　　价：RMB 350,000~450,000
成 交 价：RMB 495,000

茄皮紫釉暗刻赶珠龙纹盘
年　　代：清康熙
款　　识："大清康熙年制"
　　　　　六字二行楷书款
尺　　寸：直径 25 厘米
拍卖时间：中国嘉德
　　　　　2002 年 4 月 23 日
　　　　　瓷器、玉器、工艺品
　　　　　第 1046 号
估　　价：RMB 200,000~300,000
成 交 价：RMB 220,000

粉彩山水人物长方形花盆
年　　代：清道光
款　　识："大清道光年制"
　　　　　六字三行篆书款
尺　　寸：长 26.5 厘米
拍卖时间：中国嘉德
　　　　　2002 年 4 月 23 日
　　　　　瓷器、玉器、工艺品
　　　　　第 1012 号
估　　价：RMB 150,000~200,000
成 交 价：RMB 165,000

天蓝釉小瓶
年　　代：清乾隆
款　　识："大清乾隆年制"
　　　　　六字三行篆书款
尺　　寸：高 13.4 厘米
拍卖时间：中国嘉德　2002 年 4 月 23 日
　　　　　瓷器、玉器、工艺品
　　　　　第 1098 号
估　　价：RMB 250,000~300,000
成 交 价：RMB 275,000

翡翠绿釉盖罐
年　　代：清康熙
尺　　寸：高 28 厘米
拍卖时间：北京华辰　华辰五周年
　　　　　（2003～2008）　第 1032 号
估　　价：RMB 800,000～1,200,000
成 交 价：RMB 1,375,000

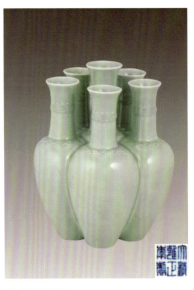

粉青釉六联瓶
年　　代：清雍正
尺　　寸：高 28.7 厘米
拍卖时间：北京华辰　华辰五周年
　　　　　（2003～2008）　第 0187 号
估　　价：RMB 600,000～900,000
成 交 价：RMB 1,595,000

仿哥釉琮式瓶
年　　代：清雍正
款　　识："大清康熙年制"
　　　　　六字三行篆书款
尺　　寸：高 24 厘米
拍卖时间：中国嘉德　2002年4月23日
　　　　　瓷器、玉器、工艺品
　　　　　第 1095 号
估　　价：RMB 240,000～280,000
成 交 价：RMB 264,000

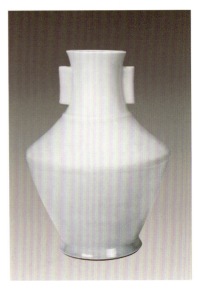

仿汝釉双耳尊
年　　代：清雍正
款　　识："大清康熙年制"
　　　　　六字三行篆书款
尺　　寸：高 50 厘米
拍卖时间：中国嘉德　2002年4月23日
　　　　　瓷器、玉器、工艺品
　　　　　第 1096 号
估　　价：RMB 300,000～500,000
成 交 价：RMB 330,000

粉彩喜鹊登梅大天球瓶
年　　代：清
款　　识："大清乾隆年制"
　　　　　六字三行篆书款
尺　　寸：高 56 厘米
拍卖时间：中国嘉德　2002年4月23日
　　　　　瓷器、玉器、工艺品
　　　　　第 1003 号
估　　价：RMB 200,000～350,000
成 交 价：RMB 550,000

仿哥釉六方瓶
年　　代：清雍正
尺　　寸：高 28 厘米
拍卖时间：北京华辰　华辰五周年
　　　　　（2003～2008）　第 0769 号
估　　价：RMB 600,000～800,000
成 交 价：RMB 1,815,000

粉彩莲花形盖碗

年　　代：清乾隆

尺　　寸：直径 15 厘米

拍卖时间：北京华辰　华辰五周年
　　　　　（2003–2008）　第 0759 号

估　　价：RMB 400,000~500,000

成 交 价：RMB 935,000

五彩东坡赏砚图笔筒

年　　代：清康熙

尺　　寸：直径 17.2 厘米

拍卖时间：中国嘉德　2003 年 7 月 13 日
　　　　　瓷器工艺品　第 1051 号

估　　价：RMB 150,000~200,000

成 交 价：RMB 165,000

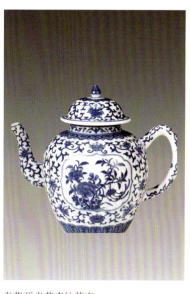

青花开光花卉纹茶壶

年　　代：清道光

款　　识："大清道光年制"
　　　　　六字三行篆书款

尺　　寸：高 17 厘米

拍卖时间：中国嘉德　2002 年 4 月 23 日
　　　　　瓷器、玉器、工艺品
　　　　　第 1080 号

估　　价：RMB 120,000~180,000

成 交 价：RMB 286,000

五彩庭院仕女图罐

年　　代：清康熙

尺　　寸：高 32.5 厘米

拍卖时间：中国嘉德　2003 年 7 月 13 日
　　　　　瓷器工艺品　第 1056 号

估　　价：RMB 150,000~200,000

成 交 价：RMB 187,000

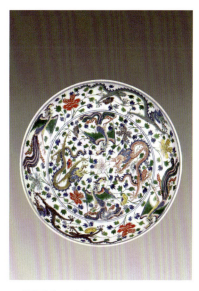

五彩穿花龙凤纹盘

年　　代：清康熙

款　　识："大清康熙年制"
　　　　　六字二行楷书款

尺　　寸：直径 32 厘米

拍卖时间：中国嘉德
　　　　　2003 年 7 月 13 日
　　　　　瓷器工艺品　第 1058 号

估　　价：RMB 80,000~120,000

成 交 价：RMB 154,000

粉彩山水鹿纹尊

年　　代：清乾隆

款　　识："大清乾隆年制"
　　　　　六字三行篆书款

尺　　寸：高 52 厘米

拍卖时间：中国嘉德
　　　　　2003 年 7 月 13 日
　　　　　瓷器工艺品　第 1122 号

估　　价：RMB 400,000~600,000

成 交 价：RMB 440,000

青花人物图棒槌瓶

年　　代：清康熙

尺　　寸：高 44.8 厘米

拍卖时间：中国嘉德　2003年7月13日
　　　　　瓷器工艺品　第1063号

估　　价：RMB 80,000~120,000

成 交 价：RMB 154,000

德化白釉观音像

年　　代：清康熙

尺　　寸：高 31 厘米

拍卖时间：中国嘉德　2003年7月13日
　　　　　瓷器工艺品　第1082号

估　　价：RMB 120,000~180,000

成 交 价：RMB 132,000

仿官窑三管葫芦瓶

年　　代：清乾隆

款　　识："大清乾隆年制"
　　　　　六字三行篆书款

尺　　寸：高 20.2 厘米

拍卖时间：中国嘉德　2002年4月23日
　　　　　瓷器、玉器、工艺品
　　　　　第1099号

估　　价：RMB 120,000~150,000

成 交 价：RMB 198,000

青花花鸟图大凤尾尊

年　　代：清康熙

尺　　寸：高 48.8 厘米

拍卖时间：北京华辰　华辰五周年
　　　　　（2003-2008）　第0805号

估　　价：RMB 360,000~400,000

成 交 价：RMB 500,500

粉彩人物图狮耳大瓶（一对）

年　　代：清同治

尺　　寸：高 119.8 厘米

拍卖时间：中国嘉德　2002年4月23日　瓷器、玉器、工艺品　第1119号

估　　价：RMB 150,000~200,000

成 交 价：RMB 242,000

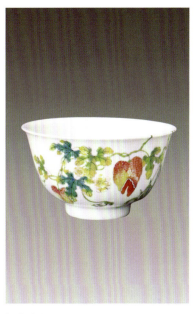

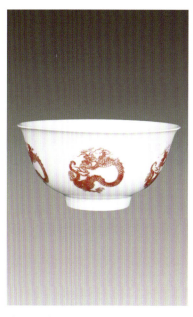

矾红五彩碗

年　　代：清康熙

尺　　寸：直径 15.1 厘米

拍卖时间：北京华辰　华辰五周年

　　　　　（2003-2008）　第 0171 号

估　　价：RMB 300,000~400,000

成 交 价：RMB 330,000

粉彩籁瓜纹碗

年　　代：清乾隆

款　　识："大清乾隆年制"

　　　　　六字三行篆书款

尺　　寸：直径 11 厘米

拍卖时间：中国嘉德　2003年7月13日

　　　　　瓷器工艺品　第 1124 号

估　　价：RMB 120,000~150,000

成 交 价：RMB 132,000

釉里红团龙纹碗

年　　代：清康熙

款　　识："大清康熙年制"

　　　　　六字二行楷书款

尺　　寸：直径 14.4 厘米

拍卖时间：中国嘉德　2003年7月13日

　　　　　瓷器工艺品　第 1060 号

估　　价：RMB 250,000~350,000

成 交 价：RMB 286,000

粉彩籁瓜纹碗（一对）

年　　代：清乾隆

款　　识："大清乾隆年制"六字三行篆书款

尺　　寸：直径 11 厘米

拍卖时间：中国嘉德　2003年7月13日　瓷器工艺品　第 1115 号

估　　价：RMB 250,000~350,000

成 交 价：RMB 275,000

釉里红折枝花纹水呈

年　　代：清康熙

款　　识："大清康熙年制"

　　　　　六字三行楷书款

尺　　寸：高 9.5 厘米

拍卖时间：中国嘉德　2003年7月13日

　　　　　瓷器工艺品　第 1061 号

估　　价：RMB 300,000~500,000

成 交 价：RMB 880,000

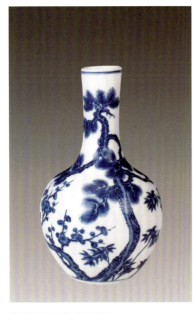

青花松竹梅纹小天球瓶
年　　代：清道光
款　　识："大清道光年制"
　　　　　六字三行篆书款
尺　　寸：高16厘米
拍卖时间：中国嘉德　2002年4月23日
　　　　　瓷器、玉器、工艺品
　　　　　第1079号
估　　价：RMB 180,000～280,000
成 交 价：RMB 209,000

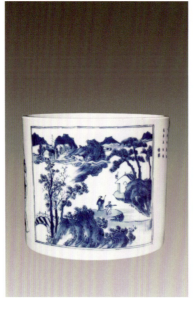

青花人物诗文笔筒
年　　代：清康熙
款　　识："文章山斗"
　　　　　四字二行楷书款
尺　　寸：直径20.2厘米
拍卖时间：中国嘉德　2003年7月13日
　　　　　瓷器工艺品　第1067号
估　　价：RMB 80,000～120,000
成 交 价：RMB 319,000

粉彩花卉封侯图笔筒
年　　代：清乾隆
款　　识："乾隆年制"
　　　　　四字二行篆书款
尺　　寸：高9.5厘米
拍卖时间：中国嘉德　2003年7月13日
　　　　　瓷器工艺品　第1121号
估　　价：RMB 60,000～80,000
成 交 价：RMB 66,000

青花凤纹三足叠盒
年　　代：清康熙
款　　识："大清康熙年制"
　　　　　六字三行楷书款
尺　　寸：高19.5厘米
拍卖时间：中国嘉德　2003年7月13日
　　　　　瓷器工艺品　第1065号
估　　价：RMB 800,000～1,200,000
成 交 价：RMB 880,000

青花菊花纹笔筒
年　　代：清雍正
款　　识："雍正年制"
　　　　　四字二行楷书款
尺　　寸：直径15厘米
拍卖时间：中国嘉德　2003年7月13日
　　　　　瓷器工艺品　第1096号
估　　价：RMB 300,000～500,000
成 交 价：RMB 495,000

冬青釉暗云蝠纹笔筒
年　　代：清乾隆
款　　识："大清乾隆年制"
　　　　　六字三行篆书款
尺　　寸：高10.2厘米
拍卖时间：中国嘉德　2003年7月13日
　　　　　瓷器工艺品　第1128号
估　　价：RMB 80,000～100,000
成 交 价：RMB 165,000

胭脂红地粉彩花卉小碗

年　　代：清雍正

款　　识："雍正御制"
　　　　　　四字二行楷书款

尺　　寸：直径 7.1 厘米

拍卖时间：中国嘉德　2003年7月13日
　　　　　　瓷器工艺品　第1103号

估　　价：RMB 350,000~450,000

成 交 价：RMB 385,000

斗彩竹纹小杯

年　　代：清雍正

款　　识："大清雍正年制"
　　　　　　六字二行楷书款

尺　　寸：直径 6.5 厘米

拍卖时间：中国嘉德　2003年7月13日
　　　　　　瓷器工艺品　第1085号

估　　价：RMB 120,000~160,000

成 交 价：RMB 132,000

青花海水八卦纹碗

年　　代：清康熙

款　　识："大清康熙年制"
　　　　　　六字二行楷书款

尺　　寸：直径 12 厘米

拍卖时间：中国嘉德　2003年7月13日
　　　　　　瓷器工艺品　第1062号

估　　价：RMB 110,000~150,000

成 交 价：RMB 198,000

青花红彩海水龙纹盘

年　　代：清雍正

款　　识："大清雍正年制"
　　　　　　六字二行楷书款

尺　　寸：直径 14 厘米

拍卖时间：中国嘉德　2003年7月13日
　　　　　　瓷器工艺品　第1100号

估　　价：RMB 130,000~160,000

成 交 价：RMB 143,000

炉钧釉香炉

年　　代：清雍正

款　　识："大清雍正年制"
　　　　　　六字三行篆书款

尺　　寸：直径 16 厘米

拍卖时间：中国嘉德　2003年7月13日
　　　　　　瓷器工艺品　第1091号

估　　价：RMB 400,000~600,000

成 交 价：RMB 682,000

粉彩鸡缸杯

年　　代：清乾隆

款　　识："大清乾隆仿古"
　　　　　　六字三行篆书款

尺　　寸：直径 7.9 厘米

拍卖时间：中国嘉德　2003年7月13日
　　　　　　瓷器工艺品　第1114号

估　　价：RMB 50,000~70,000

成 交 价：RMB 165,000

茶叶末釉双耳瓶

年　　代：清雍正

款　　识："大明成化年制"
　　　　　六字三行篆书款

尺　　寸：高 34.5 厘米

拍卖时间：中国嘉德　2003年7月13日
　　　　　瓷器工艺品　第1113号

估　　价：RMB 80,000~100,000

成 交 价：RMB 170,500

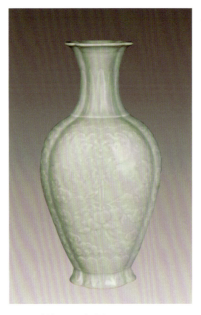

豆青釉刻福寿纹海棠识瓶

年　　代：清乾隆

款　　识："大清乾隆年制"
　　　　　六字三行篆书款

尺　　寸：高 28 厘米

拍卖时间：中国嘉德　2003年7月13日
　　　　　瓷器工艺品　第1131号

估　　价：RMB 400,000~600,000

成 交 价：RMB 385,000

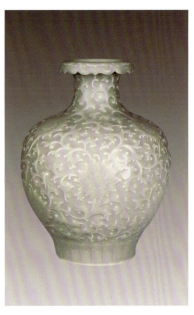

仿龙泉釉刻缠枝莲纹尊

年　　代：清乾隆

款　　识："大清乾隆年制"
　　　　　六字三行篆书款

尺　　寸：高 21.8 厘米

拍卖时间：中国嘉德　2003年7月13日
　　　　　瓷器工艺品　第1132号

估　　价：RMB 600,000~800,000

成 交 价：RMB 1,155,000

粉彩花卉纹天球瓶

年　　代：清乾隆

款　　识："大清乾隆年制"
　　　　　六字三行篆书款

尺　　寸：高 49 厘米

拍卖时间：中国嘉德　2003年7月13日
　　　　　瓷器工艺品　第1120号

估　　价：RMB 1,300,000~1,800,000

粉彩百鹿图双耳尊

年　　代：清乾隆

款　　识："大清乾隆年制"
　　　　　六字三行篆书款

尺　　寸：高 46 厘米

拍卖时间：中国嘉德　2003年7月13日
　　　　　瓷器工艺品　第1118号

估　　价：RMB 3,000,000~5,000,000

成 交 价：RMB 3,355,000

青花缠枝莲纹鹿头尊

年　　代：清乾隆

款　　识："大清乾隆年制"
　　　　　六字三行篆书款

尺　　寸：高 45.8 厘米

拍卖时间：中国嘉德　2003年7月13日
　　　　　瓷器工艺品　第1144号

估　　价：RMB 280,000~380,000

成 交 价：RMB 418,000

黄地粉彩花卉纹碗
年　　代：清道光
款　　识："大清道光年制"
　　　　　六字三行篆书款
尺　　寸：直径 14.9 厘米
拍卖时间：中国嘉德　2003 年 7 月 13 日
　　　　　瓷器工艺品　第 1199 号
估　　价：RMB 160,000~200,000
成 交 价：RMB 176,000

青花缠枝花卉纹香薰
年　　代：清嘉庆
款　　识："大清嘉庆年制"
　　　　　六字一行篆书款
尺　　寸：长 26 厘米
拍卖时间：中国嘉德　2003 年 7 月 13 日
　　　　　瓷器工艺品　第 1208 号
估　　价：RMB 60,000~80,000
成 交 价：RMB 176,000

窑变釉蒜头瓶
年　　代：清乾隆
款　　识："大清乾隆年制"
　　　　　六字三行篆书款
尺　　寸：高 29 厘米
拍卖时间：中国嘉德　2003 年 7 月 13 日
　　　　　瓷器工艺品　第 1162 号
估　　价：RMB 100,000~150,000
成 交 价：RMB 368,500

青花"天下第一泉"诗文大罐
年　　代：清光绪
款　　识："大清光绪年制"
　　　　　六字二行楷书款
尺　　寸：高 41 厘米
拍卖时间：中国嘉德　2003 年 7 月 13 日
　　　　　瓷器工艺品　第 1231 号
估　　价：RMB 250,000~350,000
成 交 价：RMB 275,000

青花穿花龙纹天球瓶
年　　代：清乾隆
款　　识："大清乾隆年制"款
尺　　寸：高 61 厘米
拍卖时间：香港苏富比　2004 年 4 月 25 日
　　　　　中国瓷器、工艺品　第 309 号
成 交 价：HKD 10,702,400

白釉模印夔龙纹双耳瓶
年　　代：清嘉庆
款　　识："大清嘉庆年制"
　　　　　六字三行篆书款
尺　　寸：高 29 厘米
拍卖时间：中国嘉德　2003 年 7 月 13 日
　　　　　瓷器工艺品　第 1228 号
估　　价：RMB 30,000~50,000
成 交 价：RMB 143,000

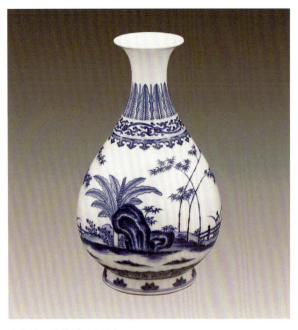

青花竹石芭蕉图玉壶春瓶

年　　代：清乾隆
款　　识："大清乾隆年制"六字三行篆书款
尺　　寸：高 29.1 厘米
拍卖时间：中国嘉德　2003年7月13日
　　　　　瓷器工艺品　第1149号
估　　价：RMB 480,000~580,000
成 交 价：RMB 528,000

绿地粉彩福寿纹兽耳瓶

年　　代：清嘉庆
款　　识："大清嘉庆年制"六字三行篆书款
尺　　寸：高 20 厘米
拍卖时间：中国嘉德　2003年7月13日
　　　　　瓷器工艺品　第1190号
估　　价：RMB 700,000~900,000
成 交 价：RMB 990,000

珊瑚红地粉彩婴戏图碗

年　　代：清嘉庆
款　　识："大清嘉庆年制"六字三行篆书款
尺　　寸：直径 21 厘米
拍卖时间：中国嘉德　2003年7月13日
　　　　　瓷器工艺品　第1189号
估　　价：RMB 200,000~300,000
成 交 价：RMB 220,000

胭脂紫地轧道粉彩花卉纹大碗

年　　代：清嘉庆
款　　识："大清嘉庆年制"六字三行篆书款
尺　　寸：直径 18.2 厘米
拍卖时间：中国嘉德　2003年7月13日
　　　　　瓷器工艺品　第1191号
估　　价：RMB 400,000~600,000
成 交 价：RMB 748,000

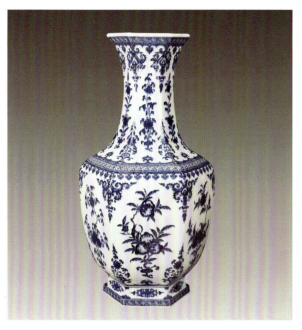

青花折枝花果纹六棱瓶

年　　代：清乾隆

款　　识："大清乾隆年制"六字三行篆书款

尺　　寸：高 66 厘米

拍卖时间：中国嘉德　2003 年 7 月 13 日
　　　　　瓷器工艺品　第 1145 号

估　　价：RMB 1,200,000～1,500,000

成 交 价：RMB 1,711,000

白釉印花青铜纹簋

年　　代：清乾隆

款　　识："大清乾隆年制"六字三行篆书款

尺　　寸：长 26.2 厘米

拍卖时间：中国嘉德　2003 年 7 月 13 日
　　　　　瓷器工艺品　第 1169 号

估　　价：RMB 150,000～200,000

成 交 价：RMB 165,000

柠檬黄釉碗

年　　代：清乾隆

款　　识："大清乾隆年制"六字三行篆书款

尺　　寸：直径 11.2 厘米

拍卖时间：中国嘉德　2003 年 7 月 13 日
　　　　　瓷器工艺品　第 1158 号

估　　价：RMB 150,000～200,000

成 交 价：RMB 165,000

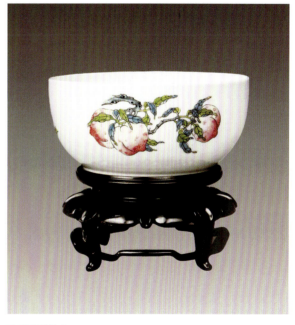

粉彩瑞果纹碗

年　　代：清嘉庆

款　　识："大清嘉庆年制"六字三行篆书款

尺　　寸：直径 14.8 厘米

拍卖时间：中国嘉德　2003 年 7 月 13 日
　　　　　瓷器工艺品　第 1188 号

估　　价：RMB 120,000～150,000

成 交 价：RMB 132,000

粉彩寿桃纹大盘

年　　代：清光绪

款　　识："大清乾隆彷古"
　　　　　　六字三行篆书款

尺　　寸：直径 65 厘米

拍卖时间：中国嘉德　2003 年 7 月 13 日
　　　　　　瓷器工艺品　第 1236 号

估　　价：RMB 300,000~400,000

成 交 价：RMB 462,000

青花一把莲大盘

年　　代：清雍正

尺　　寸：直径 34 厘米

拍卖时间：中国嘉德　2004 年 6 月 26 日
　　　　　　瓷器、铜器、玉器、工艺品
　　　　　　第 2242 号

估　　价：RMB 15,000~25,000

成 交 价：RMB 62,700

粉彩踏雪寻梅盖碗（二件）

年　　代：清道光

款　　识："大清道光年制"篆书款

尺　　寸：直径 10.8 厘米

拍卖时间：北京翰海　2004 年 6 月 28 日
　　　　　　中国古董珍玩　第 1805 号

估　　价：RMB 160,000~250,000

成 交 价：RMB 165,000

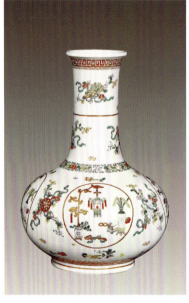

青花缠枝花卉铺耳尊

年　　代：清乾隆

款　　识："大清乾隆年制"篆书款

尺　　寸：高 25.1 厘米

拍卖时间：北京翰海　2004 年 6 月 28 日
　　　　　　中国古董珍玩　第 1737 号

估　　价：RMB 50,000~70,000

成 交 价：RMB 132,000

粉彩开光八宝纹瓶

年　　代：清光绪

款　　识："永庆长春"
　　　　　　四字二行楷书款

尺　　寸：高 31.4 厘米

拍卖时间：中国嘉德　2003 年 7 月 13 日
　　　　　　瓷器工艺品　第 1242 号

估　　价：RMB 120,000~150,000

成 交 价：RMB 132,000

斗彩"水淹七军"山水人物双龙耳大扁瓶

年　　代：清道光

尺　　寸：高 48 厘米

拍卖时间：中国嘉德　2004 年 6 月 26 日
　　　　　　瓷器、铜器、玉器、工艺品
　　　　　　第 2275 号

估　　价：RMB 10,000~20,000

成 交 价：RMB 79,200

斗彩花卉碗
年　　代：清道光
款　　识："大清道光年制"款
尺　　寸：直径 15 厘米
拍卖时间：中国嘉德 2004 年 6 月 26 日
　　　　　瓷器、铜器、玉器、工艺品
　　　　　第 2278 号
估　　价：RMB 70,000~90,000
成 交 价：RMB 79,200

粉彩贵妃醉酒书卷识壁瓶
年　　代：清乾隆
尺　　寸：高 13 厘米
拍卖时间：中国嘉德 2004 年 6 月 26 日
　　　　　瓷器、铜器、玉器、工艺品
　　　　　第 2310 号
估　　价：RMB 20,000~30,000
成 交 价：RMB 44,000

仿石釉诗文八角杯
年　　代：清乾隆
款　　识："陶铸"款
尺　　寸：高 6.7 厘米
拍卖时间：北京翰海　2004 年 6 月 28 日
　　　　　中国古董珍玩　第 1709 号
估　　价：RMB 80,000~120,000
成 交 价：RMB 682,000

窑变釉贯耳方瓶
年　　代：清乾隆
款　　识："大清乾隆年制"款
尺　　寸：高 29 厘米
拍卖时间：中国嘉德 2004 年 6 月 26 日
　　　　　瓷器、铜器、玉器、工艺品
　　　　　第 2350 号
估　　价：RMB 50,000~70,000
成 交 价：RMB 55,000

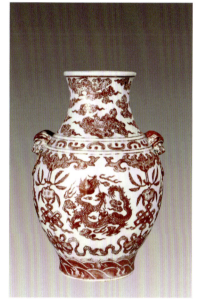

釉里红团龙纹福寿双耳尊
年　　代：清乾隆
尺　　寸：高 25 厘米
拍卖时间：中国嘉德　2004 年 6 月 26 日
　　　　　瓷器、铜器、玉器、工艺品
　　　　　第 2254 号
估　　价：RMB 50,000~70,000
成 交 价：RMB 55,000

青花岁寒三友花觚
年　　代：清顺治
尺　　寸：高 45.5 厘米
拍卖时间：北京翰海　2004 年 6 月 28 日
　　　　　中国古董珍玩　第 1719 号
估　　价：RMB 100,000~150,000
成 交 价：RMB 286,000

粉彩花卉纹六棱碗

年　　代：清雍正

款　　识："大清雍正年制"
　　　　　六字篆书款

尺　　寸：直径 22.2 厘米

拍卖时间：香港佳士得　2004年4月26日
　　　　　中国宫廷御制艺术精品、陶
　　　　　瓷及工艺精品　第906号

成 交 价：HKD 15,183,750

粉彩八宝碗（二件）

年　　代：清乾隆

款　　识："大清乾隆年制"
　　　　　篆书款

尺　　寸：直径 11 厘米

拍卖时间：北京翰海　2004年6月28日
　　　　　中国古董珍玩　第1712号

估　　价：RMB 80,000~120,000

成 交 价：RMB 176,000

青花粉彩鱼藻纹碗（四件）

年　　代：清道光

款　　识："大清道光年制"篆书款

尺　　寸：直径 15 厘米

拍卖时间：北京翰海　2004年6月28日
　　　　　中国古董珍玩　第1713号

估　　价：RMB 50,000~70,000

成 交 价：RMB 121,000

粉彩绘三羊开泰图碗（一对）

年　　代：清道光
款　　识："大清道光年制"
　　　　　六字三行篆书款
尺　　寸：直径 13.9 厘米
拍卖时间：中国嘉德　2003 年 7 月 13 日
　　　　　瓷器工艺品　第 1200 号
估　　价：RMB 200,000～250,000
成 交 价：RMB 220,000

御制五彩对碗

年　　代：清康熙
尺　　寸：高 10.8 厘米
拍卖时间：北京华辰　华辰五周年
　　　　　（2003－2008）　第 0173 号
估　　价：RMB 1,500,000～2,500,000
成 交 价：RMB 4,950,000

黄地墨彩水仙花盆盆托（一对）

年　　代：清同治
尺　　寸：长 12.6 厘米
拍卖时间：中国嘉德　2003年7月13日
　　　　　瓷器工艺品　第 1234 号
估　　价：RMB 80,000～120,000
成 交 价：RMB 110,000

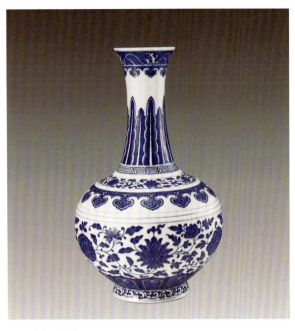

青花缠枝花卉赏瓶

年　　代：清乾隆

款　　识："大清乾隆年制"篆书款

尺　　寸：高 37.2 厘米

拍卖时间：北京翰海　2004 年 6 月 28 日

　　　　　中国古董珍玩　第 1735 号

估　　价：RMB 180,000~220,000

成 交 价：RMB 286,000

青花折枝花卉梅瓶

年　　代：清乾隆

尺　　寸：高 32 厘米

拍卖时间：北京翰海　2004 年 6 月 28 日

　　　　　中国古董珍玩　第 1738 号

估　　价：RMB 300,000~400,000

成 交 价：RMB 374,000

青花穿花龙纹缸

年　　代：清雍正

尺　　寸：高 36.8 厘米

拍卖时间：北京翰海　2004 年 6 月 28 日

　　　　　中国古董珍玩　第 1739 号

估　　价：RMB 180,000~250,000

成 交 价：RMB 484,000

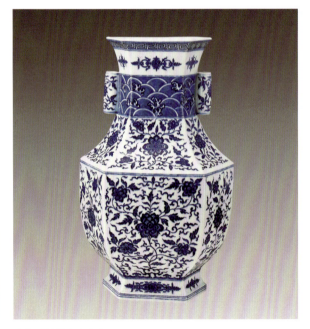

青花缠枝花卉六方瓶

年　　代：清乾隆

款　　识："大清乾隆年制"篆书款

尺　　寸：高 44.5 厘米

拍卖时间：北京翰海　2004 年 6 月 28 日

　　　　　中国古董珍玩　第 1741 号

估　　价：RMB 400,000~600,000

成 交 价：RMB 440,000

青花海水龙凤捧盒

年　　代：清雍正

款　　识："大清雍正年制"楷书款

尺　　寸：直径 19.3 厘米

拍卖时间：北京翰海　2004 年 6 月 28 日
　　　　　中国古董珍玩　第 1728 号

估　　价：RMB 220,000~280,000

成 交 价：RMB 297,000

青花缠枝花卉折沿盆

年　　代：清乾隆

款　　识："大清乾隆年制"篆书款

尺　　寸：直径 33.7 厘米

拍卖时间：北京翰海　2004 年 6 月 28 日
　　　　　中国古董珍玩　第 1744 号

估　　价：RMB 1,500,000~1,800,000

成 交 价：RMB 1,870,000

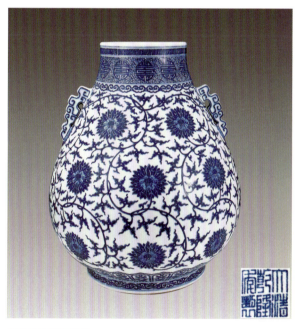

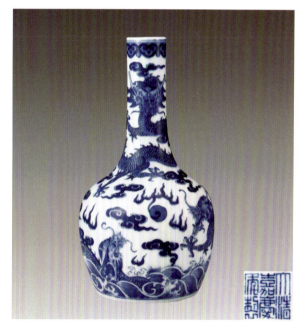

青花缠枝莲双耳尊

年　　代：清乾隆

款　　识："大清乾隆年制"篆书款

尺　　寸：高 45 厘米

拍卖时间：北京翰海　2004 年 6 月 28 日
　　　　　中国古董珍玩　第 1742 号

估　　价：RMB 1,200,000~1,800,000

成 交 价：RMB 1,870,000

青花海水云龙瓶

年　　代：清嘉庆

款　　识："大清嘉庆年制"篆书款

尺　　寸：高 19 厘米

拍卖时间：北京翰海　2004 年 6 月 28 日
　　　　　中国古董珍玩　第 1749 号

估　　价：RMB 500,000~700,000

成 交 价：RMB 1,078,000

青花缠枝花卉兽耳尊

年　　代：清乾隆

款　　识："大清乾隆年制"篆书款

尺　　寸：高 25.2 厘米

拍卖时间：北京翰海　2004年6月28日
　　　　　中国古董珍玩　第 1743 号

估　　价：RMB 220,000~300,000

成 交 价：RMB 242,000

青花缠枝花卉赏瓶

年　　代：清咸丰

款　　识："大清咸丰年制"楷书款

尺　　寸：高 37.3 厘米

拍卖时间：北京翰海　2004年6月28日
　　　　　中国古董珍玩　第 1752 号

估　　价：RMB 80,000~120,000

成 交 价：RMB 286,000

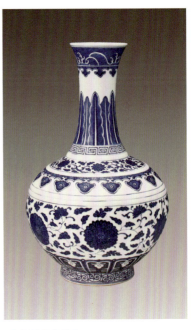

青花缠枝莲赏瓶

年　　代：清同治

款　　识："大清同治年制"楷书款

尺　　寸：高 37 厘米

拍卖时间：北京翰海　2004年6月28日
　　　　　中国古董珍玩　第 1755 号

估　　价：RMB 50,000~70,000

成 交 价：RMB 154,000

粉彩八宝贲巴壶

年　　代：清乾隆

款　　识："大清乾隆年制"篆书款

尺　　寸：高 25.3 厘米

拍卖时间：北京翰海　2004年6月28日
　　　　　中国古董珍玩　第 1768 号

估　　价：RMB 300,000~400,000

成 交 价：RMB 374,000

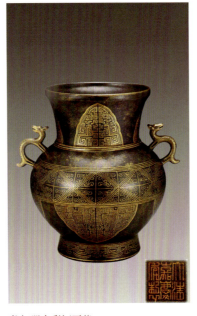

仿铜器金彩牺耳尊

年　　代：清嘉庆

款　　识："大清嘉庆年制"篆书款

尺　　寸：高 26.5 厘米

拍卖时间：北京翰海　2004年6月28日
　　　　　中国古董珍玩　第 1771 号

估　　价：RMB 1,000,000~1,500,000

成 交 价：RMB 1,595,000

粉彩缠枝花卉双耳壁瓶

年　　代：清乾隆

款　　识："大清乾隆年制"篆书款

尺　　寸：高 21 厘米

拍卖时间：北京翰海　2004年6月28日
　　　　　中国古董珍玩　第 1759 号

估　　价：RMB 80,000~120,000

成 交 价：RMB 154,000

金釉盘

年　　代：清雍正

款　　识："大清雍正年制"楷书款

尺　　寸：直径 11.5 厘米

拍卖时间：北京翰海　2004年6月28日
　　　　　中国古董珍玩　第 1756 号

估　　价：RMB 150,000~250,000

成 交 价：RMB 154,000

斗彩三果碗

年　　代：清雍正

款　　识："大清雍正年制"楷书款

尺　　寸：直径 7 厘米

拍卖时间：北京翰海　2004年6月28日
　　　　　中国古董珍玩　第 1799 号

估　　价：RMB 350,000~450,000

成 交 价：RMB 572,000

斗彩缠枝花卉八宝大盘

年　　代：清乾隆

款　　识："大清乾隆年制"篆书款

尺　　寸：直径 50.5 厘米

拍卖时间：北京翰海　2004年6月28
　　　　　中国古董珍玩　第 1783 号

估　　价：RMB 1,800,000~2,500,000

成 交 价：RMB 2,695,000

金釉提梁壶

年　　代：清雍正

款　　识："雍正年制"楷书款

尺　　寸：高 15 厘米

拍卖时间：北京翰海　2004年6月28日
　　　　　中国古董珍玩　第 1758 号

估　　价：RMB 150,000~250,000

成 交 价：RMB 154,000

绿地花卉碗（二件）

年　　代：清乾隆

款　　识："大清乾隆年制"篆书款

尺　　寸：直径 12.5 厘米

拍卖时间：北京翰海　2004年6月28日
　　　　　中国古董珍玩　第 1760 号

估　　价：RMB 80,000~120,000

成 交 价：RMB 132,000

粉彩皮球花罐

年　　代：清乾隆

款　　识："大清乾隆年制"篆书款

尺　　寸：高 16.7 厘米

拍卖时间：北京翰海　2004年6月28日
　　　　　中国古董珍玩　第 1785 号

估　　价：RMB 2,800,000~3,800,000

成 交 价：RMB 5,500,000

斗彩金玉满堂卧足碗

年　　代：清雍正

款　　识："庆宜堂制"楷书款

尺　　寸：直径7.2厘米

拍卖时间：北京翰海　2004年6月28日
　　　　　中国古董珍玩　第1802号

估　　价：RMB 160,000~250,000

成 交 价：RMB 165,000

黄釉缠枝花卉寿桃碗

年　　代：清雍正

款　　识："大清雍正年制"楷书款

尺　　寸：直径21.5厘米

拍卖时间：北京翰海　2004年6月28日
　　　　　中国古董珍玩　第1815号

估　　价：RMB 300,000~400,000

成 交 价：RMB 682,000

黄地青花缠枝花卉盘

年　　代：清光绪

款　　识："储秀宫制"篆书款

尺　　寸：直径27厘米

拍卖时间：北京翰海　2004年6月28日
　　　　　中国古董珍玩　第1811号

估　　价：RMB 200,000~300,000

成 交 价：RMB 209,000

青花缠枝花卉赏瓶

年　　代：清光绪

款　　识："大清光绪年制"楷书款

尺　　寸：高39.3厘米

拍卖时间：北京翰海　2004年6月28日
　　　　　中国古董珍玩　第1776号

估　　价：RMB 50,000~80,000

成 交 价：RMB 115,500

郎窑红釉观音瓶

年　　代：清康熙

尺　　寸：高34.9厘米

拍卖时间：北京翰海　2004年6月28日
　　　　　中国古董珍玩　第1819号

估　　价：RMB 260,000~350,000

成 交 价：RMB 341,000

窑变釉穿带瓶

年　　代：清同治

款　　识："大清同治年制"楷书款

尺　　寸：高30.4厘米

拍卖时间：北京翰海　2004年6月28日
　　　　　中国古董珍玩　第1837号

估　　价：RMB 30,000~50,000

成 交 价：RMB 71,500

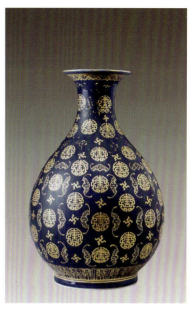

粉彩过墙枝桃纹大盘
年　　代：清雍正
款　　识："大清雍正年制"款
尺　　寸：直径50.5厘米
拍卖时间：香港苏富比　2004年10月31日
　　　　　重要中国瓷器及工艺品
　　　　　第143号
估　　价：HKD 8,000,000~10,000,000
成 交 价：HKD 12,942,400

仿哥釉双耳瓶
年　　代：清雍正
款　　识："大清雍正年制"
　　　　　六字三行篆书款
尺　　寸：高23.5厘米
拍卖时间：中国嘉德　2004年11月6日
　　　　　瓷器家具工艺品　第183号
估　　价：RMB 50,000~80,000
成 交 价：RMB 132,000

祭蓝釉描金皮球花玉壶春瓶
年　　代：清光绪
款　　识："大清光绪年制"
　　　　　六字二行楷书款
尺　　寸：高29.2厘米
拍卖时间：中国嘉德　2004年11月6日
　　　　　瓷器家具工艺品　第195号
估　　价：RMB 80,000~100,000
成 交 价：RMB 90,200

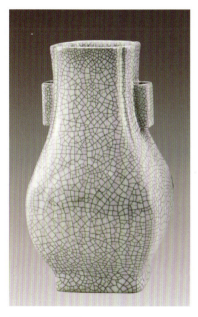

仿宋哥釉贯耳瓶
年　　代：清乾隆
款　　识："大清乾隆年制"篆书款
尺　　寸：高30.7厘米
拍卖时间：北京翰海　2004年6月28日
　　　　　中国古董珍玩　第1828号
估　　价：RMB 280,000~380,000
成 交 价：RMB 286,000

青花釉里红海水云龙纹天球瓶
年　　代：清乾隆
款　　识："大清乾隆年制"款
尺　　寸：高48厘米
拍卖时间：香港苏富比　2004年10月31日
　　　　　重要中国瓷器及工艺品
　　　　　第22号
成 交 价：HKD 11,262,400

胭脂红地轧道锦纹粉彩缠枝花卉纹梅瓶
年　　代：清乾隆
款　　识："大清乾隆年制"款
尺　　寸：高37.5厘米
拍卖时间：香港苏富比　2004年10月31日
　　　　　重要中国瓷器及工艺品
　　　　　第131号
成 交 价：HKD 41,502,400

青花春耕图双蝠耳大扁壶

年　　代：清乾隆

款　　识：六字篆书款

尺　　寸：高 59 厘米

拍卖时间：香港佳士得　2004 年 11 月 1 日　中国艺术精品、
　　　　　陶瓷及工艺精品 / 龙凤传珍　第 902 号

估　　价：HKD 4,000,000~5,000,000

成 交 价：HKD 7,343,750

苹果绿釉凸雕海水云龙灯笼瓶

年　　代：清乾隆

款　　识：六字篆书印款

尺　　寸：高 45.6 厘米

拍卖时间：香港佳士得　2004 年 11 月 1 日　中国艺术精品、
　　　　　陶瓷及工艺精品 / 龙凤传珍　第 904 号

估　　价：HKD 4,000,000~5,000,000

成 交 价：HKD 9,023,750

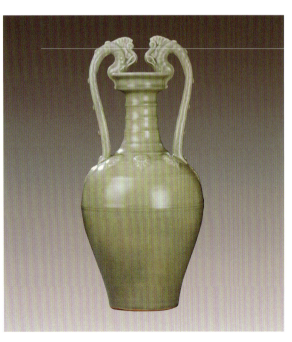

豆青釉双龙耳大瓶

年　　代：清雍正

款　　识：六字篆书款

尺　　寸：高 51.8 厘米

拍卖时间：香港佳士得　2004 年 11 月 1 日　中国艺术精品、
　　　　　陶瓷及工艺精品 / 龙凤传珍　第 872 号

估　　价：HKD 5,500,000~6,500,000

成 交 价：HKD 17,423,750

矾红彩百蝠纹葫芦瓶

年　　代：清乾隆

尺　　寸：高 23.5 厘米

拍卖时间：伦敦苏富比　2004 年 11 月 10 日
　　　　　中国瓷器、工艺品　第 669 号

估　　价：GBP 60,000~80,000

成 交 价：GBP 291,200

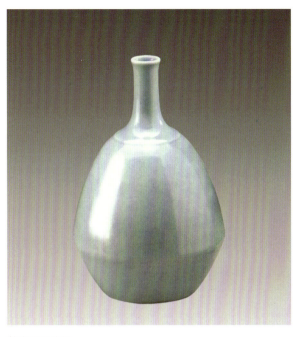

钧窑天蓝釉瓶

年　　代：清雍正

款　　识："大清雍正年制"款

尺　　寸：高 25.5 厘米

拍卖时间：德国纳高　2004 年 11 月 12 日

　　　　　亚洲艺术　第 1589 号

估　　价：EUR 60,000

成 交 价：EUR 1,065,000

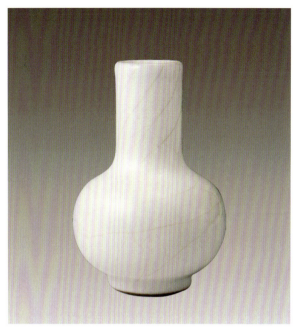

仿宋官釉天球瓶

年　　代：清乾隆

款　　识："大清乾隆年制"篆书款

尺　　寸：高 9.8 厘米

拍卖时间：北京翰海　2004 年 6 月 28 日

　　　　　中国古董珍玩　第 1826 号

估　　价：RMB 30,000~50,000

成 交 价：RMB 165,000

珊瑚红地描金龙凤呈祥纹盖罐（一对）

年　　代：清嘉庆

款　　识："大清嘉庆年制"六字三行礬红篆书款

尺　　寸：腹径 18 厘米、高 26 厘米

拍卖时间：上海嘉泰　2004 年 11 月 30 日　珍瓷雅器　第 0098 号

估　　价：RMB 500,000~600,000

成 交 价：RMB 550,000

宝石红釉盘

年　　代：明宣德
款　　识："大明宣德年制"楷书款
尺　　寸：直径 15 厘米
拍卖时间：北京翰海　2004 年 6 月 28 日
　　　　　中国古董珍玩　第 1818 号
估　　价：RMB 35,000~50,000
成 交 价：RMB 231,000

斗彩婴戏图瓷砚

年　　代：清嘉庆
尺　　寸：长 12.5 厘米
拍卖时间：中国嘉德　2004 年 11 月 6 日
　　　　　瓷器家具工艺品　第 173 号
估　　价：RMB 8,000~12,000
成 交 价：RMB 19,800

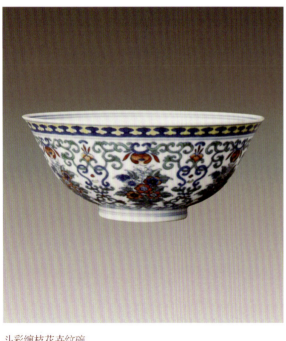

斗彩缠枝花卉纹碗

年　　代：清乾隆
款　　识："大清乾隆年制"六字三行篆书款
尺　　寸：直径 15 厘米
拍卖时间：中国嘉德　2004 年 11 月 6 日
　　　　　瓷器家具工艺品　第 170 号
估　　价：RMB 30,000~50,000
成 交 价：RMB 33,000

斗彩莲池鸳鸯碗

年　　代：清道光
款　　识："大清道光年制"六字三行篆书款
尺　　寸：直径 21 厘米
拍卖时间：中国嘉德　2004 年 11 月 6 日
　　　　　瓷器家具工艺品　第 176 号
估　　价：RMB 30,000~50,000
成 交 价：RMB 33,000

斗彩寿字纹盘

年　　代：清道光
款　　识："大清道光年制"六字三行篆书款
尺　　寸：直径 21 厘米
拍卖时间：中国嘉德　2004年11月6日
　　　　　瓷器家具工艺品　第175号
估　　价：RMB 20,000~30,000
成 交 价：RMB 33,000

青花地黄龙纹盘

年　　代：清乾隆
款　　识："大清乾隆年制"六字三行篆书款
尺　　寸：直径 24.8 厘米
拍卖时间：中国嘉德　2004年11月6日
　　　　　瓷器家具工艺品　第189号
估　　价：RMB 30,000~50,000
成 交 价：RMB 41,800

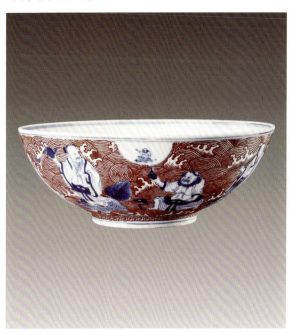

洒蓝釉描金山水图笔筒

年　　代：清康熙
尺　　寸：直径 18.8 厘米
拍卖时间：中国嘉德　2004年11月6日
　　　　　瓷器家具工艺品　第193号
估　　价：RMB 50,000~70,000
成 交 价：RMB 55,000

青花胭脂红八仙图碗

年　　代：清光绪
款　　识："大清光绪年制"六字二行楷书款
尺　　寸：直径 22.2 厘米
拍卖时间：中国嘉德　2004年11月6日
　　　　　瓷器家具工艺品　第192号
估　　价：RMB 20,000~30,000
成 交 价：RMB 35,200

青花鹤鹿同春山水人物图棒槌瓶

年　　代：清康熙
尺　　寸：高 47 厘米
拍卖时间：中国嘉德　2004年11月6日
　　　　　瓷器家具工艺品　第 197 号
估　　价：RMB 180,000~220,000
成 交 价：RMB 275,000

青花山水人物图瓶

年　　代：清康熙
尺　　寸：高 41 厘米
拍卖时间：中国嘉德　2004年11月6日
　　　　　瓷器家具工艺品　第 198 号
估　　价：RMB 80,000~100,000
成 交 价：RMB 143,000

青花饕餮纹花觚

年　　代：清康熙
款　　识："大清康熙年制"
　　　　　六字二行楷书款
尺　　寸：高 43.7 厘米
拍卖时间：中国嘉德　2004年11月6日
　　　　　瓷器家具工艺品　第 200 号
估　　价：RMB 80,000~100,000
成 交 价：RMB 187,000

青花山水人物瓶

年　　代：清康熙
尺　　寸：高 38 厘米
拍卖时间：中国嘉德　2004年11月6日
　　　　　瓷器家具工艺品　第 201 号
估　　价：RMB 80,000~100,000
成 交 价：RMB 143,000

青花四妃十六子图罐

年　　代：清康熙
尺　　寸：高 36 厘米
拍卖时间：中国嘉德　2004年11月6日
　　　　　瓷器家具工艺品　第 203 号
估　　价：RMB 90,000~120,000
成 交 价：RMB 132,000

青花龙凤纹瓶

年　　代：清康熙
款　　识："大明成化年制"
　　　　　六字三行楷书款
尺　　寸：高 29 厘米
拍卖时间：中国嘉德　2004年11月6日
　　　　　瓷器家具工艺品　第 206 号
估　　价：RMB 20,000~30,000
成 交 价：RMB 44,000

青花鹤鹿同春棒槌瓶

年　　代：清康熙
尺　　寸：高 44.5 厘米
拍卖时间：中国嘉德　2004年11月6日
　　　　　瓷器家具工艺品　第205号
估　　价：RMB 45,000~65,000
成 交 价：RMB 49,500

青花博古图瓶

年　　代：清康熙
尺　　寸：高 21 厘米
拍卖时间：中国嘉德　2004年11月6日
　　　　　瓷器家具工艺品　第208号
估　　价：RMB 20,000~30,000
成 交 价：RMB 22,000

蓝釉描金五彩花鸟纹棒槌瓶

年　　代：清康熙
尺　　寸：高 44 厘米
拍卖时间：中国嘉德　2004年11月6日
　　　　　瓷器家具工艺品　第226号
估　　价：RMB 350,000~450,000
成 交 价：RMB 385,000

青花山水人物图笔筒

年　　代：清康熙
款　　识：青花绘灵芝款识
尺　　寸：直径 18.8 厘米
拍卖时间：中国嘉德　2004年11月6日
　　　　　瓷器家具工艺品　第199号
估　　价：RMB 120,000~180,000
成 交 价：RMB 132,000

青花人物图大印盒

年　　代：清康熙
尺　　寸：直径 13.5 厘米
拍卖时间：中国嘉德　2004年11月6日
　　　　　瓷器家具工艺品　第207号
估　　价：RMB 50,000~70,000
成 交 价：RMB 55,000

五彩人物图笔筒

年　　代：清康熙
尺　　寸：直径 12.6 厘米
拍卖时间：中国嘉德　2004年11月6日
　　　　　瓷器家具工艺品　第230号
估　　价：RMB 40,000~60,000
成 交 价：RMB 101,200

青花团寿纹盘

年　　代：清康熙

款　　识："大清康熙年制"
　　　　　　六字三行楷书款

尺　　寸：直径 16.9 厘米

拍卖时间：中国嘉德　2004 年 11 月 6 日
　　　　　　瓷器家具工艺品　第 210 号

估　　价：RMB 70,000~90,000

成 交 价：RMB 101,200

青花宝相花纹碗

年　　代：清雍正

款　　识："大清雍正年制"
　　　　　　六字二行楷书款

尺　　寸：直径 12 厘米

拍卖时间：中国嘉德
　　　　　　2004 年 11 月 6 日
　　　　　　瓷器家具工艺品　第 212 号

估　　价：RMB 45,000~65,000

成 交 价：RMB 82,500

釉里红三鱼纹碗

年　　代：清雍正

款　　识："大清雍正年制"
　　　　　　六字二行楷书款

尺　　寸：直径 12.3 厘米

拍卖时间：中国嘉德　2004 年 11 月 6 日
　　　　　　瓷器家具工艺品　第 300 号

估　　价：RMB 100,000~150,000

成 交 价：RMB 165,000

青花地五彩龙纹碗

年　　代：清康熙

款　　识："大清康熙年制"
　　　　　　六字二行楷书款

尺　　寸：直径 14 厘米

拍卖时间：中国嘉德
　　　　　　2004 年 11 月 6 日
　　　　　　瓷器家具工艺品　第 225 号

估　　价：RMB 350,000~450,000

成 交 价：RMB 385,000

釉里红三鱼纹盘（一对）

年　　代：清雍正

款　　识："大清雍正年制"
　　　　　六字二行楷书款

尺　　寸：直径15厘米

拍卖时间：中国嘉德　2001年11月4日
　　　　　瓷器、家具、工艺品
　　　　　第1067号

估　　价：RMB 60,000~80,000

成 交 价：RMB 88,000

粉彩福寿纹碗（一对）

年　　代：清乾隆

款　　识："大清乾隆年制"
　　　　　六字三行篆书款

尺　　寸：直径17.3厘米

拍卖时间：中国嘉德　2001年11月4日
　　　　　瓷器、家具、工艺品
　　　　　第1127号

估　　价：RMB 120,000~150,000

成 交 价：RMB 132,000

粉地粉彩缠枝宝相花纹碗（一对）

年　　代：清嘉庆

款　　识："大清嘉庆年制"
　　　　　六字三行篆书款

尺　　寸：直径18厘米

拍卖时间：中国嘉德　2001年11月4日
　　　　　瓷器、家具、工艺品
　　　　　第1133号

估　　价：RMB 120,000~150,000

成 交 价：RMB 132,000

青花缠枝花卉纹铺首尊（两件）

年　　代：清乾隆

款　　识："大清乾隆年制"
　　　　　六字三行篆书款

尺　　寸：长25.7厘米

拍卖时间：中国嘉德
　　　　　2001年11月4日
　　　　　瓷器、家具、工艺品
　　　　　第1109号

估　　价：RMB 250,000~300,000

成 交 价：RMB 275,000

窑变釉小瓶

年　　代：清乾隆

款　　识："大清乾隆年制"六字三行篆书款

尺　　寸：高 14 厘米

拍卖时间：中国嘉德　2004 年 11 月 6 日
　　　　　瓷器家具工艺品　第 276 号

估　　价：RMB 100,000~150,000

成 交 价：RMB 198,000

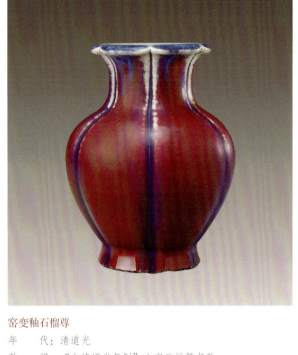

窑变釉石榴尊

年　　代：清道光

款　　识："大清道光年制"六字三行篆书款

尺　　寸：高 19.5 厘米

拍卖时间：中国嘉德　2004 年 11 月 6 日
　　　　　瓷器家具工艺品　第 279 号

估　　价：RMB 50,000~70,000

成 交 价：RMB 68,200

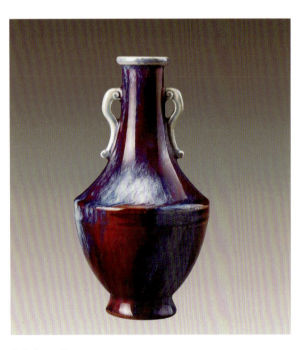

窑变釉云耳瓶

年　　代：清乾隆

款　　识："大清乾隆年制"六字三行篆书款

尺　　寸：高 22 厘米

拍卖时间：中国嘉德　2004 年 11 月 6 日
　　　　　瓷器家具工艺品　第 275 号

估　　价：RMB 200,000~250,000

成 交 价：RMB 220,000

青花花卉纹壮罐

年　　代：清乾隆

尺　　寸：高 30 厘米

拍卖时间：中国嘉德　2004 年 11 月 6 日
　　　　　瓷器家具工艺品　第 280 号

估　　价：RMB 80,000~100,000

成 交 价：RMB 88,000

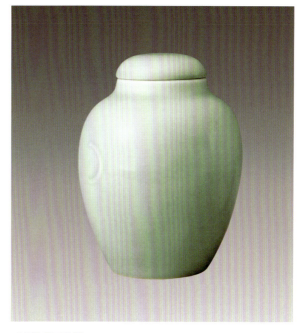

胭脂紫轧道开光山水图盏托

年　　代：清乾隆

款　　识："乾隆年制"四字二行篆书款

尺　　寸：直径16.3厘米

拍卖时间：中国嘉德　2004年11月6日

　　　　　瓷器家具工艺品　第249号

估　　价：RMB 80,000~100,000

成 交 价：RMB 275,000

豆青釉月牙盖罐

年　　代：清乾隆

款　　识："大清乾隆年制"六字三行篆书款

尺　　寸：高22.5厘米

拍卖时间：中国嘉德　2004年11月6日

　　　　　瓷器家具工艺品　第270号

估　　价：RMB 200,000~250,000

成 交 价：RMB 220,000

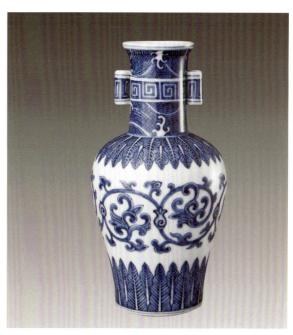

青花云龙纹盘口大尊

年　　代：清乾隆

尺　　寸：高72.5厘米

拍卖时间：中国嘉德　2004年11月6日

　　　　　瓷器家具工艺品　第283号

估　　价：RMB 80,000~100,000

成 交 价：RMB 88,000

青花缠枝花卉双耳瓶

年　　代：清乾隆

款　　识："大清乾隆年制"六字三行篆书款

尺　　寸：高19.8厘米

拍卖时间：中国嘉德　2004年11月6日

　　　　　瓷器家具工艺品　第282号

估　　价：RMB 350,000~450,000

成 交 价：RMB 385,000

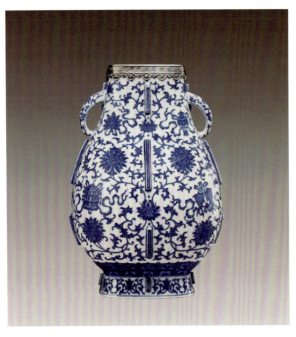

青花缠枝莲托八宝纹尊
年　　代：清乾隆
尺　　寸：高 41.5 厘米
拍卖时间：中国嘉德　2004 年 11 月 6 日
　　　　　瓷器家具工艺品　第 284 号
估　　价：RMB 100,000~150,000
成 交 价：RMB 121,000

青花夔凤纹大盘
年　　代：清道光
款　　识："尘定轩制"四字二行楷书款
尺　　寸：直径 42.5 厘米
拍卖时间：中国嘉德　2004 年 11 月 6 日
　　　　　瓷器家具工艺品　第 285 号
估　　价：RMB 40,000~60,000
成 交 价：RMB 44,000

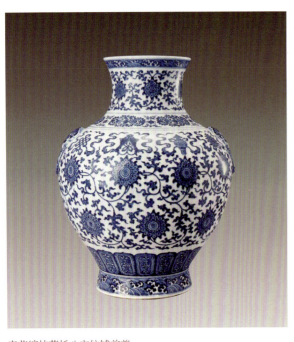

青花缠枝莲托八宝纹铺首尊
年　　代：清乾隆
款　　识："大清乾隆年制"六字三行篆书款
尺　　寸：高 52 厘米
拍卖时间：中国嘉德　2004 年 11 月 6 日
　　　　　瓷器家 具工艺品第 287 号
估　　价：RMB 800,000~1,000,000
成 交 价：RMB 1,430,000

青花缠枝花纹花觚
年　　代：清乾隆
款　　识："东岳庙"三字一行楷书款
尺　　寸：高 57 厘米
拍卖时间：中国嘉德　2004 年 11 月 6 日
　　　　　瓷器家具工艺品　第 291 号
估　　价：RMB 400,000~600,000
成 交 价：RMB 363,000

矾红御制诗文杯

年　　代：清乾隆

款　　识："大清乾隆年制" 六字三行篆书款

尺　　寸：直径 10.2 厘米

拍卖时间：中国嘉德　2004 年 11 月 6 日

　　　　　瓷器家具工艺品　第 309 号

估　　价：RMB 300,000~400,000

成 交 价：RMB 330,000

矾红莲花纹藏草瓶

年　　代：清乾隆

尺　　寸：高 22.5 厘米

拍卖时间：中国嘉德　2004 年 11 月 6 日

　　　　　瓷器家具工艺品　第 310 号

估　　价：RMB 150,000~200,000

成 交 价：RMB 165,000

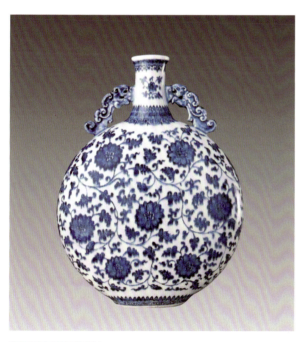 

青花缠枝花螭耳扁瓶

年　　代：清乾隆

尺　　寸：高 34.8 厘米

拍卖时间：中国嘉德　2004 年 11 月 6 日

　　　　　瓷器家具工艺品　第 293 号

估　　价：RMB 120,000~180,000

成 交 价：RMB 242,000

青花釉里红海水龙纹天球瓶

年　　代：清嘉庆

款　　识："大清嘉庆年制" 六字三行篆书款

尺　　寸：高 59 厘米

拍卖时间：中国嘉德　2004 年 11 月 6 日

　　　　　瓷器家具工艺品　第 307 号

估　　价：RMB 160,000~200,000

成 交 价：RMB 176,000

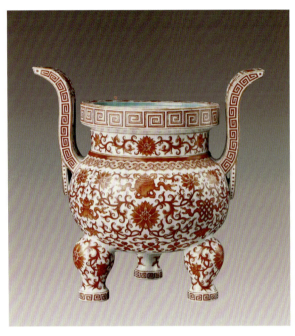

矾红缠枝莲托八宝纹香炉

年　　代：清嘉庆

款　　识："大清嘉庆年制"六字一行篆书款

尺　　寸：高 26.8 厘米

拍卖时间：中国嘉德　2004 年 11 月 6 日
　　　　　　瓷器家具工艺品　第 311 号

估　　价：RMB 280,000~350,000

成 交 价：RMB 308,000

白釉观音像

年　　代：清

款　　识：背部有一印章款识，惜不可识

尺　　寸：高 26 厘米

拍卖时间：中国嘉德　2004 年 11 月 6 日
　　　　　　瓷器家具工艺品　第 327 号

估　　价：RMB 70,000~90,000

成 交 价：RMB 77,000

白釉印花双耳瓶

年　　代：清道光

款　　识："大清道光年制"六字三行篆书款

尺　　寸：高 29.2 厘米

拍卖时间：中国嘉德　瓷器家具工艺品第 328 号

估　　价：RMB 200,000~250,000

成 交 价：RMB 220,000

粉彩山水图碗

年　　代：清道光

款　　识："大清道光年制"六字三行篆书款

尺　　寸：直径 17.9 厘米

拍卖时间：中国嘉德　2004 年 11 月 6 日
　　　　　　瓷器家具工艺品　第 342 号

估　　价：RMB 100,000~150,000

成 交 价：RMB 110,000

黄地粉彩花卉纹捧盒

年　　代：清光绪

款　　识："光绪年制"四字二行篆书款

尺　　寸：直径 26.6 厘米

拍卖时间：中国嘉德　2004 年 11 月 6 日

　　　　　瓷器家具工艺品　第 347 号

估　　价：RMB 90,000~120,000

成 交 价：RMB 93,500

斗彩云龙纹碗

年　　代：清康熙

款　　识："大清康熙年制"六字三行楷书款

尺　　寸：直径 14.2 厘米

拍卖时间：中国嘉德　2005 年 11 月 4 日

　　　　　瓷器工艺品鼻烟壶翡翠　第 391 号

估　　价：RMB 80,000~120,000

成 交 价：RMB 143,000

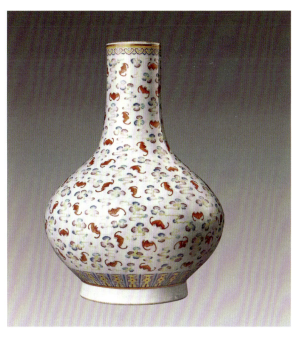

粉彩云蝠纹荸荠瓶

年　　代：清光绪

款　　识："大清光绪年制"六字二行楷书款

尺　　寸：高 34 厘米

拍卖时间：中国嘉德　2004 年 11 月 6 日

　　　　　瓷器家具工艺品　第 346 号

估　　价：RMB 30,000~50,000

成 交 价：RMB 66,000

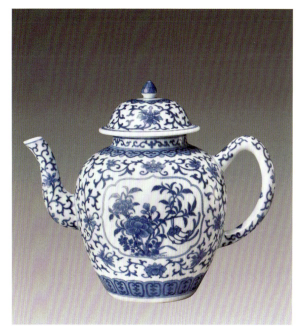

青花开光花卉纹茶壶

年　　代：清道光

款　　识："大清道光年制"六字三行篆书款

尺　　寸：高 17 厘米

拍卖时间：中国嘉德　2004 年 11 月 6 日

　　　　　瓷器家具工艺品　第 358 号

估　　价：RMB 160,000~260,000

成 交 价：RMB 220,000

黄地墨彩荷花鹭鸶纹洗

年　　代：清光绪

款　　识："体和殿制"四字二行篆书款

尺　　寸：直径 31.9 厘米

拍卖时间：中国嘉德　2004 年 11 月 6 日

　　　　　瓷器家具工艺品　第 348 号

估　　价：RMB 120,000~180,000

成 交 价：RMB 132,000

粉彩百鹿尊

年　　代：清光绪

款　　识："大清乾隆年制"六字三行篆书款

尺　　寸：高 50 厘米

拍卖时间：中国嘉德　2004 年 11 月 6 日

　　　　　瓷器家具工艺品　第 349 号

估　　价：RMB 120,000~180,000

成 交 价：RMB 220,000

粉彩刀马人物大瓶

年　　代：清同治

尺　　寸：高 88 厘米

拍卖时间：中国嘉德　2004 年 11 月 6 日

　　　　　瓷器家具工艺品　第 344 号

估　　价：RMB 250,000~300,000

成 交 价：RMB 357,500

青花松树纹盘（一对）

年　　代：清光绪

款　　识："大清光绪年制"六字二行楷书款

尺　　寸：直径 14.3 厘米

拍卖时间：中国嘉德　2004 年 11 月 6 日
　　　　　瓷器家具工艺品　第 366 号

估　　价：RMB 18,000~28,000

成 交 价：RMB 33,000

斗彩三多纹碗（一对）

年　　代：清雍正

款　　识："大清雍正年制"六字二行楷书款

尺　　寸：直径 16 厘米

拍卖时间：中国嘉德　2005 年 11 月 4 日
　　　　　瓷器工艺品鼻烟壶翡翠　第 392 号

估　　价：RMB 250,000~350,000

成 交 价：RMB 2,200,000

斗彩山石花卉纹盘（一对）

年　　代：清雍正

款　　识："大清雍正年制"
　　　　　六字二行楷书款

尺　　寸：直径 21 厘米

拍卖时间：中国嘉德
　　　　　2005 年 11 月 4 日
　　　　　瓷器工艺品鼻烟壶翡翠
　　　　　第 393 号

估　　价：RMB 500,000~700,000

成 交 价：RMB 2,970,000

斗彩团菊纹小罐

年　　代：清乾隆
款　　识："大清乾隆年制"六字三行篆书款
尺　　寸：高 11.5 厘米
拍卖时间：中国嘉德　2005年11月4日
　　　　　　瓷器工艺品鼻烟壶翡翠　第399号
估　　价：RMB 150,000~200,000
成 交 价：RMB 165,000

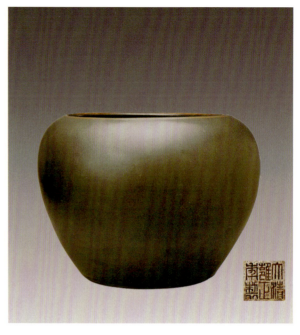

茶叶末釉缸

年　　代：清雍正
款　　识："大清雍正年制"六字三行篆书款
尺　　寸：直径 33 厘米
拍卖时间：中国嘉德　2005年11月4日
　　　　　　瓷器工艺品鼻烟壶翡翠　第467号
估　　价：RMB 300,000~500,000
成 交 价：RMB 1,265,000

青花云龙纹大尊

年　　代：清乾隆
尺　　寸：高 63 厘米
拍卖时间：中国嘉德　2005 年11月4日
　　　　　　瓷器工艺品鼻烟壶翡翠　第420号
估　　价：RMB 350,000~550,000
成 交 价：RMB 385,000

豆青釉青花博古图花瓿

年　　代：清康熙
尺　　寸：高 50.5 厘米
拍卖时间：中国嘉德　2005 年11月4日
　　　　　　瓷器工艺品鼻烟壶翡翠　第432号
估　　价：RMB 120,000~160,000
成 交 价：RMB 132,000

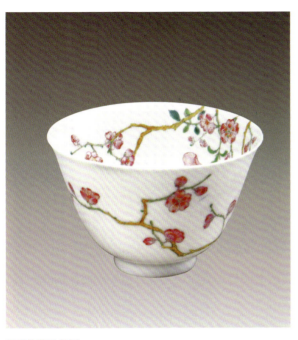

粉彩梅花桃花杯

年　　代：清雍正
款　　识："大清雍正年制"六字二行楷书款
尺　　寸：直径9厘米
拍卖时间：中国嘉德　2004年11月6日
　　　　　瓷器家具工艺品　第245号
估　　价：RMB 300,000~500,000
成 交 价：RMB 330,000

粉彩鸡缸杯

年　　代：清乾隆
款　　识："大清乾隆仿古"六字三行篆书款
尺　　寸：直径8.1厘米
拍卖时间：中国嘉德　2004年11月6日
　　　　　瓷器家具工艺品　第251号
估　　价：RMB 300,000~400,000
成 交 价：RMB 330,000

粉彩葫芦纹洗

年　　代：清乾隆
尺　　寸：直径37.8厘米
拍卖时间：中国嘉德　2004年11月6日
　　　　　瓷器家具工艺品　第248号
估　　价：RMB 200,000~250,000
成 交 价：RMB 308,000

粉彩农家乐大花盆

年　　代：清雍正
尺　　寸：直径42.8厘米
拍卖时间：中国嘉德　2004年11月6日
　　　　　瓷器家具工艺品　第246号
估　　价：RMB 600,000~800,000
成 交 价：RMB 880,000

青花八仙碗（一对）

年　　代：清道光

款　　识："大清道光年制"
　　　　　　六字三行篆书款

尺　　寸：直径 15 厘米

拍卖时间：北京保利　2007 年 6 月 2 日
　　　　　　古董珍玩 1　第 2182 号

估　　价：RMB 200,000～300,000

成 交 价：RMB 220,000

青花五彩龙凤呈祥碗

年　　代：清乾隆

款　　识："大清乾隆年制"款

尺　　寸：直径 15.5 厘米

拍卖时间：北京保利　2007 年 12 月 2 日
　　　　　　"海上沉香"——姜子祥旧
　　　　　　藏瓷器、宣炉、造像专场
　　　　　　第 1504 号

估　　价：RMB 250,000～350,000

成 交 价：RMB 526,400

斗彩三多小杯（一对）

年　　代：清雍正

款　　识："大清雍正年制"款

尺　　寸：直径 7 厘米

拍卖时间：北京保利　2007 年 12 月 2 日"海
　　　　　　上沉香"——姜子祥旧藏瓷器、
　　　　　　宣炉、造像专场　第 1510 号

估　　价：RMB 800,000～1,200,000

成 交 价：RMB 1,456,000

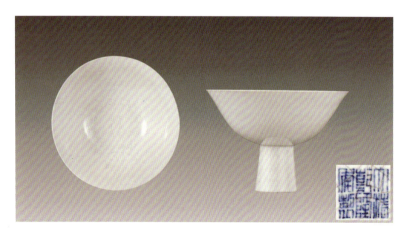

白釉刻缠枝番莲高足碗

年　　代：清乾隆

款　　识："大清乾隆年制"
　　　　　　六字二行楷书款

尺　　寸：直径 14.5 厘米

拍卖时间：北京诚轩　2007 年 5 月 10 日
　　　　　　瓷器工艺品　第 64 号

估　　价：RMB 100,000～120,000

成 交 价：RMB 286,000

柠檬黄釉碟（一对）

年　　代：清雍正

款　　识："大清雍正年制"

　　　　　六字二行楷书款

尺　　寸：直径 9.5 厘米

拍卖时间：北京诚轩　2007年5月10日

　　　　　瓷器工艺品　第 39 号

估　　价：RMB 350,000～400,000

成 交 价：RMB 440,000

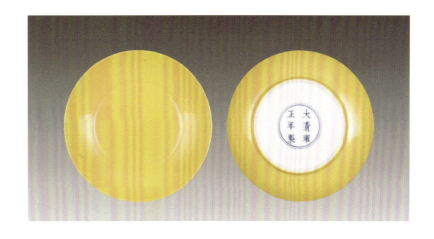

斗彩花果葡萄纹碟（一对）

年　　代：清雍正

款　　识："大清雍正年制"

　　　　　六字二行楷书款

尺　　寸：直径 8.2 厘米

拍卖时间：北京诚轩　2007年5月10日

　　　　　瓷器工艺品　第 33 号

估　　价：RMB 400,000～500,000

成 交 价：RMB 946,000

素三彩暗刻花蝶龙纹碗（一对）

年　　代：清康熙

款　　识："大清康熙年制"

　　　　　六字二行楷书款

尺　　寸：直径 15 厘米

拍卖时间：北京诚轩　2006年6月5日

　　　　　瓷器工艺品实录　第 31 号

估　　价：RMB 300,000～350,000

成 交 价：RMB 473,000

黄地青花缠枝莲纹大碗

年　　代：清雍正

款　　识："大清雍正年制"

　　　　　六字二行楷书款

尺　　寸：直径 24 厘米

拍卖时间：中国嘉德　2005年11月4日

　　　　　瓷器工艺品鼻烟壶翡翠

　　　　　第 461 号

估　　价：RMB 800,000～1,200,000

成 交 价：RMB 880,000

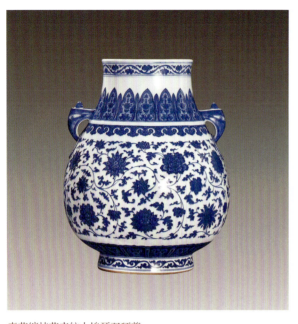

青花缠枝花卉纹大鸠耳双环尊
年　　代：清乾隆
款　　识："大清乾隆年制"六字三行篆书款
尺　　寸：高47厘米
拍卖时间：北京诚轩　2007年5月10日　瓷器工艺品　第50号
估　　价：RMB 1,800,000~2,500,000
成 交 价：RMB 6,380,000

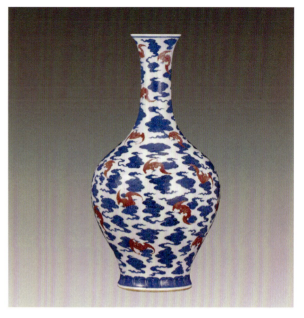

青花釉里红云蝠纹橄榄瓶
年　　代：清乾隆
款　　识："大清乾隆年制"六字三行篆书款
尺　　寸：高49.9厘米
拍卖时间：北京诚轩　2007年5月10日　瓷器工艺品　第49号
估　　价：RMB 500,000~700,000
成 交 价：RMB 550,000

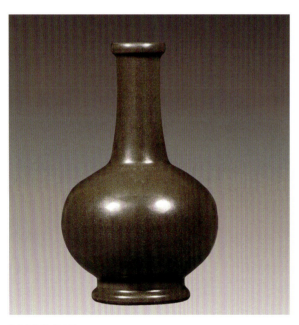

蟹甲青釉直颈瓶
年　　代：清乾隆
款　　识："大清乾隆年制"六字三行篆书款
尺　　寸：高18.6厘米
拍卖时间：北京诚轩　2007年5月10日
　　　　　瓷器工艺品　第60号
估　　价：RMB 150,000~200,000
成 交 价：RMB 462,000

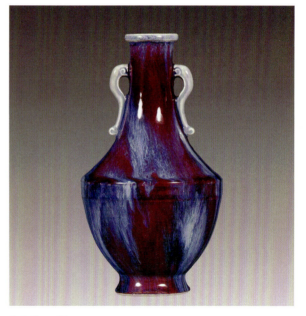

窑变釉云耳瓶
年　　代：清乾隆
款　　识："大清乾隆年制"六字三行篆书款
尺　　寸：高21.8厘米
拍卖时间：北京诚轩　2007年5月10日
　　　　　瓷器工艺品　第63号
估　　价：RMB 320,000~350,000
成 交 价：RMB 418,000

青花缠枝莲纹赏瓶

年　　代：清光绪

款　　识："大清光绪年制"六字二行楷书款

尺　　寸：高 38 厘米

拍卖时间：北京诚轩　2007 年 5 月 10 日

　　　　　瓷器工艺品　第 101 号

估　　价：RMB 120,000~150,000

成 交 价：RMB 184,800

仿哥釉贯耳方瓶

年　　代：清乾隆

款　　识："大清乾隆年制"六字三行篆书款

尺　　寸：高 30.6 厘米

拍卖时间：北京诚轩　2007 年 5 月 10 日

　　　　　瓷器工艺品　第 65 号

估　　价：RMB 500,000~600,000

成 交 价：RMB 550,000

五彩三国人物故事图筒瓶

年　　代：清康熙

尺　　寸：高 55 厘米

拍卖时间：北京保利　2007 年 6 月 2 日

　　　　　古董珍玩 1　第 2042 号

估　　价：RMB 220,000~320,000

成 交 价：RMB 242,000

金釉法轮

年　　代：清乾隆

款　　识："大清乾隆年制"六字三行金彩篆书款

尺　　寸：高 27.8 厘米

拍卖时间：北京保利　2007 年 6 月 2 日

　　　　　古董珍玩 1　第 2083 号

估　　价：RMB 350,000~550,000

成 交 价：RMB 440,000

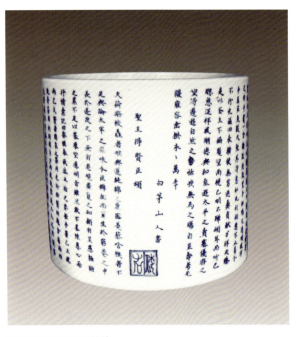

青花圣主得贤臣颂笔筒

年　　代：清康熙

款　　识："博古雅玩"款

尺　　寸：直径18厘米

拍卖时间：北京保利　2007年6月2日
　　　　　古董珍玩1　第2048号

估　　价：RMB 200,000~300,000

成 交 价：RMB 220,000

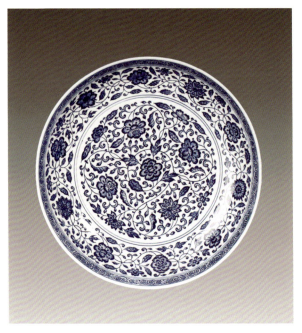

青花缠枝莲花卉盘

年　　代：清雍正

尺　　寸：直径27厘米

拍卖时间：北京保利　2007年6月2日
　　　　　古董珍玩1　第2073号

估　　价：RMB 350,000~450,000

成 交 价：RMB 396,000

褐彩云龙纹大盘

年　　代：清光绪

尺　　寸：直径47.2厘米

拍卖时间：北京保利　2007年6月2日
　　　　　古董珍玩1　第2002号

估　　价：RMB 120,000~180,000

成 交 价：RMB 132,000

斗彩寿星仙鹤图盘（一对）

年　　代：清康熙

款　　识："大清康熙年制"六字三行楷书款

尺　　寸：直径11.3厘米

拍卖时间：北京保利　2007年6月2日
　　　　　古董珍玩1　第2109号

估　　价：RMB 360,000~460,000

成 交 价：RMB 418,000

斗彩荷塘鸳鸯卧足墩识碗

年　　代：清道光

款　　识："大清道光年制"六字三行篆书款

尺　　寸：直径 15.5 厘米

拍卖时间：北京保利　2007 年 6 月 2 日

　　　　　古董珍玩 1　第 2116 号

估　　价：RMB 200,000~300,000

成 交 价：RMB 308,000

红釉玉壶春瓶

年　　代：清雍正

款　　识："大清雍正年制"六字二行楷书款

尺　　寸：高 23.5 厘米

拍卖时间：北京保利　2007 年 6 月 2 日

　　　　　古董珍玩 1　第 2128 号

估　　价：RMB 600,000~800,000

成 交 价：RMB 770,000

祭蓝釉天球瓶

年　　代：清乾隆

款　　识："大清乾隆年制"六字三行篆书款

尺　　寸：高 56 厘米

拍卖时间：北京保利　2007 年 6 月 2 日

　　　　　古董珍玩 1　第 2134 号

估　　价：RMB 900,000~1,500,000

成 交 价：RMB 990,000

仿汝釉双牺耳大壶

年　　代：清雍正

款　　识："大清雍正年制"六字三行篆书款

尺　　寸：高 64 厘米

拍卖时间：北京保利　2007 年 6 月 2 日

　　　　　古董珍玩 1　第 2141 号

估　　价：RMB 1,200,000~2,200,000

成 交 价：RMB 1,320,000

青花淡描云鹤九桃纹碗

年　　代：清雍正

款　　识："大清雍正年制"
　　　　　六字二行楷书款

尺　　寸：直径12.3厘米

拍卖时间：北京诚轩　2007年5月10日
　　　　　瓷器工艺品　第27号

估　　价：RMB 300,000~350,000

成 交 价：RMB 440,000

青花岁寒三友图小罐

年　　代：清雍正

款　　识："大清雍正年制"
　　　　　六字二行楷书款

尺　　寸：高7.8厘米

拍卖时间：北京诚轩　2007年5月10日
　　　　　瓷器工艺品　第28号

估　　价：RMB 300,000~350,000

成 交 价：RMB 352,000

黄釉暗刻八吉祥纹高足碗

年　　代：清雍正

款　　识："大清雍正年制"
　　　　　六字横行楷书款

尺　　寸：直径17.7厘米

拍卖时间：北京诚轩　2006年6月5日
　　　　　瓷器工艺品实录　第38号

估　　价：RMB 280,000~320,000

成 交 价：RMB 319,000

洒蓝釉座天蓝釉花盆

年　　代：清雍正

款　　识："大清雍正年制"
　　　　　六字三行篆书款

尺　　寸：直径25厘米

拍卖时间：北京诚轩　2007年5月10日
　　　　　瓷器工艺品　第40号

估　　价：RMB 300,000~400,000

成 交 价：RMB 1,375,000

青花缠枝莲开光福寿纹如意耳扁瓶

年　　代：清乾隆

款　　识："大清乾隆年制"
　　　　　六字三行篆书款

尺　　寸：高24.2厘米

拍卖时间：北京诚轩　2007年5月10日
　　　　　瓷器工艺品　第53号

估　　价：RMB 500,000~700,000

成 交 价：RMB 902,000

青花缠枝花卉纹铺首尊

年　　代：清乾隆

款　　识："大清乾隆年制"
　　　　　六字三行篆书款

尺　　寸：高25厘米

拍卖时间：北京诚轩　2007年5月10日
　　　　　瓷器工艺品　第55号

估　　价：RMB 600,000~650,000

成 交 价：RMB 660,000

青花山水人物凤尾尊
年　　代：清康熙
款　　识：晓山款
尺　　寸：高 46 厘米
拍卖时间：北京保利　2007 年 6 月 2 日
　　　　　古董珍玩 1　第 2177 号
估　　价：RMB 350,000~450,000
成 交 价：RMB 539,000

黄地青花五彩云龙纹碗（一对）
年　　代：清康熙
款　　识："大清康熙年制"
　　　　　六字两行楷书款
尺　　寸：直径 11 厘米
拍卖时间：北京匡时　2007 年 12 月 3 日
　　　　　古代瓷器工艺品专场
　　　　　第 2030 号
估　　价：RMB 350,000~400,000
成 交 价：RMB 392,000

茶叶末釉描金贴塑石榴灵芝瓜棱瓶
年　　代：清乾隆
款　　识："大清乾隆年制"
　　　　　六字三行青花楷书款
尺　　寸：高 20.7 厘米
拍卖时间：北京匡时　2007 年 12 月 3 日
　　　　　古代瓷器工艺品专场
　　　　　第 2118 号
估　　价：RMB 800,000~1,200,000
成 交 价：RMB 1,008,000

绿地紫彩龙纹盘
年　　代：清康熙
款　　识："大清康熙年制"青花楷书款
尺　　寸：直径 32 厘米
拍卖时间：北京匡时　2007 年 12 月 3 日
　　　　　古代瓷器工艺品专场　第 2029 号
估　　价：RMB 500,000~700,000
成 交 价：RMB 728,000

粉彩百鹿大盘
年　　代：清光绪
款　　识："大清乾隆年制"篆书款
尺　　寸：直径 62.5 厘米
拍卖时间：北京保利　2007 年 6 月 2 日
　　　　　古董珍玩 1　第 2159 号
估　　价：RMB 120,000~220,000
成 交 价：RMB 231,000

青花五彩龙凤呈祥碗
年　　代：清乾隆
款　　识："大清乾隆年制"款
尺　　寸：直径 15.5 厘米
拍卖时间：北京保利　2007 年 12 月 2 日
　　　　　姜子祥旧藏瓷器、宣炉、造
　　　　　像专场　第 1504 号
估　　价：RMB 250,000~350,000
成 交 价：RMB 526,400

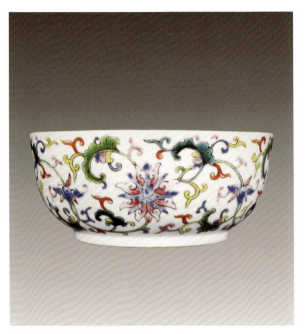

矾红彩龙纹天鸡高足盖碗（一对）

年　　代：清乾隆

款　　识："大清乾隆年制"红彩篆书款

尺　　寸：直径 15.7 厘米

拍卖时间：北京诚轩　2007 年 5 月 10 日　北京匡时　2007 年
　　　　　12 月 3 日　古代瓷器工艺品专场　第 2119 号

估　　价：RMB 1,800,000~2,600,000

成 交 价：RMB 2,072,000

粉彩缠枝莲纹墩识碗

年　　代：清乾隆

款　　识："大清乾隆年制"六字三行青花楷书款

尺　　寸：直径 15 厘米

拍卖时间：北京匡时　2007 年 12 月 3 日
　　　　　古代瓷器工艺品专场　第 2123 号

估　　价：RMB 100,000~130,000

成 交 价：RMB 123,200

斗彩开光粉彩花卉御题诗文如意双耳扁瓶

年　　代：清乾隆

尺　　寸：高 31.8 厘米

拍卖时间：北京匡时　2007 年 12 月 3 日
　　　　　古代瓷器工艺品专场　第 2124 号

估　　价：RMB 2,200,000~3,000,000

成 交 价：RMB 2,912,000

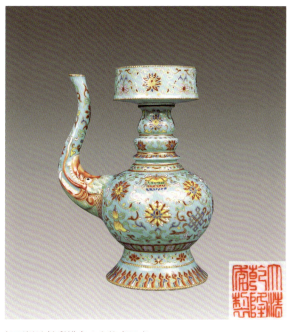

松石绿地粉彩描金八宝纹贲巴壶

年　　代：清乾隆
款　　识："大清乾隆年制"红彩篆书款
尺　　寸：高19.5厘米
拍卖时间：北京匡时　2007年12月3日
　　　　　古代瓷器工艺品专场　第2125号
估　　价：RMB 1,600,000~2,000,000
成 交 价：RMB 1,904,000

粉彩浮雕"万国来朝"挂屏

年　　代：清乾隆
尺　　寸：高60厘米
拍卖时间：北京匡时　2007年12月3日
　　　　　古代瓷器工艺品专场　第2126号
估　　价：RMB 1,200,000~1,500,000
成 交 价：RMB 1,792,000

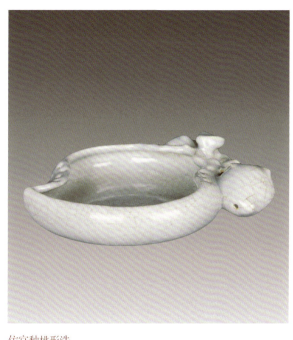

仿官釉桃形洗

年　　代：清乾隆
尺　　寸：长20.8厘米
拍卖时间：2007年12月3日
　　　　　古代瓷器工艺品专场　第2128号
估　　价：RMB 80,000~100,000
成 交 价：RMB 145,600

豆青釉四方印盒

年　　代：清乾隆
款　　识："宝啬斋制"楷书款
尺　　寸：直径7.5厘米
拍卖时间：北京匡时　2007年12月3日
　　　　　古代瓷器工艺品专场　第2129号
估　　价：RMB 100,000~150,000
成 交 价：RMB 123,200

仿官釉七孔方瓶

年　　代：清乾隆

款　　识："大清乾隆年制"青花篆书款

尺　　寸：高 31.2 厘米

拍卖时间：北京匡时　2007 年 12 月 3 日

　　　　　　古代瓷器工艺品专场　第 2130 号

估　　价：RMB 400,000~600,000

成 交 价：RMB 448,000

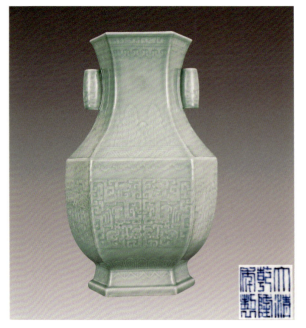

粉青釉浮雕夔龙纹六方贯耳瓶

年　　代：清乾隆

款　　识："大清乾隆年制"六字三行青花楷书款

尺　　寸：高 45.5 厘米

拍卖时间：北京匡时　2007 年 12 月 3 日

　　　　　　古代瓷器工艺品专场　第 2133 号

估　　价：RMB 3,500,000~5,000,000

成 交 价：RMB 4,536,000

白釉八卦纹琮识瓶（一对）

年　　代：清乾隆

款　　识："大清乾隆年制"篆书刻款

尺　　寸：高 13 厘米

拍卖时间：北京匡时　2007 年 12 月 3 日

　　　　　　古代瓷器工艺品专场　第 2134 号

估　　价：RMB 150,000~250,000

成 交 价：RMB 168,000

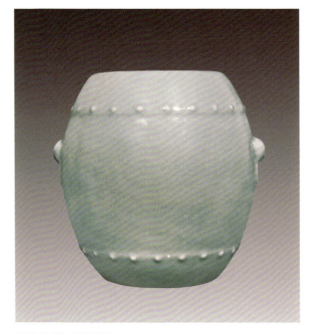

粉青釉鼓钉纹铺首罐

年　　代：清乾隆

款　　识："大清乾隆年制"青花篆书款

尺　　寸：高 16.3 厘米

拍卖时间：北京匡时　2007 年 12 月 3 日

　　　　　　古代瓷器工艺品专场　第 2135 号

估　　价：RMB 120,000~180,000

成 交 价：RMB 190,400

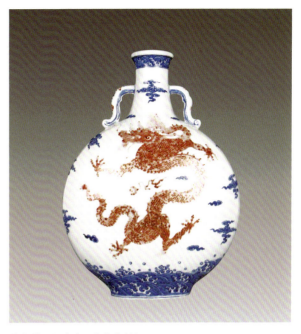

茶叶末釉荸荠瓶

年　　代：清乾隆

款　　识："大清乾隆年制"篆书刻款

尺　　寸：高 21 厘米

拍卖时间：北京匡时　2007 年 12 月 3 日

　　　　　古代瓷器工艺品专场　第 2137 号

估　　价：RMB 500,000~800,000

成 交 价：RMB 560,000

青花釉里红海水云龙纹抱月瓶

年　　代：清乾隆

尺　　寸：高 45 厘米

拍卖时间：北京匡时　2007 年 12 月 3 日

　　　　　古代瓷器工艺品专场　第 2139 号

估　　价：RMB 2,000,000~3,000,000

成 交 价：RMB 3,136,000

青花缠枝花卉铺首尊（一对）

年　　代：清乾隆

款　　识："大清乾隆年制"青花篆书款

尺　　寸：高 25.1 厘米

拍卖时间：北京匡时　2007 年 12 月 3 日　古代瓷器工艺品专场　第 2142 号

估　　价：RMB 1,200,000~1,800,000

成 交 价：RMB 1,456,000

青花折枝花卉纹六方贯耳瓶

年　　代：清乾隆

款　　识："大清乾隆年制"青花篆书款

尺　　寸：高 45 厘米

拍卖时间：北京匡时　2007 年 12 月 3 日
　　　　　古代瓷器工艺品专场　第 2141 号

估　　价：RMB 500,000~800,000

成 交 价：RMB 1,019,200

粉彩缠枝莲托八宝纹炉

年　　代：清嘉庆

款　　识："大清嘉庆年制"红彩篆书款

尺　　寸：高 31 厘米

拍卖时间：北京匡时　2007 年 12 月 3 日
　　　　　古代瓷器工艺品专场　第 2150 号

估　　价：RMB 150,000~300,000

成 交 价：RMB 336,000

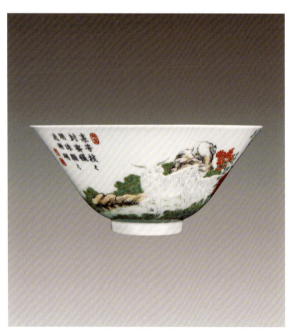

粉彩三羊开泰纹碗

年　　代：清道光

款　　识："大清道光年制"青花篆书款

尺　　寸：直径 14 厘米

拍卖时间：北京匡时　2007 年 12 月 3 日
　　　　　古代瓷器工艺品专场　第 2153 号

估　　价：RMB 80,000~100,000

成 交 价：RMB 156,800

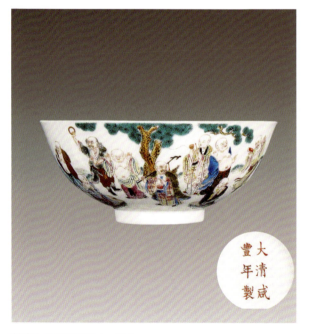

粉彩十八罗汉图碗（一对）

年　　代：清咸丰

款　　识："大清咸丰年制"红彩楷书款

尺　　寸：直径 14.6 厘米

拍卖时间：北京匡时　2007 年 12 月 3 日
　　　　　古代瓷器工艺品专场　第 2155 号

估　　价：RMB 150,000~200,000

成 交 价：RMB 638,400

青花夔龙纹折肩洗口瓶

年　　代：清道光

款　　识："大清道光年制"六字三行篆书款

尺　　寸：高 20 厘米

拍卖时间：北京匡时　2007 年 12 月 3 日
　　　　　古代瓷器工艺品专场　第 2160 号

估　　价：RMB 180,000~260,000

成 交 价：RMB 201,600

炉钧釉双耳灯笼瓶

年　　代：清嘉庆

款　　识："大清嘉庆年制"六字三行篆书款识

尺　　寸：高 23.5 厘米

拍卖时间：北京匡时　2007 年 12 月 3 日
　　　　　古代瓷器工艺品专场　第 2165 号

估　　价：RMB 120,000~180,000

成 交 价：RMB 179,200

黄地粉彩花卉纹花盆（一对）

年　　代：清同治

款　　识："永庆长春""大雅斋""天地一家春"红彩款

尺　　寸：直径 22 厘米

拍卖时间：北京匡时　2007 年 12 月 3 日
　　　　　古代瓷器工艺品专场　第 2158 号

估　　价：RMB 120,000~180,000

成 交 价：RMB 336,000

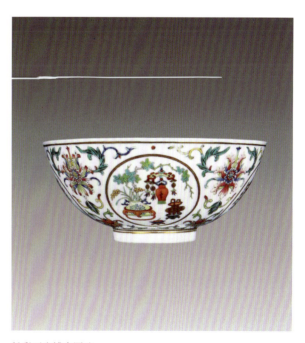

粉彩开光博古图碗

年　　代：清咸丰

款　　识："大清咸丰年制"红彩楷书款

尺　　寸：直径 14.5 厘米

拍卖时间：北京匡时　2007 年 12 月 3 日
　　　　　古代瓷器工艺品专场　第 2164 号

估　　价：RMB 50,000~80,000

成 交 价：RMB 145,600

仿哥釉琮式瓶
年　　代：清道光
款　　识："大清道光年制"六字三行篆书
尺　　寸：高 28.2 厘米
拍卖时间：北京匡时　2007 年 12 月 3 日
　　　　　古代瓷器工艺品专场　第 2166 号
估　　价：RMB 150,000~250,000
成 交 价：RMB 263,200

粉彩寿桃纹贯耳瓶
年　　代：清光绪
款　　识："大清道光年制"青花篆书款
尺　　寸：高 27.7 厘米
拍卖时间：北京匡时　2007 年 12 月 3 日
　　　　　古代瓷器工艺品专场　第 2173 号
估　　价：RMB 150,000~200,000
成 交 价：RMB 448,000

粉彩福禄八卦纹琮式瓶
年　　代：清光绪
款　　识："大清光绪年制"青花篆书款
尺　　寸：高 27.5 厘米
拍卖时间：北京匡时　2007 年 12 月 3 日
　　　　　古代瓷器工艺品专场　第 2174 号
估　　价：RMB 200,000~300,000
成 交 价：RMB 537,600

粉青釉荸荠瓶
年　　代：清乾隆
款　　识："大清乾隆年制"六字三行篆书款
尺　　寸：高 21.5 厘米
拍卖时间：北京长风　2008 年 4 月 30 日
　　　　　瓷器杂项　第 95 号
估　　价：RMB 600,000~1,000,000
成 交 价：RMB 1,008,000

茶叶末釉五管瓶

年　　代：清嘉庆

款　　识："大清嘉庆年制"六字三行篆书印章款

尺　　寸：高 19.5 厘米

拍卖时间：北京长风　2008 年 4 月 30 日

　　　　　瓷器杂项　第 119 号

估　　价：RMB 200,000~250,000

成 交 价：RMB 224,000

粉彩吉庆有余图净水碗

年　　代：清道光

款　　识："大清道光年制"六字三行篆书红料款

尺　　寸：直径 20 厘米

拍卖时间：北京长风　2008 年 4 月 30 日

　　　　　瓷器杂项　第 153 号

估　　价：RMB 150,000~200,000

成 交 价：RMB 336,000

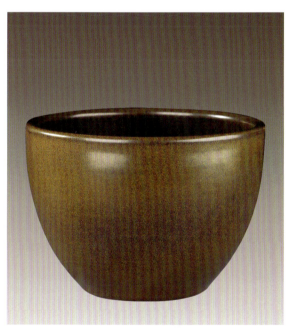

茶叶末釉卷缸

年　　代：清乾隆

款　　识："大清乾隆年制"六字三行篆书款

尺　　寸：直径 20.5 厘米、高 14 厘米

拍卖时间：北京长风　2008 年 4 月 30 日

　　　　　瓷器杂项　第 201 号

估　　价：RMB 1,000,000~1,500,000

成 交 价：RMB 1,120,000

青花釉里红海水龙纹扁瓶

年　　代：清乾隆

尺　　寸：高 45.5 厘米

拍卖时间：北京长风　2008 年 4 月 30 日

　　　　　瓷器杂项　第 212 号

估　　价：RMB 3,000,000~5,000,000

成 交 价：RMB 3,472,000

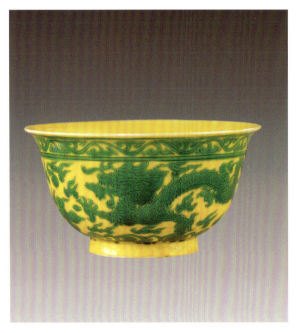

黄地绿龙寿字碗（官窑）

年　　代：清康熙

款　　识："大清康熙年制"款

尺　　寸：直径 10 厘米

拍卖时间：北京德隆宝　2008 年 5 月 5 日
　　　　　中国瓷器及杂项专场　第 966 号

估　　价：RMB 350,000~500,000

成 交 价：RMB 385,000

斗彩罐（一对）

年　　代：清

尺　　寸：高 9.5 厘米

拍卖时间：北京德隆宝　2008 年 5 月 5 日
　　　　　中国瓷器及杂项专场　第 990 号

估　　价：RMB 3,150,000~3,500,000

成 交 价：RMB 3,531,000

青花龙纹碗

年　　代：清雍正

款　　识："大清雍正年制"六字三行青花楷书款

尺　　寸：直径 14.6 厘米

拍卖时间：北京匡时　2008 年 5 月 21 日
　　　　　古代瓷器工艺品专场　第 314 号

估　　价：RMB 130,000~180,000

成 交 价：RMB 179,200

青花团菊纹碗

年　　代：清雍正

款　　识："大清雍正年制"六字双行青花楷书款

尺　　寸：直径 14.3 厘米

拍卖时间：北京匡时　2008 年 5 月 21 日
　　　　　古代瓷器工艺品专场　第 315 号

估　　价：RMB 250,000~350,000

成 交 价：RMB 392,000

青花串枝花卉纹纸槌瓶

年　　代：清乾隆

款　　识："大清乾隆年制"六字三行青花篆书款

尺　　寸：高 30.5 厘米

拍卖时间：北京匡时　2008 年 5 月 21 日

　　　　　　古代瓷器工艺品专场　第 324 号

估　　价：RMB 600,000~900,000

成 交 价：RMB 728,000

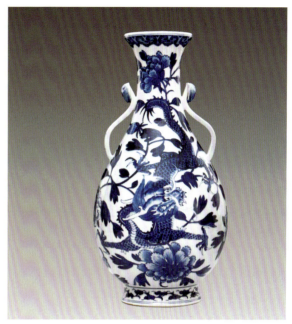

青花龙凤纹双如意耳瓶

年　　代：清

尺　　寸：高 35.5 厘米

拍卖时间：北京匡时　2008 年 5 月 21 日

　　　　　　古代瓷器工艺品专场　第 322 号

估　　价：RMB 150,000~200,000

成 交 价：RMB 168,000

青花忍冬纹盘

年　　代：清雍正

款　　识："大清雍正年制"六字双行青花楷书款

尺　　寸：直径 20.5 厘米

拍卖时间：北京匡时　2008 年 5 月 21 日

　　　　　　古代瓷器工艺品专场　第 311 号

估　　价：RMB 80,000~120,000

成 交 价：RMB 190,400

青花缠枝莲托八宝纹大盘

年　　代：清雍正

款　　识："大清雍正年制"六字双行青花楷书款

尺　　寸：直径 45 厘米

拍卖时间：北京匡时　2008 年 5 月 21 日

　　　　　　古代瓷器工艺品专场　第 323 号

估　　价：RMB 800,000~1,200,000

成 交 价：RMB 1,254,400

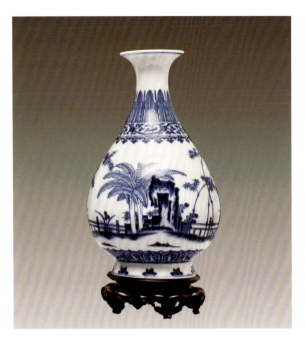

青花竹石芭蕉图玉壶春瓶（一对）

年　　代：清乾隆

尺　　寸：高 28 厘米、28.8 厘米

拍卖时间：北京匡时　2008 年 5 月 21 日
　　　　　古代瓷器工艺品专场　第 326 号

估　　价：RMB 1,800,000~2,500,000

成 交 价：RMB 3,248,000

青花云龙纹直口瓶（一对）

年　　代：清道光

款　　识："大清道光年制"六字三行青花篆书款

尺　　寸：高 29 厘米

拍卖时间：北京匡时　2008 年 5 月 21 日
　　　　　古代瓷器工艺品专场　第 327 号

估　　价：RMB 2,000,000~3,500,000

成 交 价：RMB 4,480,000

窑变釉小水盂

年　　代：清乾隆

款　　识："乾隆年制"四字两行篆书阴刻板

尺　　寸：高 6.9 厘米

拍卖时间：北京匡时　2008 年 5 月 21 日
　　　　　古代瓷器工艺品专场　第 351 号

估　　价：RMB 200,000~350,000

成 交 价：RMB 336,000

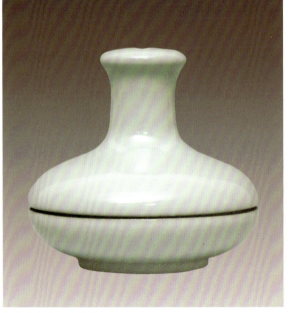

仿官釉盒式五孔香熏

年　　代：清雍正

尺　　寸：高 7.8 厘米

拍卖时间：北京匡时　2008 年 5 月 21 日
　　　　　古代瓷器工艺品专场　第 350 号

估　　价：RMB 80,000~120,000

成 交 价：RMB 168,000

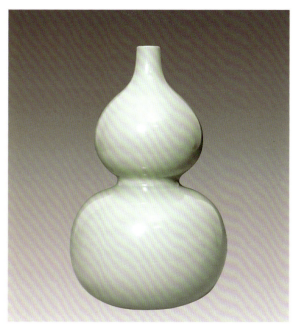

冬青釉葫芦瓶

年　　代：清雍正
款　　识："大清雍正年制"六字三行青花篆书款
尺　　寸：高 31.5 厘米
拍卖时间：北京匡时　2008 年 5 月 21 日
　　　　　古代瓷器工艺品专场　第 356 号
估　　价：RMB 400,000～600,000
成 交 价：RMB 627,200

茶叶末釉荸荠瓶

年　　代：清乾隆
款　　识："大清乾隆年制"六字三行青花篆书款
尺　　寸：高 33.5 厘米
拍卖时间：北京匡时　2008 年 5 月 21 日
　　　　　古代瓷器工艺品专场　第 359 号
估　　价：RMB 300,000～450,000
成 交 价：RMB 448,000

仿官釉桃形洗

年　　代：清乾隆
款　　识："大清乾隆年制"六字三行青花篆书款
尺　　寸：长 15.5 厘米
拍卖时间：北京匡时　2008 年 5 月 21 日
　　　　　古代瓷器工艺品专场　第 361 号
估　　价：RMB 600,000～900,000
成 交 价：RMB 896,000

豆青釉鼓式铺首罐

年　　代：清乾隆
款　　识："大清乾隆年制"六字三行青花篆书款
尺　　寸：高 16 厘米
拍卖时间：北京匡时　2008 年 5 月 21 日
　　　　　古代瓷器工艺品专场　第 360 号
估　　价：RMB 180,000～220,000
成 交 价：RMB 201,600

仿官釉双贯耳大瓶

年　　代：清雍正

款　　识："大清雍正年制"六字三行青花篆书款

尺　　寸：高 48.2 厘米

拍卖时间：北京匡时　2008 年 5 月 21 日

　　　　　古代瓷器工艺品专场　第 364 号

估　　价：RMB 1,500,000~2,300,000

成 交 价：RMB 2,464,000

仿官釉玉壶春瓶

年　　代：清乾隆

款　　识："大清乾隆年制"六字三行青花篆书款

尺　　寸：高 21.3 厘米

拍卖时间：北京匡时　2008 年 5 月 21 日

　　　　　古代瓷器工艺品专场　第 365 号

估　　价：RMB 180,000~250,000

成 交 价：RMB 246,400

窑变釉双耳瓶

年　　代：清乾隆

款　　识："大清乾隆年制"六字三行青花篆书款

尺　　寸：高 21.5 厘米

拍卖时间：北京匡时　2008 年 5 月 21 日

　　　　　古代瓷器工艺品专场　第 362 号

估　　价：RMB 400,000~600,000

成 交 价：RMB 448,000

唐英行书诗文嵌瓷挂屏

年　　代：清乾隆

尺　　寸：76 厘米 ×48 厘米

拍卖时间：北京匡时　2008 年 5 月 21 日

　　　　　古代瓷器工艺品专场　第 372 号

估　　价：RMB 1,200,000~1,600,000

成 交 价：RMB 1,456,000

仿宋官釉六方贯耳瓶

年　　代：清乾隆

款　　识："大清乾隆年制"六字三行青花篆书款

尺　　寸：高 45.5 厘米

拍卖时间：北京匡时　2008 年 5 月 21 日

　　　　　　古代瓷器工艺品专场　第 368 号

估　　价：RMB 120,000～150,000

成 交 价：RMB 134,400

粉青釉八卦纹琮式瓶

年　　代：清光绪

款　　识："大清光绪年制"六字双行青花楷书款

尺　　寸：高 27.5 厘米

拍卖时间：北京匡时　2008 年 5 月 21 日

　　　　　　古代瓷器工艺品专场　第 371 号

估　　价：RMB 100,000～130,000

成 交 价：RMB 134,400

黄釉暗刻螭龙纹太白尊

年　　代：清康熙

款　　识："大清康熙年制"六字三行青花篆书款

尺　　寸：高 8.2 厘米

拍卖时间：北京匡时　2008 年 5 月 21 日

　　　　　　古代瓷器工艺品专场　第 363 号

估　　价：RMB 500,000～800,000

成 交 价：RMB 649,600

斗彩寿山福海纹碗

年　　代：清雍正

款　　识："大清雍正年制"六字双行青花楷书款

尺　　寸：直径 14.6 厘米

拍卖时间：北京匡时　2008 年 5 月 21 日

　　　　　　古代瓷器工艺品专场　第 403 号

估　　价：RMB 500,000～700,000

成 交 价：RMB 728,000

斗彩穿花龙纹大梅瓶

年　　代：清雍正

尺　　寸：高 62 厘米

拍卖时间：北京匡时　2008 年 5 月 21 日

　　　　　古代瓷器工艺品专场　第 400 号

估　　价：RMB 800,000~1,200,000

成 交 价：RMB 1,344,000

斗彩"苍龙教子"纹梅瓶

年　　代：清乾隆

尺　　寸：高 43.5 厘米

拍卖时间：北京匡时　2008 年 5 月 21 日

　　　　　古代瓷器工艺品专场　第 401 号

估　　价：RMB 500,000~800,000

成 交 价：RMB 672,000

仿成化斗彩龙纹杯

年　　代：清雍正

款　　识："大明成化年制"六字双行青花楷书款

尺　　寸：高 7.5 厘米

拍卖时间：北京匡时　2008 年 5 月 21 日

　　　　　古代瓷器工艺品专场　第 402 号

估　　价：RMB 150,000~200,000

成 交 价：RMB 224,000

松石绿地粉彩描金福寿六方笔筒

年　　代：清嘉庆

款　　识："大清嘉庆年制"六字三行金彩篆书款

尺　　寸：高 11.8 厘米

拍卖时间：北京匡时　2008 年 5 月 21 日
　　　　　古代瓷器工艺品专场　第 406 号

估　　价：RMB 250,000～350,000

成 交 价：RMB 459,200

粉彩花卉笔筒

年　　代：清道光

款　　识："大清道光年制"六字三行青花篆书款

尺　　寸：高 12.5 厘米

拍卖时间：北京匡时　2008 年 5 月 21 日
　　　　　古代瓷器工艺品专场　第 405 号

估　　价：RMB 80,000～120,000

成 交 价：RMB 179,200

斗彩勾莲纹盘（一对）

年　　代：清雍正

款　　识："大清雍正年制"六字双行青花楷书款

尺　　寸：直径 15.7 厘米

拍卖时间：北京匡时　2008 年 5 月 21 日
　　　　　古代瓷器工艺品专场　第 404 号

估　　价：RMB 400,000～600,000

成 交 价：RMB 560,000

粉红地粉彩宝相花纹葵口盆奁（一对）

年　　代：清乾隆

款　　识："大清乾隆年制"六字三行金彩篆书款

尺　　寸：高 10.4 厘米

拍卖时间：北京匡时　2008 年 5 月 21 日
　　　　　古代瓷器工艺品专场　第 407 号

估　　价：RMB 150,000~200,000

成 交 价：RMB 168,000

黄地粉彩四力士宝相花纹佛塔

年　　代：清乾隆

尺　　寸：高 39 厘米

拍卖时间：北京保利　2008 年 5 月 30 日
　　　　　明清宫廷艺术夜场　第 2128 号

估　　价：RMB 1,200,000~1,800,000

成 交 价：RMB 2,128,000

松石绿地粉彩花卉多穆壶

年　　代：清乾隆

款　　识："大清乾隆年制"款

尺　　寸：高 45 厘米

拍卖时间：北京保利　2008 年 5 月 30 日
　　　　　明清宫廷艺术夜场　第 2130 号

估　　价：RMB 2,800,000~3,800,000

成 交 价：RMB 6,160,000

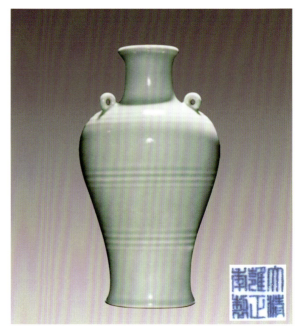

豆青釉三系弦纹梅瓶

年　　代：清雍正

款　　识："大清雍正年制"款

尺　　寸：高 29.5 厘米

拍卖时间：北京保利　2008 年 5 月 30 日
　　　　　明清宫廷艺术夜场　第 2132 号

估　　价：RMB 2,000,000~3,000,000

成 交 价：RMB 4,816,000

斗彩云龙纹天球瓶

年　　代：清雍正

尺　　寸：高 50 厘米

拍卖时间：北京保利　2008 年 5 月 30 日

　　　　　明清宫廷艺术夜场　第 2133 号

估　　价：RMB 800,000~1,200,000

成 交 价：RMB 1,097,600

青花八宝双耳扁瓶

年　　代：清乾隆

款　　识："大清乾隆年制"款

尺　　寸：高 49 厘米

拍卖时间：北京保利　2008 年 5 月 30 日

　　　　　明清宫廷艺术夜场　第 2136 号

估　　价：RMB 3,500,000~4,500,000

成 交 价：RMB 5,656,000

粉彩梅花诗文杯（一对）

年　　代：清道光

款　　识："慎德堂"款

尺　　寸：直径 9 厘米

拍卖时间：北京保利　2008 年 5 月 31 日

　　　　　"缕烟凝香"——酒器、香具官窑玉什　第 2212 号

估　　价：RMB 300,000~500,000

成 交 价：RMB 560,000

粉彩竹纹杯

年　　代：清嘉庆

款　　识："嘉庆年制"款

尺　　寸：直径 5 厘米

拍卖时间：北京保利　2008 年 5 月 31 日

　　　　　"缕烟凝香"——酒器、香具官窑玉什　第 2213 号

估　　价：RMB 10,000~20,000

成 交 价：RMB 33,600

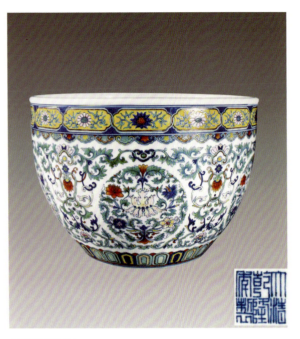

斗彩团花纹卷缸

年　　代：清乾隆

款　　识："大清乾隆年制"款

尺　　寸：直径 33 厘米

拍卖时间：北京保利　2008 年 5 月 31 日

　　　　　"缕烟凝香"——酒器、香具官窑玉什　第 2238 号

估　　价：RMB 2,000,000~3,000,000

成 交 价：RMB 3,976,000

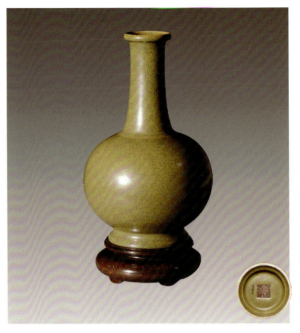

茶叶末釉盘口瓶

年　　代：清

尺　　寸：高 18.4 厘米

拍卖时间：北京匡时　2008 年 12 月 8 日

　　　　　清代宫廷艺术品专场　第 0951 号

估　　价：RMB 300,000~500,000

成 交 价：RMB 548,800

仿哥釉弦纹瓶

年　　代：清

尺　　寸：高 18.6 厘米

拍卖时间：北京匡时　2008 年 12 月 8 日

　　　　　清代宫廷艺术品专场　第 0952 号

估　　价：RMB 600,000~800,000

成 交 价：RMB 1,041,600

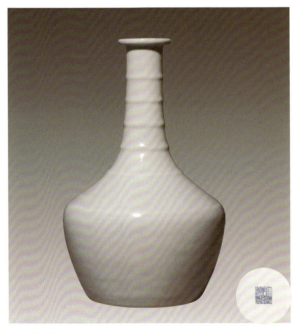

仿汝釉弦纹瓶

年　　代：清

尺　　寸：高 29 厘米

拍卖时间：北京匡时　2008 年 12 月 8 日

　　　　　清代宫廷艺术品专场　第 0953 号

估　　价：RMB 3,500,000~4,500,000

成 交 价：RMB 4,312,000

青花海水八卦纹碗

年　　代：清

尺　　寸：直径 12.2 厘米

拍卖时间：北京匡时　2008 年 12 月 8 日

　　　　　清代宫廷艺术品专场　第 0954 号

估　　价：RMB 400,000～600,000

成 交 价：RMB 448,000

青花缠枝莲托八宝纹洗

年　　代：清

尺　　寸：直径 22.5 厘米

拍卖时间：北京匡时　2008 年 12 月 8 日

　　　　　清代宫廷艺术品专场　第 0956 号

估　　价：RMB 750,000～950,000

成 交 价：RMB 840,000

青花缠枝莲托八宝纹铺首尊

年　　代：清

尺　　寸：高 48.5 厘米

拍卖时间：北京匡时　2008 年 12 月 8 日

　　　　　清代宫廷艺术品专场　第 0955 号

估　　价：RMB 2,000,000～3,000,000

成 交 价：RMB 2,464,000

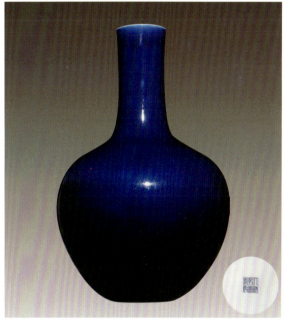

祭蓝釉天球瓶

年　　代：清

尺　　寸：高 62 厘米

拍卖时间：北京匡时　2008 年 12 月 8 日

　　　　　清代宫廷艺术品专场　第 0973 号

估　　价：RMB 2,800,000～3,800,000

成 交 价：RMB 3,136,000

青花八宝纹印盒

年　　代：清

尺　　寸：直径 9.4 厘米

拍卖时间：北京匡时　2008 年 12 月 8 日
　　　　　清代宫廷艺术品专场　第 0975 号

估　　价：RMB 400,000~600,000

成 交 价：RMB 448,000

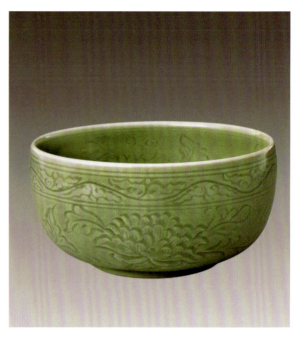

龙泉窑刻花墩式大碗

年　　代：明初

尺　　寸：直径 21 厘米

拍卖时间：中国嘉德　2009 年 5 月 29 日
　　　　　瓷器工艺品　第 1834 号

估　　价：RMB 100,000~150,000

成 交 价：RMB 112,000

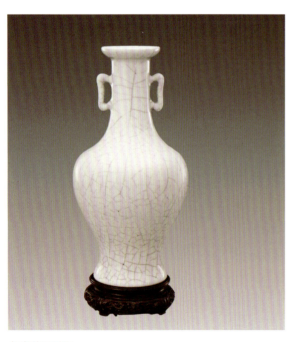

仿官釉双耳瓶

年　　代：清乾隆

款　　识："大清乾隆年制"六字三行篆书款

尺　　寸：高 25 厘米

拍卖时间：中国嘉德　2009 年 5 月 29 日
　　　　　瓷器工艺品　第 1872 号

估　　价：RMB 60,000~80,000

成 交 价：RMB 392,000

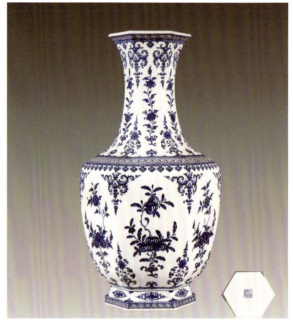

青花折枝花果纹六方瓶

年　　代：清

尺　　寸：高 66.3 厘米

拍卖时间：北京匡时　2008 年 12 月 8 日
　　　　　清代宫廷艺术品专场　第 0974 号

估　　价：RMB 3,800,000~4,800,000

成 交 价：RMB 4,256,000

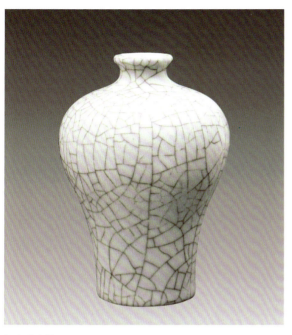

仿官釉小梅瓶

年　　代：清乾隆

款　　识："大清乾隆年制"六字三行篆书款

尺　　寸：高 15.3 厘米

拍卖时间：中国嘉德　2009 年 5 月 29 日

　　　　　瓷器工艺品　第 1874 号

估　　价：RMB 60,000~80,000

成 交 价：RMB 246,400

仿官釉琮式瓶

年　　代：清道光

款　　识："大清道光年制"六字三行篆书款

尺　　寸：高 27.6 厘米

拍卖时间：中国嘉德　2009 年 5 月 29 日

　　　　　瓷器工艺品　第 1876 号

估　　价：RMB 100,000~150,000

成 交 价：RMB 492,800

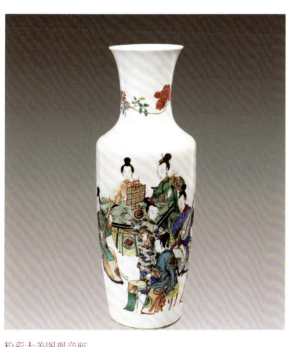

粉彩十美图观音瓶

年　　代：清雍正

尺　　寸：高 46.3 厘米

拍卖时间：中国嘉德　2009 年 5 月 29 日

　　　　　瓷器工艺品　第 1915 号

估　　价：RMB 160,000~200,000

成 交 价：RMB 336,000

松石绿地开光粉彩花卉纹方瓶

年　　代：清嘉庆

款　　识："大清嘉庆年制"六字一行篆书款

尺　　寸：高 19 厘米

拍卖时间：中国嘉德　2009 年 5 月 29 日

　　　　　瓷器工艺品　第 1926 号

估　　价：RMB 120,000~160,000

成 交 价：RMB 224,000

黄地粉彩"佛日长明"花卉纹碗（一对）

年　　代：清嘉庆

款　　识："大清嘉庆年制"六字三行篆书款

尺　　寸：直径 10.2 厘米

拍卖时间：中国嘉德　2009 年 5 月 29 日　瓷器工艺品　第 1927 号

估　　价：RMB 200,000～300,000

成 交 价：RMB 336,000

粉彩三羊开泰图碗（一对）

年　　代：清道光

款　　识："大清道光年制"六字三行篆书款

尺　　寸：直径 10.2 厘米

拍卖时间：中国嘉德　2009 年 5 月 29 日　瓷器工艺品　第 1930 号

估　　价：RMB 250,000～350,000

成 交 价：RMB 403,200

松石绿地粉彩福寿海棠形盘

年　　代：清道光

款　　识："大清道光年制"六字三行篆书款

尺　　寸：长 14.8 厘米

拍卖时间：中国嘉德　2009 年 5 月 29 日

　　　　　瓷器工艺品　第 1933 号

估　　价：RMB 100,000～150,000

成 交 价：RMB 112,000

青花福寿双喜纹碗（一对）

年　　代：清道光

款　　识："大清道光年制"六字三行篆书款

尺　　寸：直径 21 厘米

拍卖时间：中国嘉德　2009 年 5 月 29 日　瓷器工艺品　第 1987 号

估　　价：RMB 60,000~80.00

成 交 价：RMB 145,600

青花松竹梅纹盘（一对）

年　　代：清乾隆

款　　识："大清乾隆年制"六字三行篆书款

尺　　寸：直径 18 厘米

拍卖时间：中国嘉德　2009 年 5 月 29 日　瓷器工艺品　第 1984 号

估　　价：RMB 60,000~80,000

成 交 价：RMB 168,000

茶叶末釉大碗

年　　代：清乾隆

款　　识："大清乾隆年制"六字三行篆书款

尺　　寸：直径 27 厘米

拍卖时间：中国嘉德　2009 年 5 月 29 日

　　　　　瓷器工艺品　第 2129 号

估　　价：RMB 120,000~160,000

成 交 价：RMB 134,400

粉彩仕女纹瓶

年　　代：清

尺　　寸：高 44 厘米

拍卖时间：中国嘉德　2009 年 5 月 29 日

　　　　　瓷器工艺品　第 1935 号

估　　价：RMB 50,000~70,000

成 交 价：RMB 313,600

青花缠枝莲纹铺首尊

年　　代：清乾隆

款　　识："大清乾隆年制"六字三行篆书款

尺　　寸：高 25.2 厘米

拍卖时间：中国嘉德　2009 年 5 月 29 日

　　　　　瓷器工艺品　第 1980 号

估　　价：RMB 300,000~500,000

成 交 价：RMB 336,000

窑变釉云耳瓶

年　　代：清乾隆

款　　识："大清乾隆年制"六字三行篆书款

尺　　寸：高 21.8 厘米

拍卖时间：中国嘉德　2009 年 5 月 29 日

　　　　　瓷器工艺品　第 2097 号

估　　价：RMB 160,000~200,000

成 交 价：RMB 313,600

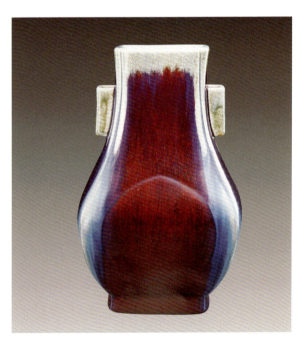

窑变釉贯耳瓶

年　　代：清咸丰

款　　识："大清咸丰年制"六字二行楷书款

尺　　寸：高 30 厘米

拍卖时间：中国嘉德　2009 年 5 月 29 日

　　　　　瓷器工艺品　第 2099 号

估　　价：RMB 120,000~160,000

成 交 价：RMB 313,600

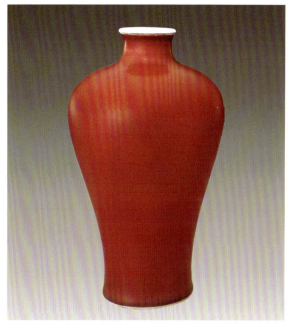

青花缠枝莲纹赏瓶

年　　代：清道光

款　　识："大清道光年制"六字三行篆书款

尺　　寸：高 37 厘米

拍卖时间：中国嘉德　2009 年 5 月 29 日
　　　　　瓷器工艺品　第 1991 号

估　　价：RMB 380,000~580,000

成 交 价：RMB 504,000

祭红釉梅瓶

年　　代：清乾隆

尺　　寸：高 21 厘米

拍卖时间：中国嘉德　2009 年 5 月 29 日
　　　　　瓷器工艺品　第 2094 号

估　　价：RMB 550,000~750,000

成 交 价：RMB 672,000

祭红釉胆瓶

年　　代：清雍正

款　　识："大清雍正年制"六字二行楷书款

尺　　寸：高 16 厘米

拍卖时间：中国嘉德　2009 年 5 月 29 日
　　　　　瓷器工艺品　第 2092 号

估　　价：RMB 400,000~600,000

成 交 价：RMB 448,000

窑变釉贯耳瓶

年　　代：清咸丰

款　　识："大清咸丰年制"六字二行楷书款

尺　　寸：高 30 厘米

拍卖时间：中国嘉德　2009 年 5 月 29 日
　　　　　瓷器工艺品　第 2098 号

估　　价：RMB 120,000~160,000

成 交 价：RMB 336,000

青花红彩花卉纹杯（一对）

年　　代：清雍正

款　　识："大清雍正年制"六字二行楷书款

尺　　寸：直径 8.1 厘米

拍卖时间：中国嘉德　2009 年 5 月 29 日　瓷器工艺品　第 2044 号

估　　价：RMB 350,000~550,000

成 交 价：RMB 392,000

祭红釉盘（一对）

年　　代：清雍正

款　　识："大清雍正年制"六字二行楷书款

尺　　寸：直径 16 厘米

拍卖时间：中国嘉德　2009 年 5 月 29 日　瓷器工艺品　第 2091 号

估　　价：RMB 50,000~70,000

成 交 价：RMB 156,800

墨彩四季花卉图花盆

年　　代：清光绪

款　　识："大雅斋"三字一行楷书款

尺　　寸：直径 18.5 厘米

拍卖时间：中国嘉德　2009 年 5 月 29 日
　　　　　瓷器工艺品　第 1938 号

估　　价：RMB 40,000~60,000

成 交 价：RMB 201,600

柠檬黄釉杯（一对）

年　　代：清雍正

款　　识："大清雍正年制"六字二行楷书款

尺　　寸：直径 10.3 厘米

拍卖时间：中国嘉德　2009 年 5 月 29 日　瓷器工艺品　第 2132 号

估　　价：RMB 350,000~450,000

成 交 价：RMB 638,400

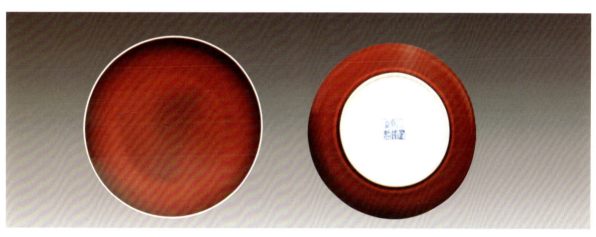

祭红釉盘（一对）

年　　代：清乾隆

款　　识："大清乾隆年制"六字三行篆书款

尺　　寸：直径 16.3 厘米

拍卖时间：中国嘉德　2009 年 5 月 29 日　瓷器工艺品　第 2093 号

估　　价：RMB 20,000~30,000

成 交 价：RMB 47,040

青花人物纹大罐

年　　代：清

尺　　寸：高 39 厘米

拍卖时间：中国嘉德　2009 年 5 月 29 日

　　　　　瓷器工艺品　第 2034 号

估　　价：RMB 180,000~280,000

成 交 价：RMB 201,600

五彩福禄寿三星棒槌瓶

年　　代：清康熙

尺　　寸：高 46 厘米

拍卖时间：中国嘉德　2009 年 5 月 29 日

　　　　　瓷器工艺品　第 1813 号

估　　价：RMB 150,000~200,000

成 交 价：RMB 168,000

釉里红山水人物图方瓶

年　　代：清道光

款　　识："道光年制"四字篆书横款

尺　　寸：高 30.5 厘米

拍卖时间：中国嘉德　2009 年 5 月 29 日

　　　　　瓷器工艺品　第 2007 号

估　　价：RMB 80,000~120,000

成 交 价：RMB 459,200

青花花果纹碗（一对）

年　　代：清乾隆

款　　识："大清乾隆年制"六字三行篆书款

尺　　寸：直径 15.3 厘米

拍卖时间：中国嘉德　2009 年 5 月 29 日

　　　　　瓷器工艺品　第 1977 号

估　　价：RMB 45,000~65,000

成 交 价：RMB 103,040

斗彩花卉纹盘

年　　代：清雍正

款　　识："大清雍正年制"六字二行楷书款

尺　　寸：直径 20.8 厘米

拍卖时间：中国嘉德　2009 年 5 月 29 日
　　　　　瓷器工艺品　第 1801 号

估　　价：RMB 50,000~70,000

成 交 价：RMB 190,400

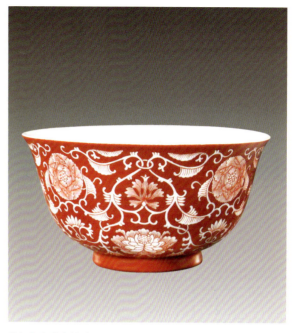

矾红留白花卉纹碗

年　　代：清乾隆

款　　识："大清乾隆年制"六字三行篆书款

尺　　寸：直径 13 厘米

拍卖时间：中国嘉德　2009 年 5 月 29 日
　　　　　瓷器工艺品　第 2050 号

估　　价：RMB 50,000~70,000

成 交 价：RMB 134,400

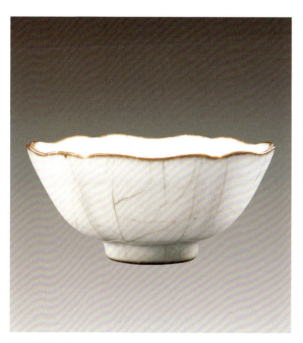

仿官釉花口碗

年　　代：清乾隆

款　　识："乾隆年制"四字二行篆书款

尺　　寸：直径 12 厘米

拍卖时间：中国嘉德　2009 年 5 月 29 日
　　　　　瓷器工艺品　第 1871 号

估　　价：RMB 40,000~60,000

成 交 价：RMB 112,000

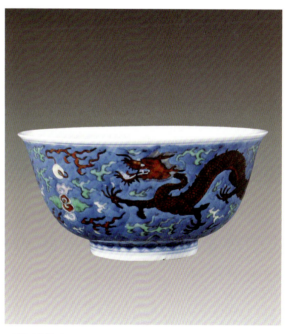

五彩云龙纹碗

年　　代：清康熙

款　　识："大清康熙年制"六字二行楷书款

尺　　寸：直径 14.1 厘米

拍卖时间：中国嘉德　2009 年 5 月 29 日
　　　　　瓷器工艺品　第 1812 号

估　　价：RMB 100,000~150,000

成 交 价：RMB 224,000

紫砂书扁式壶

年　　代：清乾隆
款　　识：壶底所钤"大清乾隆年制"六字阳文印款
尺　　寸：宽 16.8 厘米
拍卖时间：中国嘉德　2009 年 5 月 29 日
　　　　　紫泥菁英——紫砂古器遗珍贵　第 1768 号
估　　价：RMB 60,000～80,000
成 交 价：RMB 123,200

许龙文制紫泥梨皮方壶

年　　代：清初
款　　识：壶底有"德素轩""许龙文制"篆书印款
尺　　寸：宽 14 厘米
拍卖时间：中国嘉德　2009 年 5 月 29 日
　　　　　紫泥菁英——紫砂古器遗珍贵　第 1761 号
估　　价：RMB 35,000～55,000
成 交 价：RMB 179,200

朱泥贴花祥瑞图方壶

年　　代：清康熙
尺　　寸：宽 13.9 厘米
拍卖时间：中国嘉德　2009 年 5 月 29 日
　　　　　紫泥菁英——紫砂古器遗珍贵　第 1752 号
估　　价：RMB 60,000～80,000
成 交 价：RMB 100,800

杨季元泥绘山水花鸟图紫砂瓶

年　　代：清乾隆
款　　识：器腹下部一边有"杨季元"篆书印章款
尺　　寸：高 22 厘米
拍卖时间：中国嘉德　2009 年 5 月 29 日
　　　　　紫泥菁英——紫砂古器遗珍贵　第 1767 号
估　　价：RMB 35,000～55,000
成 交 价：RMB 336,000

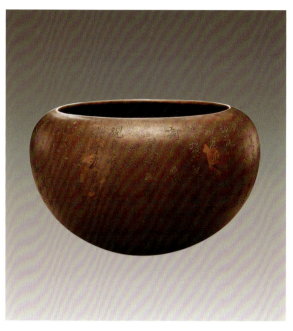

紫泥刻波罗密多心经佛钵

年　　代：清雍正

尺　　寸：直径 16 厘米

拍卖时间：中国嘉德　2009 年 5 月 29 日

　　　　　紫泥菁英——紫砂古器遗珍贵　第 1791 号

估　　价：RMB 100,000~150,000

成 交 价：RMB 784,000

杨彭年制紫泥子冶石瓢壶

年　　代：清道光

款　　识：壶底"壶公冶父"四字篆书阳文印款

尺　　寸：宽 15 厘米

拍卖时间：中国嘉德　2009 年 5 月 29 日

　　　　　紫泥菁英——紫砂古器遗珍贵　第 1769 号

估　　价：RMB 350,000~450,000

成 交 价：RMB 392,000

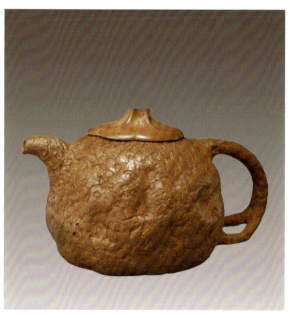

黄玉麟制仿供春树瘿壶

年　　代：清晚期

款　　识：盖内"玉麟"二字篆书阳文款

尺　　寸：宽 19 厘米

拍卖时间：中国嘉德　2009 年 5 月 29 日

　　　　　紫泥菁英——紫砂古器遗珍贵　第 1782 号

估　　价：RMB 150,000~250,000

成 交 价：RMB 291,200

朱泥镂空雕梅花纹梨形壶

年　　代：清初

尺　　寸：宽 14.5 厘米

拍卖时间：中国嘉德　2009 年 5 月 29 日

　　　　　紫泥菁英——紫砂古器遗珍贵　第 1766 号

估　　价：RMB 50,000~70,000

成 交 价：RMB 106,400

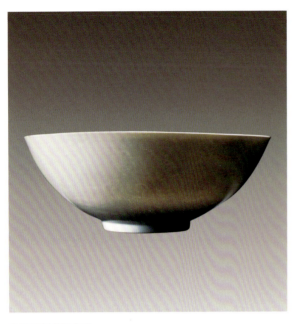

白釉暗刻龙纹大碗
年　　代：清雍正
款　　识："大清雍正年制"款
尺　　寸：直径 26 厘米
拍卖时间：北京保利　2009 年 5 月 29 日
　　　　　中国元明清宫廷艺术——古董夜场　第 1365 号
估　　价：RMB 600,000~800,000
成 交 价：RMB 806,400

仿汝釉三足花口洗
年　　代：清雍正
款　　识："大清雍正年制"款
尺　　寸：直径 21 厘米
拍卖时间：北京保利　2009 年 5 月 29 日
　　　　　中国元明清宫廷艺术——古董夜场　第 1369 号
估　　价：RMB 1,000,000~1,500,000
成 交 价：RMB 1,344,000

仿官釉琮式方瓶
年　　代：清乾隆
款　　识："大清乾隆年制"款
尺　　寸：高 27.5 厘米
拍卖时间：北京保利　2009 年 5 月 29 日
　　　　　中国元明清宫廷艺术——古董夜场　第 1371 号
估　　价：RMB 800,000~1,200,000
成 交 价：RMB 896,000

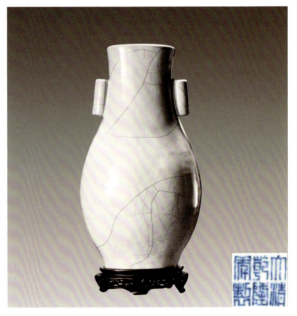

仿官釉贯耳瓶
年　　代：清乾隆
款　　识："大清乾隆年制"款
尺　　寸：高 36 厘米
拍卖时间：北京保利　2009 年 5 月 29 日
　　　　　中国元明清宫廷艺术——古董夜场　第 1370 号
估　　价：RMB 2,000,000~3,000,000
成 交 价：RMB 3,248,000

胭脂红地粉彩花卉花口花盆

年　　代：清乾隆

款　　识："大清乾隆年制"款

尺　　寸：直径 19.4 厘米

拍卖时间：北京保利　2009 年 5 月 29 日

　　　　　中国元明清宫廷艺术——古董夜场　第 1373 号

估　　价：RMB 1,600,000~2,600,000

成 交 价：RMB 2,016,000

五彩人物图盘（两只）

年　　代：清康熙

尺　　寸：直径 15.2 厘米

拍卖时间：中国嘉德　2009 年 11 月 21 日

　　　　　瓷器工艺品　第 1805 号

估　　价：RMB 80,000~100,000

成 交 价：RMB 145,600

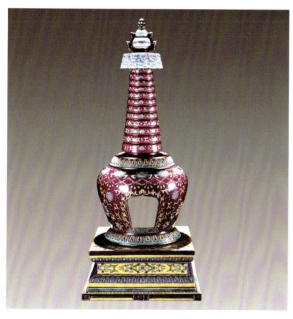

胭脂红地粉彩佛塔

年　　代：清乾隆

尺　　寸：高 46 厘米

拍卖时间：北京保利　2009 年 5 月 29 日

　　　　　中国元明清宫廷艺术——古董夜场　第 1351 号

估　　价：RMB 800,000~1,200,000

成 交 价：RMB 2,408,000

珊瑚红地粉彩玉兰壁瓶

年　　代：清乾隆

尺　　寸：高 32 厘米

拍卖时间：北京保利　2009 年 5 月 29 日

　　　　　中国元明清宫廷艺术——古董夜场　第 1372 号

估　　价：RMB 500,000~600,000

成 交 价：RMB 616,000

斗彩夔凤纹盘

年　　代：清乾隆

款　　识："大清乾隆年制"六字三行篆书款

尺　　寸：直径19.5厘米

拍卖时间：中国嘉德　2009年11月21日

　　　　　瓷器工艺品　第1814号

估　　价：RMB 150,000~200,000

成 交 价：RMB 235,200

斗彩莲托梵文杯

年　　代：清雍正

款　　识："大清雍正年制"六字二行楷书款

尺　　寸：高6厘米

拍卖时间：中国嘉德　2009年11月21日

　　　　　瓷器工艺品　第1811号

估　　价：RMB 280,000~380,000

成 交 价：RMB 336,000

五彩玉兰花杯

年　　代：清康熙

款　　识："大清康熙年制"六字二行楷书款

尺　　寸：高6.6厘米

拍卖时间：中国嘉德　2009年11月21日

　　　　　瓷器工艺品　第1806号

估　　价：RMB 160,000~200,000

成 交 价：RMB 179,200

五彩龙凤纹碗（一对）

年　　代：清乾隆

款　　识："大清乾隆年制"六字三行篆书款

尺　　寸：直径16厘米

拍卖时间：中国嘉德　2009年11月21日

　　　　　瓷器工艺品　第1808号

估　　价：RMB 80,000~100,000

成 交 价：RMB 302,400

五彩龙凤纹碗（一对）
年　　代：清雍正
款　　识："大清雍正年制"六字二行楷书款
尺　　寸：直径15厘米
拍卖时间：中国嘉德　2009年11月21日　瓷器工艺品　第1809号
估　　价：RMB 350,000~550,000
成 交 价：RMB 1,344,000

斗彩花卉纹碗（一对）

年　　代：清乾隆

款　　识："大清乾隆年制"六字三行篆书款

尺　　寸：直径 15.5 厘米

拍卖时间：中国嘉德　2009 年 11 月 21 日
　　　　　瓷器工艺品　第 1815 号

估　　价：RMB 150,000~200,000

成 交 价：RMB 224,000

青花缠枝莲纹折沿洗

年　　代：清乾隆

尺　　寸：直径 33.5 厘米

拍卖时间：中国嘉德　2009 年 11 月 21 日
　　　　　瓷器工艺品　第 1840 号

估　　价：RMB 150,000~200,000

成 交 价：RMB 1,008,000

青花莲托梵文小杯（一对）

年　　代：清雍正

款　　识："大清雍正年制"六字二行楷书款

尺　　寸：直径 9.3 厘米

拍卖时间：中国嘉德　2009 年 11 月 21 日
　　　　　瓷器工艺品　第 1836 号

估　　价：RMB 350,000~550,000

成 交 价：RMB 403,200

青花缠枝花卉折沿洗

年　　代：清乾隆

款　　识："大清乾隆年制"六字三行篆书款

尺　　寸：直径 25 厘米

拍卖时间：中国嘉德　2009 年 11 月 21 日
　　　　　瓷器工艺品　第 1845 号

估　　价：RMB 800,000~1,000,000

成 交 价：RMB 896,000

青花缠枝莲托八宝烛台

年　　代：清嘉庆

款　　识："大清嘉庆年制"六字一行篆书款

尺　　寸：高 38 厘米

拍卖时间：中国嘉德　2009 年 11 月 21 日
　　　　　　瓷器工艺品　第 1846 号

估　　价：RMB 250,000~350,000

成 交 价：RMB 392,000

祭红釉长颈瓶

年　　代：清乾隆

款　　识："大清乾隆年制"六字三行篆书款

尺　　寸：高 34 厘米

拍卖时间：中国嘉德　2009 年 11 月 21 日
　　　　　　瓷器工艺品　第 1878 号

估　　价：RMB 120,000~160,000

成 交 价：RMB 448,000

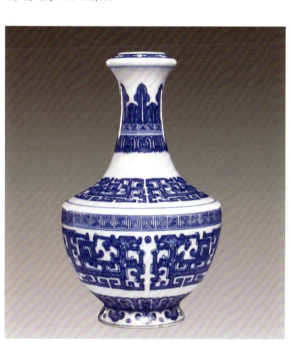

青花夔龙纹盖碗尊

年　　代：清乾隆

款　　识："大清乾隆年制"六字三行篆书款

尺　　寸：高 19.3 厘米

拍卖时间：中国嘉德　2009 年 11 月 21 日
　　　　　　瓷器工艺品　第 1844 号

估　　价：RMB 450,000~650,000

成 交 价：RMB 504,000

窑变釉贯耳瓶

年　　代：清乾隆

款　　识："大清乾隆年制"六字三行篆书款

尺　　寸：高 29.7 厘米

拍卖时间：中国嘉德　2009 年 11 月 21 日
　　　　　　瓷器工艺品　第 1883 号

估　　价：RMB 120,000~160,000

成 交 价：RMB 313,600

窑变釉灵芝形花插

年　　代：清乾隆

尺　　寸：高 34 厘米

拍卖时间：中国嘉德　2009 年 11 月 21 日
　　　　　　瓷器工艺品　第 1885 号

估　　价：RMB 350,000~550,000

成 交 价：RMB 392,000

仿汝釉八方瓶

年　　代：清乾隆

款　　识："大清乾隆年制"六字三行篆书款

尺　　寸：高 33.4 厘米

拍卖时间：中国嘉德　2009 年 11 月 21 日
　　　　　　瓷器工艺品　第 1963 号

估　　价：RMB 350,000~550,000

成 交 价：RMB 806,400

瓜皮绿釉罐

年　　代：清康熙

款　　识："大清康熙年制"六字二行楷书款

尺　　寸：高 27.5 厘米

拍卖时间：中国嘉德　2009 年 11 月 21 日
　　　　　　瓷器工艺品　第 1918 号

估　　价：RMB 480,000~680,000

成 交 价：RMB 560,000

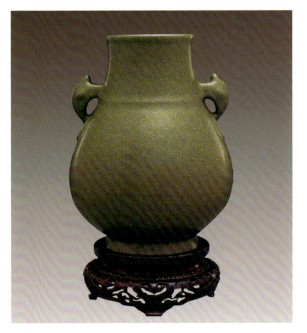

茶叶末釉鸠耳瓶

年　　代：清乾隆

款　　识："大清乾隆年制"

尺　　寸：高 16 厘米

拍卖时间：中国嘉德　2009 年 11 月 21 日
　　　　　　瓷器工艺品　第 1917 号

估　　价：RMB 800,000~1,200,000

成 交 价：RMB 1,792,000

粉彩山水图百鹿尊

年　　代：清乾隆

款　　识："大清乾隆年制"六字三行篆书款

尺　　寸：高 44.5 厘米

拍卖时间：中国嘉德　2009 年 11 月 21 日

　　　　　瓷器工艺品　第 1850 号

估　　价：RMB 1,700,000~2,200,000

成 交 价：RMB 4,424,000

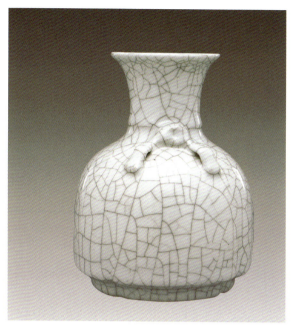

仿哥釉包袱瓶

年　　代：清乾隆

款　　识："大清乾隆年制"六字三行篆书款

尺　　寸：高 16.5 厘米

拍卖时间：中国嘉德　2009 年 11 月 21 日

　　　　　瓷器工艺品　第 1959 号

估　　价：RMB 150,000~200,000

成 交 价：RMB 694,400

仿哥釉琮式瓶

年　　代：清乾隆

款　　识："大清乾隆年制"六字三行篆书款

尺　　寸：高 28 厘米

拍卖时间：中国嘉德　2009 年 11 月 21 日

　　　　　瓷器工艺品　第 1961 号

估　　价：RMB 200,000~300,000

成 交 价：RMB 313,600

粉彩五伦图棒槌瓶

年　　代：清雍正

尺　　寸：高 75 厘米

拍卖时间：中国嘉德　2009 年 11 月 21 日

　　　　　瓷器工艺品　第 1947 号

估　　价：RMB 150,000~200,000

成 交 价：RMB 694,400

青花山水人物图棒槌瓶

年　　代：清康熙

尺　　寸：高 47.5 厘米

拍卖时间：中国嘉德　2009 年 11 月 21 日
　　　　　瓷器工艺品　第 2029 号

估　　价：RMB 350,000~550,000

成 交 价：RMB 526,400

仿龙泉青釉龙凤纹小天球瓶

年　　代：清雍正

尺　　寸：高 29.5 厘米

拍卖时间：中国嘉德　2009 年 11 月 21 日
　　　　　瓷器工艺品　第 1966 号

估　　价：RMB 300,000~500,000

成 交 价：RMB 694,400

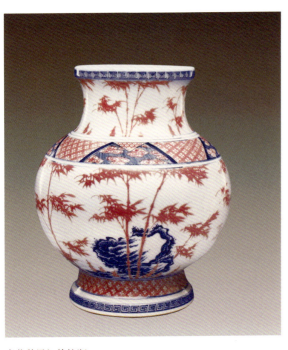

青花釉里红竹纹瓶

年　　代：清乾隆

款　　识："大清乾隆年制"六字三行篆书款

尺　　寸：高 29 厘米

拍卖时间：中国嘉德　2009 年 11 月 21 日
　　　　　瓷器工艺品　第 2056 号

估　　价：RMB 800,000~1,200,000

成 交 价：RMB 784,000

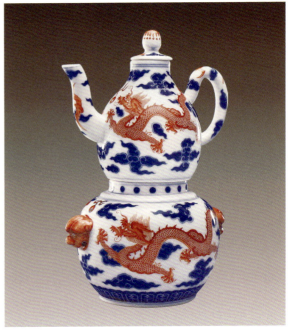

青花红彩云龙纹温酒壶

年　　代：清乾隆

款　　识："养和堂制"四字二行楷书款

尺　　寸：高 19.2 厘米

拍卖时间：中国嘉德　2009 年 11 月 21 日
　　　　　瓷器工艺品　第 2055 号

估　　价：RMB 200,000~300,000

成 交 价：RMB 515,200

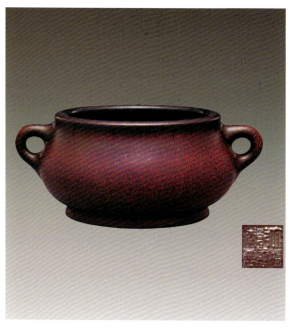

铁锈花釉双耳炉

年　　代：清乾隆

款　　识："大清乾隆年制"六字三行篆书款

尺　　寸：直径 16 厘米

拍卖时间：中国嘉德　2009 年 11 月 21 日

　　　　　瓷器工艺品　第 1965 号

估　　价：RMB 350,000~550,000

成 交 价：RMB 392,000

胭脂红地梅竹图碗

年　　代：清中期

款　　识："彩秀堂制"四字二行楷书双框款

尺　　寸：直径 9.6 厘米

拍卖时间：北京诚轩　2009 年 11 月 22 日

　　　　　瓷器工艺品　第 4 号

估　　价：RMB 50,000~70,000

成 交 价：RMB 896,000

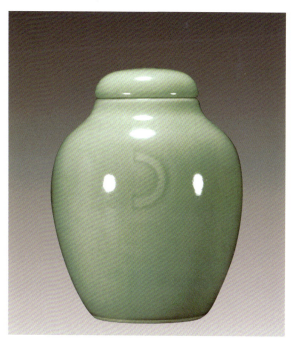

粉彩七珍八宝纹碗（一对）

年　　代：清道光

款　　识："土默特右翼旗"蒙文双框款

尺　　寸：直径 14.2 厘米

拍卖时间：北京诚轩　2009 年 11 月 22 日

　　　　　瓷器工艺品　第 5 号

估　　价：RMB 80,000~100,000

成 交 价：RMB 145,600

豆青釉日月盖罐

年　　代：清道光

款　　识："大清道光年制"六字三行篆书款

尺　　寸：高 21.4 厘米

拍卖时间：北京诚轩　2009 年 11 月 22 日

　　　　　瓷器工艺品　第 7 号

估　　价：RMB 60,000~70,000

成 交 价：RMB 123,200

白釉暗刻菊花纹三足洗

年　　代：清乾隆
款　　识："大清乾隆年制"六字三行篆书款
尺　　寸：直径12.5厘米
拍卖时间：北京诚轩　2009年11月22日
　　　　　瓷器工艺品　第10号
估　　价：RMB 400,000~500,000
成 交 价：RMB 1,008,000

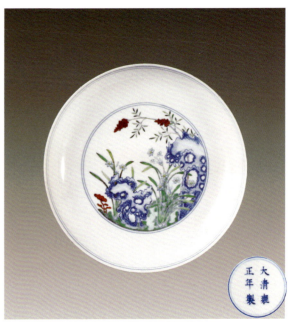

斗彩灵仙祝寿图盘

年　　代：清雍正
款　　识："大清雍正年制"六字二行楷书款
尺　　寸：直径20.8厘米
拍卖时间：北京诚轩　2009年11月22日
　　　　　瓷器工艺品　第27号
估　　价：RMB 1,200,000~1,500,000
成 交 价：RMB 1,792,000

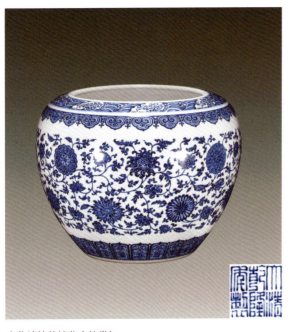

青花缠枝什锦花卉纹卷缸

年　　代：清乾隆
款　　识："大清乾隆年制"六字三行篆书款
尺　　寸：直径47厘米、高36.3厘米
拍卖时间：北京诚轩　2009年11月22日
　　　　　瓷器工艺品　第18号
估　　价：RMB 3,500,000~4,000,000
成 交 价：RMB 6,720,000

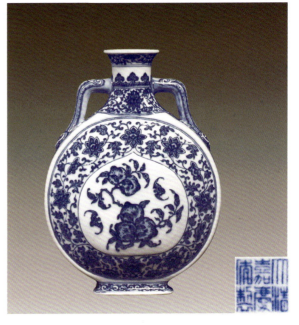

青花开光福寿纹如意耳扁瓶

年　　代：清嘉庆
款　　识："大清嘉庆年制"六字三行篆书款
尺　　寸：高24.5厘米
拍卖时间：北京诚轩　2009年11月22日
　　　　　瓷器工艺品　第15号
估　　价：RMB 500,000~600,000
成 交 价：RMB 1,568,000

蓝釉浮雕祥云双龙纹天球瓶

年　　代：清雍正／乾隆

尺　　寸：高 54.5 厘米

拍卖时间：北京诚轩　2009 年 11 月 22 日

　　　　　瓷器工艺品　第 31 号

估　　价：RMB 1,600,000~2,000,000

成 交 价：RMB 4,536,000

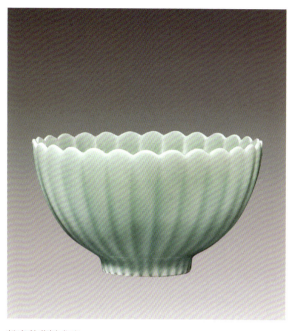

粉青釉菊瓣式碗

年　　代：清雍正

款　　识："大清雍正年制"六字二行楷书款

尺　　寸：直径 18.5 厘米

拍卖时间：北京诚轩　2009 年 11 月 22 日

　　　　　瓷器工艺品　第 33 号

估　　价：RMB 300,000~400,000

成 交 价：RMB 448,000

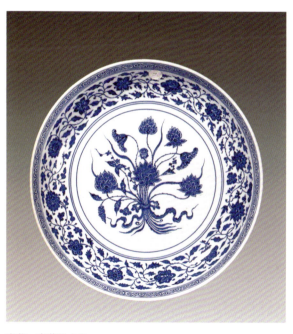

青花一束莲纹大盘

年　　代：清雍正

款　　识："大清雍正年制"六字二行楷书款

尺　　寸：直径 34.7 厘米

拍卖时间：北京诚轩　2009 年 11 月 22 日

　　　　　瓷器工艺品　第 28 号

估　　价：RMB 500,000~600,000

成 交 价：RMB 560,000

青花梵文碗（一对）

年　　代：清雍正

款　　识："大明成化年制"六字二行楷书双方框款

尺　　寸：直径 10 厘米

拍卖时间：北京诚轩　2009 年 11 月 22 日

　　　　　瓷器工艺品　第 29 号

估　　价：RMB 80,000~100,000

成 交 价：RMB 201,600

釉里三彩刻花云龙纹百筋罐
年　　代：清康熙
尺　　寸：直径 26.7、高 17 厘米
拍卖时间：北京诚轩　2009 年 11 月 22 日
　　　　　瓷器工艺品　第 40 号
估　　价：RMB 100,000~120,000
成 交 价：RMB 784,000

五彩花鸟图菱花式花盆
年　　代：清康熙
款　　识："大清康熙年制"六字单行楷书款
尺　　寸：36.6 厘米 ×32.4 厘米 ×18.5 厘米
拍卖时间：北京诚轩　2009 年 11 月 22 日
　　　　　瓷器工艺品　第 43 号
估　　价：RMB 120,000~150,000
成 交 价：RMB 358,400

青花缠枝连托八宝纹壶
年　　代：清乾隆
款　　识："大清乾隆年制"款
尺　　寸：高 21 厘米
拍卖时间：北京保利　2009 年 12 月 21 日
　　　　　中国陶瓷、工艺品　第 2173 号
估　　价：RMB 1,000,000~1,500,000
成 交 价：RMB 1,232,000

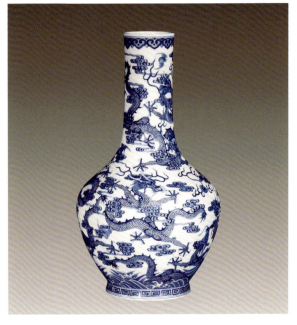

青花云龙纹直颈瓶
年　　代：清
款　　识："大清乾隆年制"款
尺　　寸：高 31 厘米
拍卖时间：北京保利　2009 年 12 月 21 日
　　　　　中国陶瓷、工艺品　第 2177 号
估　　价：RMB 80,000~120,000
成 交 价：RMB 728,000

青花折枝花卉棒槌瓶

年　　代：清
款　　识："大清乾隆年制"款
尺　　寸：高 31 厘米
拍卖时间：北京保利　2009 年 12 月 21 日
　　　　　中国陶瓷、工艺品　第 2309 号
估　　价：RMB 120,000~180,000
成 交 价：RMB 336,000

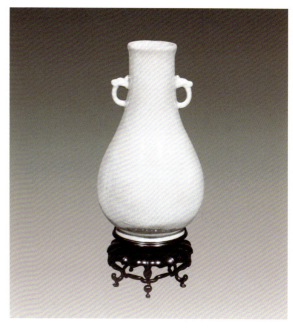

仿汝釉双龙耳尊

年　　代：清雍正
款　　识："大清雍正年制"款
尺　　寸：高 31 厘米
拍卖时间：北京保利　2009 年 12 月 21 日
　　　　　中国陶瓷、工艺品　第 2270 号
估　　价：RMB 400,000~600,000
成 交 价：RMB 448,000

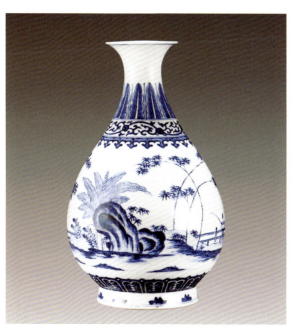

青花芭蕉竹石玉壶春瓶

年　　代：清道光
款　　识："大清道光年制"款
尺　　寸：高 30 厘米
拍卖时间：北京保利　2009 年 12 月 21 日
　　　　　中国陶瓷、工艺品　第 2182 号
估　　价：RMB 400,000~600,000
成 交 价：RMB 672,000

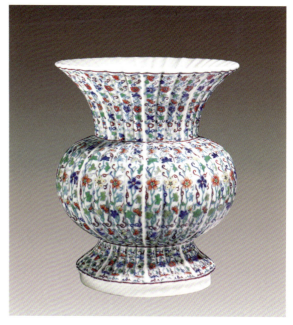

斗彩花卉纹尊

年　　代：清雍正
款　　识："大明成化年制"款
尺　　寸：高 25.9 厘米
拍卖时间：纽约佳士得　2009 年 3 月 18 日—19 日
　　　　　中国瓷器、工艺品　第 560 号
估　　价：USD 100,000~150,000
成 交 价：USD 1,818,500

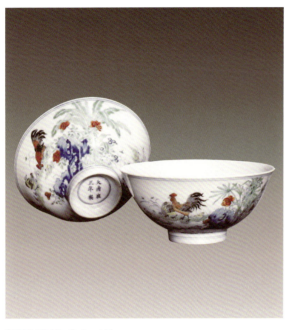

御制斗彩鸡缸碗（一对）

年　　代：清雍正

款　　识："大清雍正年制"款

尺　　寸：直径 15.3 厘米

拍卖时间：伦敦佳士得　2009 年 5 月 12 日

　　　　　中国瓷器及外销工艺品　第 166 号

估　　价：GBP 150,000~250,000

成 交 价：GBP 1,721,250

青花釉里红海水"太极八卦"图三弦莱菔尊

年　　代：清雍正

款　　识："大清雍正年制"款

尺　　寸：高 18 厘米

拍卖时间：香港苏富比　2009 年 4 月 8 日

　　　　　中国瓷器、工艺品　第 1602 号

估　　价：HKD 5,000,000~8,000,000

成 交 价：HKD 9,020,000

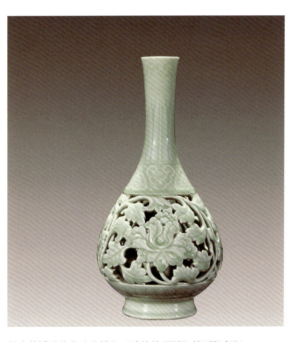

粉青釉浮雕芭蕉叶纹镂空"缠枝牡丹图"长颈胆套瓶

年　　代：清乾隆

款　　识："大清乾隆年制"款

尺　　寸：高 31.8 厘米

拍卖时间：香港苏富比　2009 年 4 月 8 日

　　　　　玲珑八宝——欧洲私人清宫御瓷收藏专场

　　　　　第 1603 号

估　　价：HKD 15,000,000~20,000,000

成 交 价：HKD 47,700,000

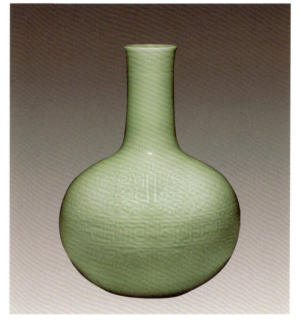

粉青釉饕餮纹天球瓶

年　　代：清乾隆

款　　识："大清乾隆年制"六字篆书款

尺　　寸：高 54 厘米

拍卖时间：香港佳士得　2009 年 5 月 27 日

　　　　　中国宫廷御制艺术精品及重要中国瓷器及工艺精品

　　　　　第 1829 号

估　　价：HKD 2,000,000~3,000,000

成 交 价：HKD 26,420,000

青花花卉纹双龙尊

年　　代：清乾隆

款　　识："大清乾隆年制"六字篆书款

尺　　寸：高 32.4 厘米

拍卖时间：香港佳士得 2009 月 5 月 27 日 中国宫廷御制艺术
　　　　　精品及重要中国瓷器及工艺精品　第 1830 号

成 交 价：RMB 29,780,000

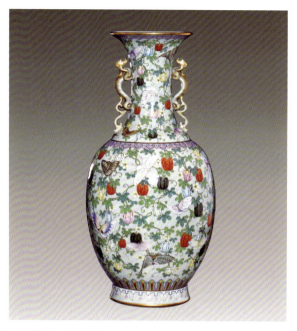

粉青地粉彩"瓜瓞绵绵"图金彩双螭耳撇口瓶

年　　代：清乾隆

款　　识："大清雍正年制"款

尺　　寸：高 53.2 厘米

拍卖时间：香港苏富比　2009 年 10 月 8 日
　　　　　中国瓷器、工艺品　第 1609 号

估　　价：HKD 12,000,000~15,000,000

成 交 价：HKD 21,380,000

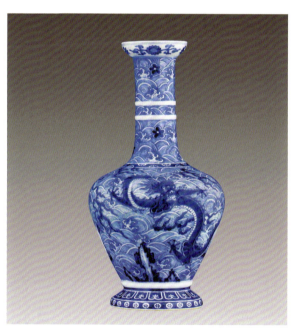

青花海水龙纹长颈盘口瓶

年　　代：清雍正

款　　识："大清雍正年制"双圈双行六字楷书款

尺　　寸：高 27.5 厘米

拍卖时间：香港佳士得　2009 年 5 月 27 日
　　　　　中国宫廷御制艺术精品及重要中国瓷器及工艺精品
　　　　　第 1825 号

估　　价：RMB 12,000,000~18,000,000

成 交 价：RMB 30,900,000

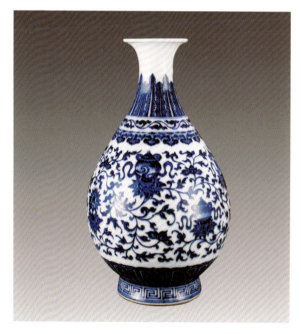

青花缠枝莲托八宝小玉壶春

年　　代：清

款　　识："大清乾隆年制"款

尺　　寸：高 22.4 厘米

拍卖时间：北京保利　2010 年 3 月 19 日瓷器、玉器、砚、印
　　　　　第 532 号

估　　价：RMB 80,000~120,000

成 交 价：RMB 448,000

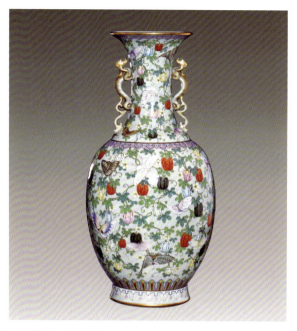

粉青暗刻青花花卉抱月瓶

年　　代：清乾隆

款　　识："大清乾隆年制"篆书款

尺　　寸：高 50.4 厘米

拍卖时间：北京翰海　2009 年 11 月 11 日

　　　　　清代宫廷御用　第 3310 号

估　　价：RMB 8,000,000~12,000,000

成 交 价：RMB 13,552,000

青花海水红彩龙纹八吉祥如意耳葫芦瓶

年　　代：清乾隆

款　　识："大清乾隆年制"款

尺　　寸：高 39 厘米

拍卖时间：北京翰海　2009 年 11 月 11 日

　　　　　清代宫廷御用　第 3312 号

成 交 价：RMB 83,440,000

斗彩吉庆有余婴戏图罐

年　　代：清乾隆

款　　识："大清乾隆年制"六字篆书款

尺　　寸：高 9.2 厘米

拍卖时间：香港佳士得　2009 年 12 月 1 日

　　　　　重要中国瓷器及工艺精品

估　　价：HKD 3,000,000~5,000,000

成 交 价：HKD 18,580,000

青花缠枝莲钵

年　　代：清乾隆

尺　　寸：直径 26 厘米

拍卖时间：北京保利　2010 年 3 月 19 日

　　　　　瓷器、玉器、砚、印　第 308 号

成 交 价：RMB 336,000

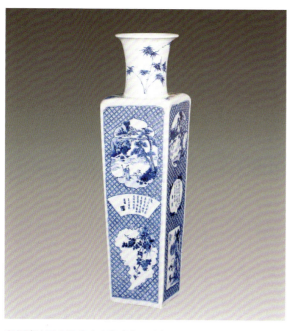

青花锦地开光诗文山水花卉纹四方瓶

年　　代：清康熙
款　　识："大清康熙年制"款
尺　　寸：高 55 厘米
拍卖时间：北京保利　2010 年 3 月 19 日
　　　　　瓷器、玉器、砚、印　第 313 号
估　　价：RMB 350,000~550,000
成 交 价：RMB 448,000

斗彩鸡纹笔筒

年　　代：清
款　　识："大清乾隆年制"款
尺　　寸：高 15 厘米
拍卖时间：北京保利　2010 年 3 月 19 日
　　　　　瓷器、玉器、砚、印　第 520 号
估　　价：RMB 40,000~60,000
成 交 价：RMB 246,400

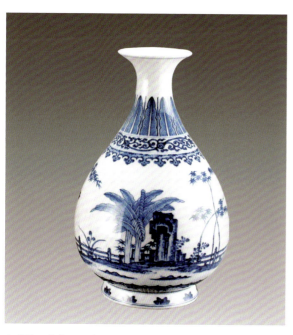

青花竹石芭蕉玉壶春瓶

年　　代：清
款　　识："大清乾隆年制"款
尺　　寸：高 29 厘米
拍卖时间：北京保利　2010 年 3 月 19 日
　　　　　瓷器、玉器、砚、印　第 529 号
估　　价：RMB 150,000~200,000
成 交 价：RMB 470,400

青花釉里红瑞兽瑞果双蝶耳铺首尊

年　　代：清乾隆
款　　识："大明嘉靖年制"款
尺　　寸：高 41 厘米
拍卖时间：北京保利　2010 年 3 月 19 日
　　　　　瓷器、玉器、砚、印　第 526 号
估　　价：RMB 600,000~800,000
成 交 价：RMB 806,400

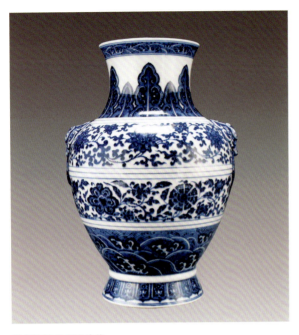

青花缠枝花卉铺首尊

年　　代：清

款　　识："大清乾隆年制"款

尺　　寸：高 25 厘米

拍卖时间：北京保利　2010年3月19日

　　　　　瓷器、玉器、砚、印　第539号

估　　价：RMB 100,000~120,000

成 交 价：RMB 392,000

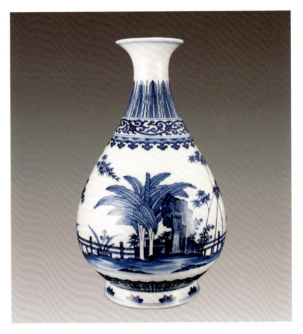

青花竹石芭蕉玉壶春

年　　代：清道光

款　　识："大清道光年制"款

尺　　寸：高 27 厘米

拍卖时间：北京保利　2010年3月19日

　　　　　瓷器、玉器、砚、印　第543号

估　　价：RMB 60,000~80,000

成 交 价：RMB 392,000

五彩"三英战吕布"筒瓶

年　　代：清康熙

款　　识："大明成化年制"款

尺　　寸：高 42 厘米

拍卖时间：北京保利　2010年3月19日

　　　　　暖日春烟——瓷玉雅玩专场　第55号

估　　价：RMB 200,000~300,000

成 交 价：RMB 313,600

青花鱼化龙高足盘

年　　代：清乾隆

款　　识："大清乾隆年制"款

尺　　寸：直径 32 厘米

拍卖时间：北京保利　2010年3月19日

　　　　　暖日春烟——瓷玉雅玩专场　第34号

估　　价：RMB 350,000~550,000

成 交 价：RMB 537,600

青花缠枝莲双耳尊

年　　代：清乾隆

尺　　寸：高 45.1 厘米

拍卖时间：中国嘉德　2010 年 5 月 15 日

　　　　　气象堂皇——宫廷艺术集萃　第 2214 号

估　　价：RMB 3,500,000~4,500,000

成 交 价：RMB 4,704,000

青花缠枝花卉御题诗烛台

年　　代：清乾隆

款　　识："乾隆年制"四字篆书款

尺　　寸：高 22 厘米

拍卖时间：华辰拍卖　2010 年 5 月 15 日

　　　　　瓷器、玉器、工艺品第 1218 号

估　　价：RMB 1,200,000~1,800,000

成 交 价：RMB 1,680,000

青花矾红云龙纹碗

年　　代：清康熙

款　　识："大清康熙年制"六字三行篆书款

尺　　寸：直径 18 厘米

拍卖时间：华辰拍卖　2010 年 5 月 15 日

　　　　　瓷器、玉器、工艺品　第 1210 号

估　　价：RMB 180,000~250,000

成 交 价：RMB 201,600

青花十二花神杯之桃花杯

年　　代：清康熙

款　　识："大清康熙年制"六字三行篆书款

尺　　寸：高 5 厘米

拍卖时间：华辰拍卖　2010 年 5 月 15 日

　　　　　瓷器、玉器、工艺品　第 1211 号

估　　价：RMB 120,000~150,000

成 交 价：RMB 313,600

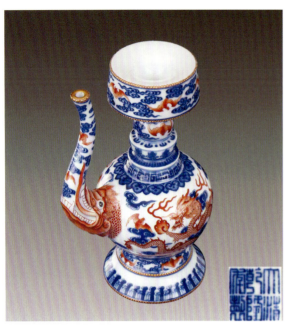

青花红彩云龙纹贲巴壶

年　　代：清乾隆
尺　　寸：高 19.5 厘米
拍卖时间：中国嘉德　2010 年 5 月 15 日
　　　　　气象堂皇——宫廷艺术集萃
　　　　　第 2215 号
估　　价：RMB 12,000,000～18,000,000
成 交 价：RMB 35,840,000

斗彩绿龙纹罐

年　　代：清乾隆
款　　识："大清乾隆年制"六字三行篆书款
尺　　寸：高 20 厘米
拍卖时间：华辰拍卖　2010 年 5 月 15 日
　　　　　瓷器、玉器、工艺品　第 1221 号
估　　价：RMB 180,000～250,000
成 交 价：RMB 201,600

斗彩花卉碗（一对）

年　　代：清嘉庆
款　　识："大清嘉庆年制" 六字三行篆书款
尺　　寸：直径 15 厘米
拍卖时间：华辰拍卖　2010 年 5 月 15 日　瓷器、玉器、工艺品　第 1227 号
估　　价：RMB 150,000～250,000
成 交 价：RMB 168,000

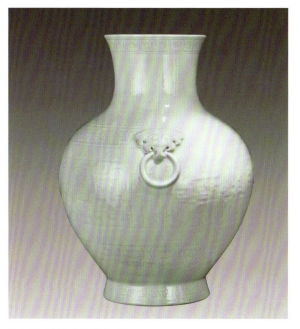

粉青釉暗刻夔龙纹辅首耳尊

年　　代：清乾隆

款　　识："大清乾隆年制"六字三行篆书款

尺　　寸：高61厘米

拍卖时间：华辰拍卖　2010年5月15日
　　　　　瓷器、玉器、工艺品　第1232号

估　　价：RMB 180,000~220,000

成 交 价：RMB 2,576,000

茄皮紫釉香炉

年　　代：清康熙

尺　　寸：直径13.5厘米

拍卖时间：华辰拍卖　2010年5月15日
　　　　　瓷器、玉器、工艺品
　　　　　第1233号

估　　价：RMB 50,000~80,000

成 交 价：RMB 140,000

青花云龙折腰碗（一对）

年　　代：清嘉庆

款　　识："大清嘉庆年制"六字三行篆书款

尺　　寸：直径17厘米

拍卖时间：华辰拍卖　2010年5月15日　瓷器、玉器、工艺品　第1228号

估　　价：RMB 300,000~500,000

成 交 价：RMB 537,600

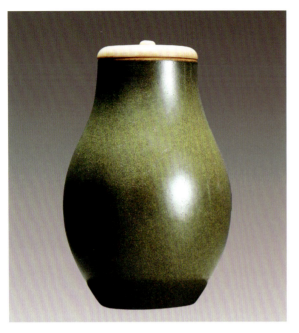

茶叶末釉小罐

年　　代：清乾隆

尺　　寸：高 13.5 厘米

拍卖时间：华辰拍卖　2010 年 5 月 15 日

　　　　　瓷器、玉器、工艺品　第 1235 号

估　　价：RMB 200,000~300,000

成 交 价：RMB 336,000

茄皮紫釉兽面纹爵杯

年　　代：清乾隆

款　　识："大清乾隆年制"六字三行篆书款

尺　　寸：高 18.5 厘米

拍卖时间：华辰拍卖　2010 年 5 月 15 日

　　　　　瓷器、玉器、工艺品　第 1236 号

估　　价：RMB 120,000~180,000

成 交 价：RMB 313,600

墨地素三彩花卉云龙纹大盘

年　　代：清康熙

款　　识："大清康熙年制"六字双行楷书款

尺　　寸：直径 32.5 厘米

拍卖时间：华辰拍卖　2010 年 5 月 15 日

　　　　　瓷器、玉器、工艺品　第 1240 号

估　　价：RMB 800,000~1,000,000

成 交 价：RMB 1,478,400

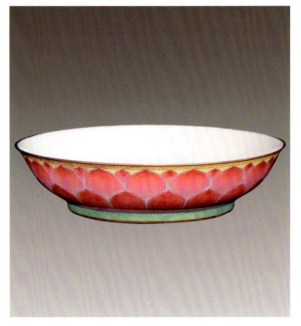

粉彩莲瓣纹盘

年　　代：清乾隆

款　　识："大清乾隆年制"六字三行篆书款

尺　　寸：直径 17.5 厘米

拍卖时间：华辰拍卖　2010 年 5 月 15 日

　　　　　瓷器、玉器、工艺品　第 1241 号

估　　价：RMB 250,000~350,000

成 交 价：RMB 436,800

黄地粉彩福禄万代碗

年　　代：清乾隆

款　　识："大清乾隆年制"六字三行篆书款

尺　　寸：直径13.5厘米

拍卖时间：华辰拍卖　2010年5月15日

　　　　　瓷器、玉器、工艺品　第1242号

估　　价：RMB 400,000~600,000

成 交 价：RMB 728,000

粉彩花形杯

年　　代：清乾隆

尺　　寸：高4厘米

拍卖时间：华辰拍卖　2010年5月15日

　　　　　瓷器、玉器、工艺品　第1243号

估　　价：RMB 150,000~200,000

成 交 价：RMB 246,400

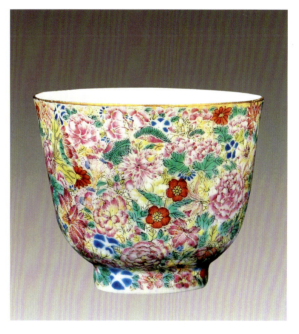

粉彩八吉祥纹杯

年　　代：清乾隆

款　　识："大清乾隆年制"六字三行篆书款

尺　　寸：直径10.5厘米

拍卖时间：华辰拍卖　2010年5月15日

　　　　　瓷器、玉器、工艺品　第1244号

估　　价：RMB 160,000~180,000

成 交 价：RMB 179,200

粉彩万花杯

年　　代：清嘉庆

款　　识："大清嘉庆年制"六字三行篆书款

尺　　寸：直径8.2厘米

拍卖时间：华辰拍卖　2010年5月15日

　　　　　瓷器、玉器、工艺品　第1248号

估　　价：RMB 180,000~280,000

成 交 价：RMB 224,000

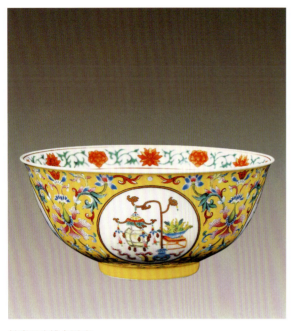

粉彩开光博古图碗

年　　代：清嘉庆

款　　识："大清嘉庆年制"六字三行篆书款

尺　　寸：直径 18 厘米

拍卖时间：华辰拍卖　2010 年 5 月 15 日

　　　　　瓷器、玉器、工艺品　第 1249 号

估　　价：RMB 250,000~350,000

成 交 价：RMB 470,400

松石绿地粉彩莲托八宝纹花觚

年　　代：清道光

款　　识："大清道光年制"六字单行篆书款

尺　　寸：高 36.5 厘米

拍卖时间：华辰拍卖　2010 年 5 月 15 日

　　　　　瓷器、玉器、工艺品　第 1252 号

估　　价：RMB 400,000~600,000

成 交 价：RMB 582,400

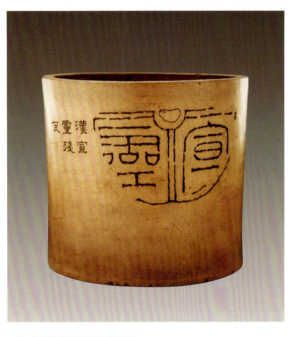

何心舟制段泥瓦当纹圆形花盆

年　　代：清同治

款　　识："心舟"阳文篆书印款

尺　　寸：口径 16.6 厘米、高 14.6 厘米

拍卖时间：中国嘉德　2010 年 5 月 16 日

　　　　　柔翰清心——书斋雅器紫玉金砂　第 2344 号

估　　价：RMB 60,000~80,000

成 交 价：RMB 246,400

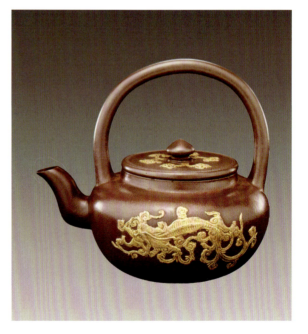

紫砂贴段泥夔龙纹提梁壶

年　　代：清早期

款　　识："邵元麟制"

尺　　寸：宽 14.5 厘米、高 12.5 厘米

拍卖时间：中国嘉德　2010 年 5 月 16 日

　　　　　柔翰清心——书斋雅器紫玉金砂　第 2349 号

估　　价：RMB 40,000~60,000

成 交 价：RMB 145,600

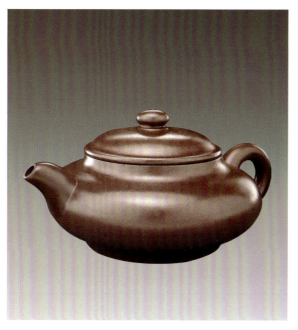

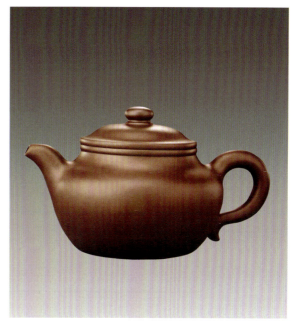

陈子畦款扁灯壶

年　　代：清初
款　　识："子畦制"印款
尺　　寸：宽 21.3 厘米、高 9.4 厘米
拍卖时间：中国嘉德　2010 年 5 月 16 日
　　　　　柔翰清心——书斋雅器紫玉金砂　第 2350 号
估　　价：RMB 150,000~200,000
成 交 价：RMB 168,000

邵忠佑制莲子壶

年　　代：清乾隆
款　　识："邵忠佑制"
尺　　寸：宽 21.5 厘米、高 12.2 厘米
拍卖时间：中国嘉德　2010 年 5 月 16 日
　　　　　柔翰清心——书斋雅器紫玉金砂　第 2357 号
估　　价：RMB 100,000~150,000
成 交 价：RMB 112,000

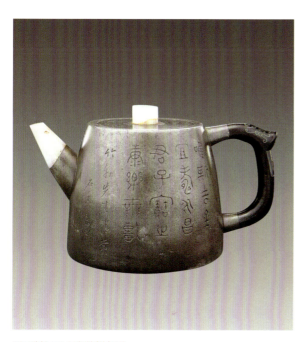

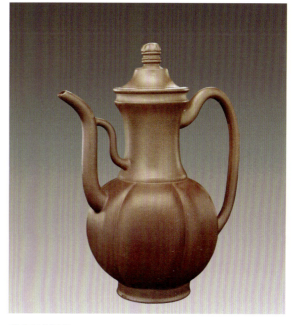

王云制红豆山房款锡包壶

年　　代：清道光
款　　识："红豆山房"款
尺　　寸：宽 16.1 厘米、高 9.5 厘米
拍卖时间：中国嘉德　2010 年 5 月 16 日
　　　　　柔翰清心——书斋雅器紫玉金砂　第 2359 号
估　　价：RMB 40,000~60,000
成 交 价：RMB 156,800

紫砂高身酒壶

年　　代：清乾隆
尺　　寸：宽 14.8 厘米、高 17 厘米
拍卖时间：中国嘉德　2010 年 5 月 16 日
　　　　　柔翰清心——书斋雅器紫玉金砂
　　　　　第 2361 号
估　　价：RMB 120,000~180,000
成 交 价：RMB 134,400

粉彩莲托八宝纹贲巴壶

年　　代：清嘉庆

款　　识："大清嘉庆年制"款

尺　　寸：高19.2厘米

拍卖时间：北京中汉　2010年5月18日

　　　　　瓷器工艺品　第062号

估　　价：RMB 1,800,000~2,500,000

成 交 价：RMB 2,352,000

徐顺芳制汉方壶

年　　代：清乾隆

款　　识："徐顺芳制"

尺　　寸：宽15.8厘米、高13.4厘米

拍卖时间：中国嘉德　2010年5月16日

　　　　　柔翰清心——书斋雅器紫玉金砂　第2363号

估　　价：RMB 90,000~120,000

成 交 价：RMB 168,000

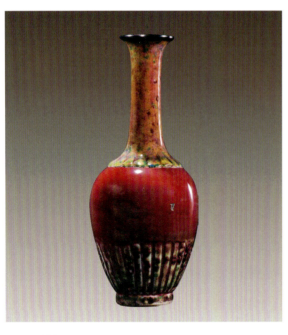

豇豆红菊瓣瓶

年　　代：清康熙

款　　识："大清康熙年制"款

尺　　寸：高20.9厘米

拍卖时间：北京中汉　2010年5月18日

　　　　　瓷器工艺品　第015号

估　　价：RMB 100,000~150,000

成 交 价：RMB 112,000

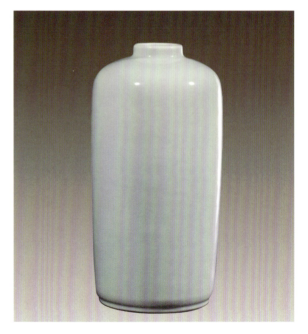

粉青釉小口灯笼瓶

年　　代：清雍正

款　　识："大清雍正年制"款

尺　　寸：高25.7厘米

拍卖时间：北京中汉　2010年5月18日

　　　　　瓷器工艺品　第030号

估　　价：RMB 600,000~800,000

成 交 价：RMB 1,568,000

青花圣主得贤臣颂笔筒

年　　代：清康熙

款　　识："大清康熙年制"款

尺　　寸：直径 15.6 厘米

拍卖时间：北京中汉　2010 年 5 月 18 日
　　　　　瓷器工艺品　第 022 号

估　　价：RMB 480,000~600,000

成 交 价：RMB 537,600

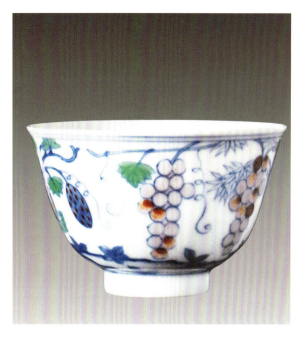

斗彩葡萄纹杯

年　　代：清雍正

款　　识："大明成化年制"款

尺　　寸：直径 7.7 厘米

拍卖时间：北京中汉　2010 年 5 月 18 日
　　　　　瓷器工艺品　第 027 号

估　　价：RMB 300,000~400,000

成 交 价：RMB 795,200

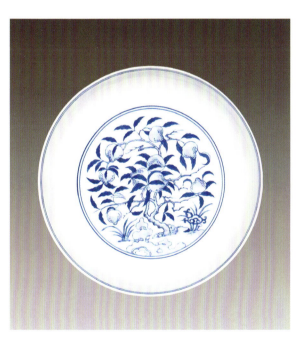

青花淡描九桃八鹤纹盘

年　　代：清雍正

款　　识："大清雍正年制"款

尺　　寸：直径 21.6 厘米

拍卖时间：北京中汉　2010 年 5 月 18 日
　　　　　瓷器工艺品　第 031 号

估　　价：RMB 800,000~1,200,000

成 交 价：RMB 896,000

青花花蝶大印盒

年　　代：清康熙

款　　识："大清康熙年制"款

尺　　寸：直径 16.5 厘米

拍卖时间：北京保利　2010 年 6 月 5 日
　　　　　中国古董珍玩　第 5005 号

估　　价：RMB 500,000~700,000

成 交 价：RMB 694,400

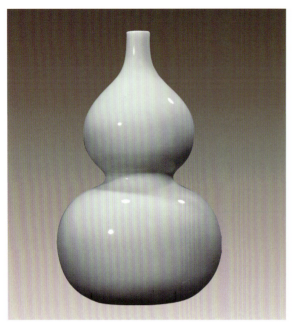

豆青釉葫芦瓶

年　　代：清乾隆
款　　识："大清乾隆年制"款
尺　　寸：高 32.4 厘米
拍卖时间：北京中汉　2010 年 5 月 18 日
　　　　　瓷器工艺品　第 047 号
估　　价：RMB 500,000~700,000
成 交 价：RMB 728,000

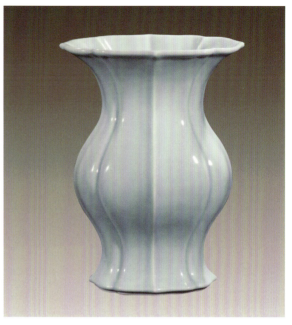

粉青釉撇口海棠尊

年　　代：清乾隆
款　　识："大清乾隆年制"款
尺　　寸：高 39.1 厘米
拍卖时间：北京中汉　2010 年 5 月 18 日
　　　　　瓷器工艺品　第 048 号
估　　价：RMB 3,800,000~5,000,000
成 交 价：RMB 6,944,000

茶叶末釉捏塑粉彩福寿灵芝纹笔筒

年　　代：清乾隆
款　　识："大清乾隆年制"款
尺　　寸：高 12 厘米
拍卖时间：北京中汉　2010 年 5 月 18 日
　　　　　瓷器工艺品　第 054 号
估　　价：RMB 1,500,000~2,500,000
成 交 价：RMB 2,464,000

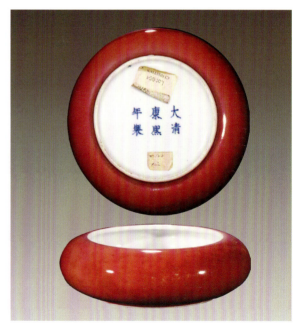

豇豆红釉镗锣洗

年　　代：清康熙
款　　识："大清康熙年制"款
尺　　寸：直径 11.9 厘米
拍卖时间：北京中汉　2010 年 5 月 18 日
　　　　　瓷器工艺品　第 140 号
估　　价：RMB 1,500,000~2,200,000
成 交 价：RMB 1,568,000

矾红彩翼龙天鸡高足盖碗（一对）

年　　代：清乾隆

款　　识："大清乾隆年制"款

尺　　寸：高20厘米

拍卖时间：北京保利　2010年6月4日

　　　　　"九土来王"东西美术交流与乾隆盛世

　　　　　第4142号

估　　价：RMB 1,800,000~2,800,000

成 交 价：RMB 2,688,000

柠檬黄釉高足盘

年　　代：清乾隆

款　　识："大清乾隆年制"款

尺　　寸：直径17厘米

拍卖时间：北京中汉　2010年5月18日

　　　　　瓷器工艺品　第002号

估　　价：RMB 120,000~180,000

成 交 价：RMB 134,400

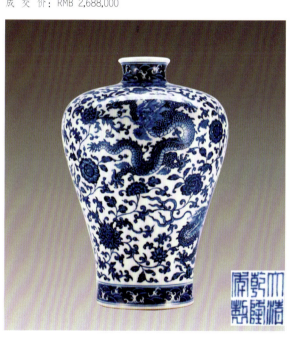

青花穿花龙纹梅瓶

年　　代：清乾隆

款　　识："大清乾隆年制"款

尺　　寸：高33厘米

拍卖时间：北京保利　2010年6月4日

　　　　　"九土来王"东西美术交流与乾隆盛世　第4143号

估　　价：RMB 7,000,000~9,000,000

成 交 价：RMB 35,840,000

青花缠枝四季花卉海浪纹双龙耳尊

年　　代：清乾隆

款　　识："大清乾隆年制"款

尺　　寸：高51厘米

拍卖时间：北京中汉　2010年5月18日

　　　　　瓷器工艺品　第043号

估　　价：RMB 1,500,000~2,200,000

成 交 价：RMB 2,016,000

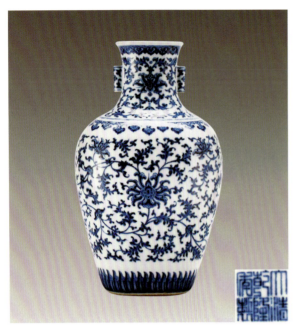

青花西番莲纹贯耳扁瓶

年　　代：清乾隆

款　　识："大清乾隆年制"款

尺　　寸：高 35 厘米

拍卖时间：北京保利　2010 年 6 月 4 日

　　　　　"九土来王"东西美术交流与乾隆盛世　第 4162 号

估　　价：RMB 5,000,000~8,000,000

成 交 价：RMB 8,288,000

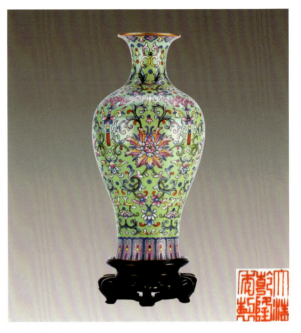

绿地粉彩宝相花观音瓶

年　　代：清乾隆

款　　识："大清乾隆年制"款

尺　　寸：高 19 厘米

拍卖时间：北京保利　2010 年 6 月 4 日

　　　　　"九土来王"东西美术交流与乾隆盛世　第 4164 号

估　　价：RMB 1,000,000~1,500,000

成 交 价：RMB 1,904,000

孔雀绿地洋彩加胭脂料彩宝相花螭龙福寿耳瓶

年　　代：清乾隆

款　　识："大清乾隆年制"款

尺　　寸：高 28 厘米

拍卖时间：北京保利　2010 年 6 月 4 日

　　　　　"九土来王"东西美术交流与乾隆盛世　第 4165 号

估　　价：RMB 6,800,000~8,800,000

成 交 价：RMB 19,040,000

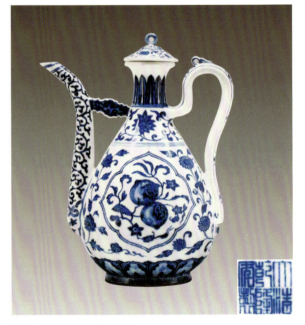

青花开光折枝花果带盖执壶

年　　代：清乾隆

款　　识："大清乾隆年制"款

尺　　寸：高 29 厘米

拍卖时间：北京保利　2010 年 6 月 4 日

　　　　　"九土来王"东西美术交流与乾隆盛世　第 4171 号

估　　价：RMB 1,500,000~2,000,000

成 交 价：RMB 1,904,000

行有恒堂款紫砂描金折肩壶

年　　代：清咸丰

款　　识："權寅敕记"款

尺　　寸：长 18.5 厘米

拍卖时间：北京保利　2010 年 6 月 5 日

　　　　　中国古董珍玩　第 5010 号

估　　价：RMB 350,000~550,000

成 交 价：RMB 392,000

陈鸣远制紫砂三足圆壶

年　　代：清康熙

款　　识："陈鸣远"款

尺　　寸：长 14 厘米

拍卖时间：北京保利　2010 年 6 月 5 日

　　　　　中国古董珍玩　第 5008 号

估　　价：RMB 300,000~500,000

成 交 价：RMB 2,464,000

青釉描金双耳瓜棱小瓶

年　　代：清乾隆

款　　识："大清乾隆年制"款

尺　　寸：高 13.8 厘米

拍卖时间：北京保利　2010 年 6 月 4 日

　　　　　"九土来王"东西美术交流与乾隆盛世　第 4161 号

估　　价：RMB 3,800,000~5,800,000

成 交 价：RMB 5,376,000

粉青釉鼓钉罐

年　　代：清乾隆

款　　识："大清乾隆年制"款

尺　　寸：高 16 厘米

拍卖时间：北京保利　2010 年 6 月 5 日

　　　　　中国古董珍玩　第 5063 号

估　　价：RMB 200,000~300,000

成 交 价：RMB 324,800

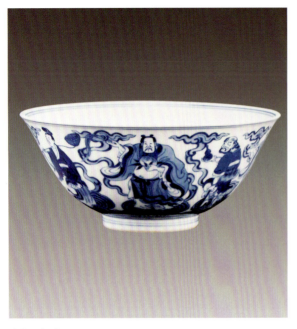

青花八仙碗
年　　代：清乾隆
款　　识："大清乾隆年制"款
尺　　寸：直径 15 厘米
拍卖时间：北京保利　2010 年 6 月 5 日
　　　　　中国古董珍玩　第 5293 号
估　　价：RMB 150,000~180,000
成 交 价：RMB 268,800

青花苜蓿纹大盘
年　　代：清雍正
款　　识："大清雍正年制"款
尺　　寸：直径 27.5 厘米
拍卖时间：北京保利　2010 年 6 月 5 日
　　　　　中国古董珍玩　第 5077 号
估　　价：RMB 250,000~350,000
成 交 价：RMB 425,600

青花龙纹捧寿大盘
年　　代：清雍正
款　　识："大清雍正年制"款
尺　　寸：直径 45 厘米
拍卖时间：北京保利　2010 年 6 月 5 日
　　　　　中国古董珍玩　第 5078 号
估　　价：RMB 600,000~800,000
成 交 价：RMB 1,232,000

青花八吉祥大扁瓶
年　　代：清乾隆
款　　识："大清乾隆年制"款
尺　　寸：高 51 厘米
拍卖时间：北京保利　2010 年 6 月 5 日
　　　　　中国古董珍玩　第 5295 号
估　　价：RMB 800,000~1,200,000
成 交 价：RMB 985,600

青花岁寒三友盘（一对）

年　　代：清乾隆

款　　识："大清乾隆年制"款

尺　　寸：直径 17.8 厘米

拍卖时间：北京保利　2010 年 6 月 5 日
　　　　　中国古董珍玩　第 5294 号

估　　价：RMB 300,000~500,000

成 交 价：RMB 470,400

青花云龙大箭筒（一对）

年　　代：清咸丰

尺　　寸：高 112 厘米

拍卖时间：北京保利　2010 年 6 月 5 日
　　　　　中国古董珍玩　第 5306 号

估　　价：RMB 250,000~350,000

成 交 价：RMB 280,000

青花御题诗三清茶碗（一对）

年　　代：清嘉庆

款　　识："大明嘉靖年制"款

尺　　寸：直径 10.8 厘米

拍卖时间：北京保利　2010 年 6 月 5 日
　　　　　中国古董珍玩　第 5300 号

估　　价：RMB 200,000~300,000

成 交 价：RMB 358,400

青花灵芝八方小瓶

年　　代：清雍正

款　　识："大清雍正年制"款

尺　　寸：高 11 厘米

拍卖时间：北京保利　2010 年 6 月 5 日
　　　　　中国古董珍玩　第 5076 号

估　　价：RMB 300,000~400,000

成 交 价：RMB 336,000

粉彩万花锦如意

年　　代：清嘉庆
尺　　寸：长 32 厘米
拍卖时间：北京保利　2010 年 6 月 5 日
　　　　　中国古董珍玩　第 5313 号
估　　价：RMB 100,000~150,000
成 交 价：RMB 112,000

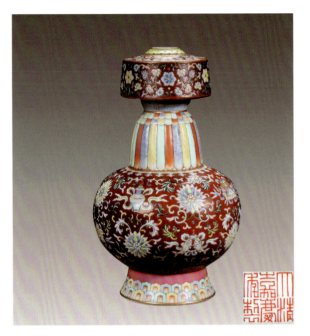

紫地粉彩八吉祥贲巴瓶

年　　代：清嘉庆
款　　识："大清嘉庆年制"篆书款
尺　　寸：高 25.2 厘米
拍卖时间：北京翰海　2010 年 6 月 7 日
　　　　　古董珍玩　第 2957 号
估　　价：RMB 800,000~1,200,000
成 交 价：RMB 1,176,000

斗彩福寿碗

年　　代：清雍正
款　　识："大清雍正年制"楷书款
尺　　寸：直径 12.6 厘米
拍卖时间：北京翰海　2010 年 6 月 7 日
　　　　　古董珍玩　第 2823 号
估　　价：RMB 500,000~600,000
成 交 价：RMB 616,000

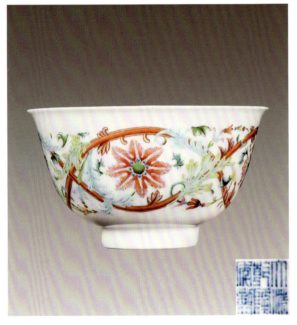

洋彩花卉碗

年　　代：清乾隆
款　　识："大清乾隆年制"篆书款
尺　　寸：直径 11.2 厘米
拍卖时间：北京翰海　2010 年 6 月 7 日
　　　　　古董珍玩　第 2951 号
估　　价：RMB 2,000,000~2,600,000
成 交 价：RMB 7,280,000

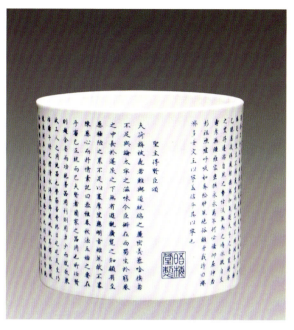

青花圣主得贤臣颂笔筒

年　　代：清康熙
款　　识："大清康熙年制"楷书款
尺　　寸：高 16.3 厘米
拍卖时间：北京翰海　2010 年 6 月 7 日
　　　　　古董珍玩　第 2920 号
估　　价：RMB 550,000~650,000
成 交 价：RMB 1,288,000

五彩花鸟笔筒

年　　代：清康熙
款　　识："大清康熙年制"楷书款
尺　　寸：高 16.4 厘米
拍卖时间：北京翰海　2010 年 6 月 7 日
　　　　　古董珍玩　第 2922 号
估　　价：RMB 250,000~300,000
成 交 价：RMB 280,000

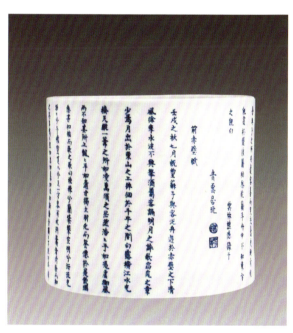

青花前赤壁赋笔筒

年　　代：清康熙
款　　识："文章山斗"楷书款
尺　　寸：高 15.1 厘米
拍卖时间：北京翰海　2010 年 6 月 7 日
　　　　　古董珍玩　第 2919 号
估　　价：RMB 500,000~700,000
成 交 价：RMB 806,400

仿木釉笔筒

年　　代：清乾隆
尺　　寸：高 16 厘米、直径 18.5 厘米
拍卖时间：北京保利　2010 年 6 月 5 日
　　　　　中国古董珍玩　第 5309 号
估　　价：RMB 150,000~200,000
成 交 价：RMB 425,600

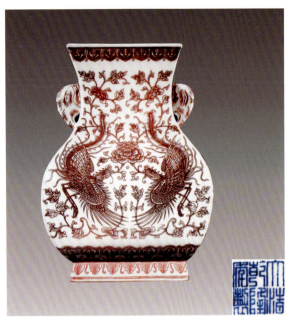

釉里红双凤象耳扁方尊
年　　代：清乾隆
款　　识："大清乾隆年制"篆书款
尺　　寸：高 22.5 厘米
拍卖时间：北京翰海　2010 年 6 月 7 日
　　　　　　古董珍玩　第 2958 号
估　　价：RMB 1,800,000~2,800,000
成 交 价：RMB 3,360,000

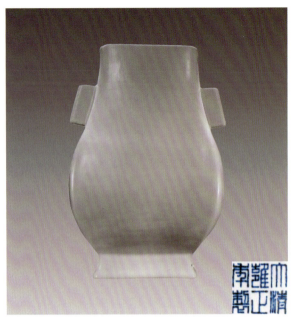

仿汝釉贯耳方瓶
年　　代：清雍正
款　　识："大清雍正年制"篆书款
尺　　寸：高 48.5 厘米
拍卖时间：北京翰海　2010 年 6 月 7 日
　　　　　　古董珍玩　第 2959 号码
估　　价：RMB 2,000,000~3,000,000
成 交 价：RMB 3,136,000

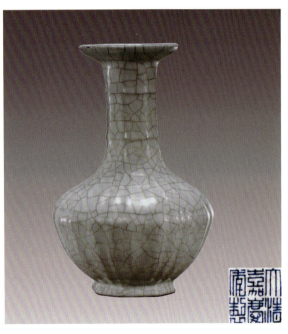

仿官釉瓜棱弦纹瓶
年　　代：清嘉庆
款　　识："大清嘉庆年制"篆书款
尺　　寸：高 22 厘米
拍卖时间：北京翰海　2010 年 6 月 7 日
　　　　　　古董珍玩　第 2962 号
估　　价：RMB 800,000~1,000,000
成 交 价：RMB 1,075,200

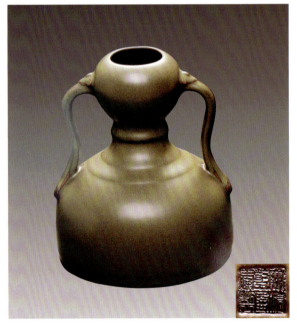

茶叶末釉如意耳尊
年　　代：清乾隆
款　　识："大清乾隆年制"篆书款
尺　　寸：高 18 厘米
拍卖时间：北京翰海　2010 年 6 月 7 日
　　　　　　古董珍玩　第 2963 号
估　　价：RMB 6,000,000~8,000,000
成 交 价：RMB 19,040,000

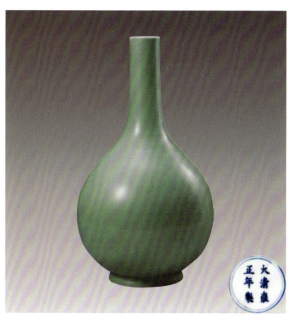

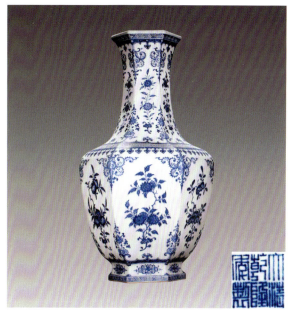

绿釉直颈瓶

年　　代：清雍正

款　　识："大清雍正年制"楷书款

尺　　寸：高 22.4 厘米

拍卖时间：北京翰海　2010 年 6 月 7 日

　　　　　古董珍玩　第 2964 号

估　　价：RMB 2,600,000~3,200,000

成 交 价：RMB 2,912,000

青花折枝花果六方瓶

年　　代：清乾隆

款　　识："大清乾隆年制"篆书款

尺　　寸：高 68.7 厘米

拍卖时间：北京翰海　2010 年 6 月 7 日

　　　　　古董珍玩　第 2967 号

估　　价：RMB 5,000,000~8,000,000

成 交 价：RMB 7,952,000

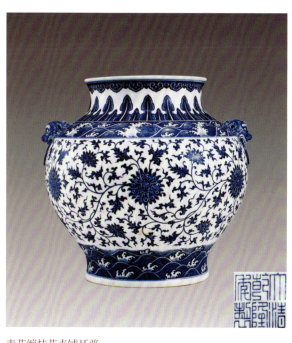

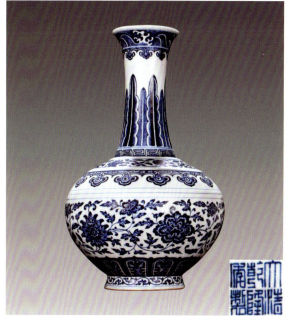

青花缠枝花卉铺耳尊

年　　代：清乾隆

款　　识："大清乾隆年制"篆书款

尺　　寸：高 39.3 厘米

拍卖时间：北京翰海　2010 年 6 月 7 日

　　　　　古董珍玩　第 2978 号

估　　价：RMB 800,000~1,200,000

成 交 价：RMB 6,160,000

青花缠枝花卉赏瓶

年　　代：清乾隆

款　　识："大清乾隆年制"篆书款

尺　　寸：高 36.5 厘米

拍卖时间：北京翰海　2010 年 6 月 7 日

　　　　　古董珍玩　第 2981 号

估　　价：RMB 500,000~600,000

成 交 价：RMB 1,792,000

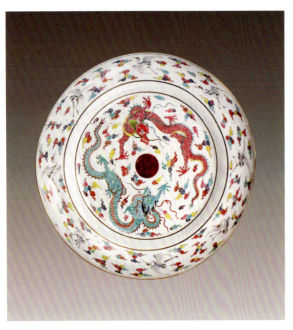

粉彩云龙纹大盘

年　　代：清雍正

款　　识："大清雍正年制"楷书款

尺　　寸：直径 55.4 厘米

拍卖时间：北京翰海　2010 年 6 月 7 日

　　　　　　古董珍玩　第 3031 号

估　　价：RMB 800,000~1,000,000

成 交 价：RMB 896,000

五彩佛花盘（二件）

年　　代：清同治

款　　识："大清同治年制"楷书款

尺　　寸：直径 21.9 厘米

拍卖时间：北京翰海　2010 年 6 月 7 日

　　　　　　古董珍玩　第 3033 号

估　　价：RMB 50,000~70,000

成 交 价：RMB 123,200

矾红彩花卉甘露瓶

年　　代：清乾隆

尺　　寸：高 22 厘米

拍卖时间：北京翰海　2010 年 6 月 7 日

　　　　　　古董珍玩　第 3035 号

估　　价：RMB 320,000~380,000

成 交 价：RMB 358,400

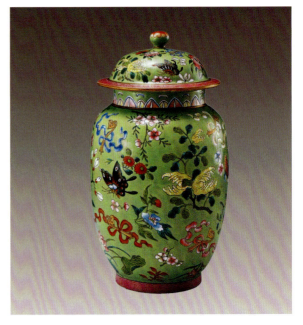

绿地粉彩福寿如意灯笼罐

年　　代：清中期

款　　识："大清光绪年制"楷书款

尺　　寸：高 24.5 厘米

拍卖时间：北京翰海　2010 年 6 月 7 日

　　　　　　古董珍玩　第 3045 号

估　　价：RMB 150,000~200,000

成 交 价：RMB 436,800

仿木釉金里碗

年　　代：清乾隆

尺　　寸：直径 23.2 厘米

拍卖时间：北京翰海　2010 年 6 月 7 日

　　　　　古董珍玩　第 3040 号

估　　价：RMB 45,000~55,000

成 交 价：RMB 156,800

豆青釉菊瓣花口碗

年　　代：清雍正

款　　识："大清雍正年制"篆书款

尺　　寸：直径 15.7 厘米

拍卖时间：北京翰海　2010 年 6 月 7 日

　　　　　古董珍玩　第 3036 号

估　　价：RMB 120,000~180,000

成 交 价：RMB 179,200

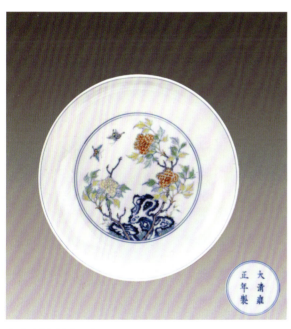

青花斗彩折枝花纹盘

年　　代：清雍正

款　　识："大清雍正年制"六字双行楷书款

尺　　寸：直径 13.8 厘米

拍卖时间：厦门唐颂　2010 年 6 月 21 日

　　　　　古董珍玩专场　第 164 号

估　　价：RMB 1,000,000~1,200,000

成 交 价：RMB 1,568,000

青花云龙盘

年　　代：清光绪

款　　识："储秀宫制"篆书款

尺　　寸：直径 31.8 厘米

拍卖时间：北京翰海　2010 年 6 月 7 日

　　　　　古董珍玩　第 3052 号

估　　价：RMB 50,000~70,000

成 交 价：RMB 156,800

粉彩百鹿尊

年　　代：清

款　　识："大清乾隆年制"青花六字篆书款

尺　　寸：高 47 厘米

拍卖时间：北京长风　2010 年 6 月 22 日

　　　　　瓷器杂项　第 842 号

估　　价：RMB 300,000~350,000

成 交 价：RMB 313,600

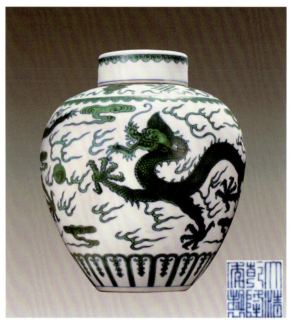

斗彩云龙八吉祥盖罐

年　　代：清乾隆

款　　识："大清乾隆年制"篆书款

尺　　寸：高 20.5 厘米

拍卖时间：北京翰海　2010 年 6 月 7 日

　　　　　古董珍玩　第 3054 号

估　　价：RMB 600,000~800,000

成 交 价：RMB 2,016,000

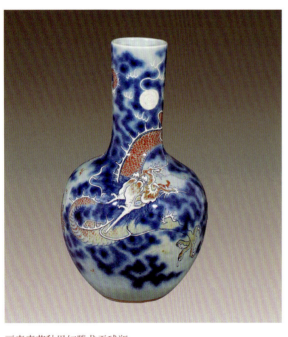

豆青青花釉里红腾龙天球瓶

年　　代：清乾隆

尺　　寸：宽 67 厘米

拍卖时间：厦门唐颂　2010 年 6 月 21 日

　　　　　古董珍玩专场　第 93 号

估　　价：RMB 800,000~1,200,000

成 交 价：RMB 1,344,000

仿汝三管抱月瓶

年　　代：清雍正

款　　识："大清雍正年制"六字三行篆书青花款

尺　　寸：高 53 厘米

拍卖时间：厦门唐颂　2010 年 6 月 21 日

　　　　　古董珍玩专场　第 166 号

估　　价：RMB 1,800,000~2,800,000

成 交 价：RMB 2,318,400

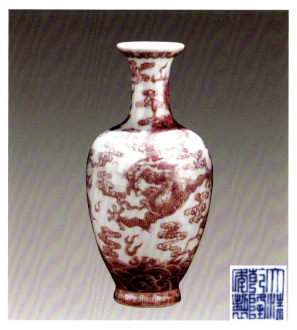

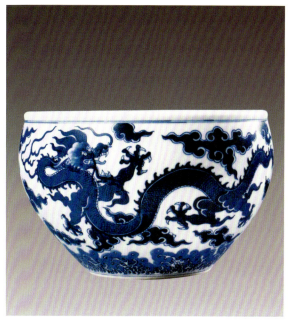

釉里红如意云龙纹花瓶

年　　代：清乾隆
款　　识："大清乾隆年制"
　　　　　六字三行青花篆书款
尺　　寸：高 20.8 厘米
拍卖时间：厦门唐颂　2010 年 6 月 21 日
　　　　　古董珍玩专场　第 244 号
估　　价：RMB 1,000,000~1,200,000
成 交 价：RMB 1,344,000

青花海水云龙缸

年　　代：清乾隆
款　　识："大清乾隆年制"篆书款
尺　　寸：高 13.5 厘米
拍卖时间：北京翰海　2010 年 6 月 7 日
　　　　　古董珍玩　第 3050 号
估　　价：RMB 350,000~450,000
成 交 价：RMB 627,200

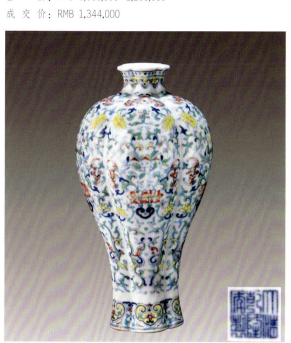

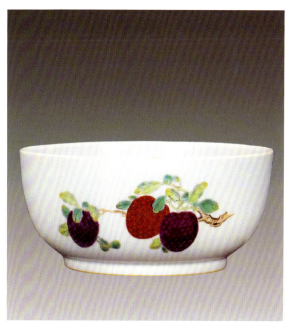

青花斗彩福寿缠枝纺瓜棱梅瓶

年　　代：清乾隆
款　　识："大清乾隆年制"六字三行篆书款
尺　　寸：高 26 厘米
拍卖时间：厦门唐颂　2010 年 6 月 21 日
　　　　　古董珍玩专场　第 247 号
估　　价：RMB 1,800,000~2,200,000
成 交 价：RMB 2,352,000

粉彩三多纹敦式碗

年　　代：清乾隆
款　　识："大清乾隆年制"青花六字篆书款
尺　　寸：高 7 厘米、直径 15 厘米
拍卖时间：北京长风　2010 年 6 月 22 日
　　　　　瓷器杂项　第 847 号
估　　价：RMB 380,000~450,000
成 交 价：RMB 414,400

白釉暗刻兽面纹花觚

年　　代：清雍正
款　　识："大清雍正年制"六字二行楷书款
尺　　寸：高 18.2 厘米
拍卖时间：北京保利　2010 年 11 月　21 日
　　　　　铄古铸今——明清工艺的摹古与创新　第 2663 号
估　　价：RMB 350,000~450,000
成 交 价：RMB 392,000

白釉兽面纹爵

年　　代：清嘉庆
款　　识："大清嘉庆年制"六字三行篆书款
尺　　寸：高 18.2 厘米
拍卖时间：北京保利　2010 年 11 月 21 日
　　　　　铄古铸今——明清工艺的摹古与创新　第 2665 号
估　　价：RMB 80,000~120,000
成 交 价：RMB 235,200

杨彭年（款）柱础壶

年　　代：清中期
底　　款：逸闲
把　　款：彭年
尺　　寸：长 16.3 厘米
拍卖时间：北京保利　2010 年 8 月 2 日
　　　　　古砂妙器、紫泥菁英　第 3141 号
估　　价：RMB 300,000~500,000
成 交 价：RMB 1,848,000

邵大亨制加彩莲子壶

年　　代：清嘉庆
把　　款：大亨
尺　　寸：长 18 厘米
拍卖时间：北京保利　2010 年 8 月 2 日
　　　　　古砂妙器、紫泥菁英　第 3140 号
估　　价：RMB 150,000~200,000
成 交 价：RMB 616,000

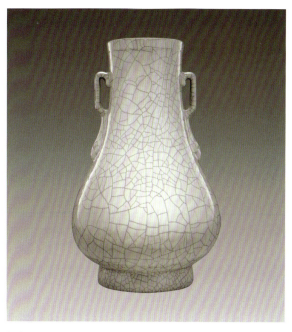

青花缠枝莲托八宝纹盉

年　　代：清乾隆

款　　识："大清乾隆年制"六字三行篆书款

尺　　寸：高 22.2 厘米

拍卖时间：北京保利　2010 年 11 月 21 日

　　　　　铄古铸今——明清工艺的摹古与创新　第 2675 号

估　　价：RMB 950,000~1,200,000

成 交 价：RMB 1,960,000

仿官釉双耳尊

年　　代：清乾隆

款　　识："大清乾隆年制"六字三行篆书款

尺　　寸：高 32.7 厘米

拍卖时间：北京保利　2010 年 11 月 21 日

　　　　　铄古铸今——明清工艺的摹古与创新　第 2681 号

估　　价：RMB 8,000,000~12,000,000

成 交 价：RMB 8,960,000

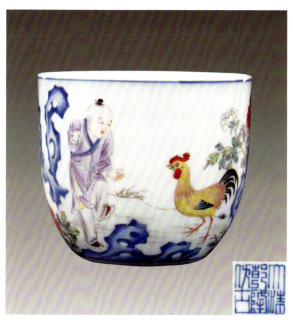

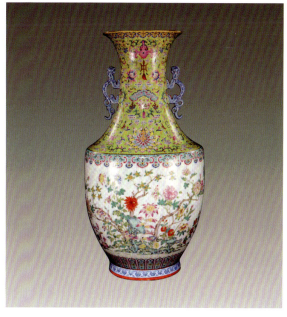

粉彩鸡缸杯

年　　代：清乾隆

款　　识："大清乾隆仿古"六字三行篆书款

尺　　寸：直径 8 厘米

拍卖时间：北京保利　2010 年 11 月 21 日

　　　　　铄古铸今——明清工艺的摹古与创新　第 2698 号

估　　价：RMB 1,500,000~1,800,000

成 交 价：RMB 2,240,000

粉彩花果纹双耳大瓶

年　　代：清嘉庆

款　　识："大清嘉庆年制"款

尺　　寸：高 67 厘米

拍卖时间：香港富得　2010 年 4 月 7 日

　　　　　富得十周年庆典拍卖会　第 1162 号

估　　价：HKD 5,000,000~7,000,000

成 交 价：HKD 6,780,000

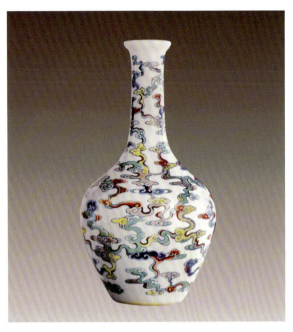

斗彩"五色祥云"图长颈撇口胆瓶

年　　代：清雍正

款　　识："大清雍正年制"款

尺　　寸：高 25.5 厘米

拍卖时间：香港苏富比　2010 年 4 月 8 日

　　　　　中国重要瓷器及工艺品　第 1862 号

估　　价：HKD　15,000,000~25,000,000

成 交 价：HKD 21,940,000

仿龙泉青釉暗灵芝纹五岳真形图三孔扁瓶

年　　代：清雍正

款　　识："大清雍正年制"六字三行篆书款

尺　　寸：高 50.8 厘米

拍卖时间：香港佳士得　2010 年 12 月 1 日

　　　　　重要中国瓷器、工艺品　第 3004 号

估　　价：HKD 4,000,000~6,000,000

成 交 价：HKD 20,820,000

炉钧釉地金酱彩浮雕"夔龙拱福"图仿古铜式双耳瓶

年　　代：清乾隆

款　　识："大清乾隆年制"款

尺　　寸：高 37.5 厘米

拍卖时间：香港苏富比　2010 年 10 月 7 日

　　　　　彩华腾瑞——戴润斋清宫御瓷珍藏　第 2128 号

估　　价：HKD 18,000,000~25,000,000

成 交 价：HKD 45,460,000

釉里红双龙戏珠纹梅瓶

年　　代：清乾隆

款　　识："大清乾隆年制"款

尺　　寸：高 38 厘米

拍卖时间：纳高　2010 年 11 月 5 日

　　　　　亚洲艺术品　第 1238 号

估　　价：EUR 8,000

成 交 价：EUR 226,100

御制斗彩龙纹盘

年　　代：清雍正
款　　识："大清雍正年制"款
尺　　寸：直径 27.3 厘米
拍卖时间：纳高　2010 年 5 月 7 日
　　　　　亚洲艺术　第 133 号
估　　价：EUR 45,000
成 交 价：EUR 292,600

青花花鸟图八方扁壶

年　　代：清雍正
款　　识："大清雍正年制"款
尺　　寸：高 48.5 厘米
拍卖时间：香港佳士得　2010 年 12 月 1 日
　　　　　重要中国瓷器、工艺品　第 3051 号
估　　价：HKD 10,000,000~15,000,000
成 交 价：HKD 79,060,000

御制窑变釉蒜头瓶

年　　代：清雍正
尺　　寸：高 21.7 厘米
拍卖时间：纳高　2010 年 11 月 5 日
　　　　　亚洲艺术品　第 1028 号
估　　价：EUR 40,000~60,000
成 交 价：EUR 452,200

青花海水云龙纹梅瓶

年　　代：清乾隆
款　　识："大清乾隆年制"款
尺　　寸：高 35.5 厘米
拍卖时间：伯得富　2010 年 12 月 13 日
　　　　　亚洲艺术精品　第 5235 号
估　　价：USD 10,000~15,000
成 交 价：USD 7,658,000

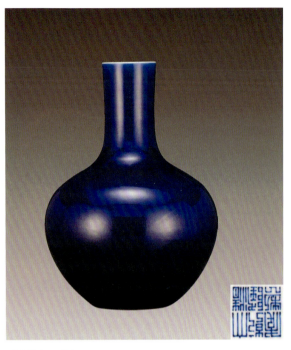

霁蓝釉大天球瓶

年　　代：清

尺　　寸：高 55 厘米

拍卖时间：北京匡时　2010 年 12 月 4 日

　　　　　清代宫廷艺术品专场　第 80 号

估　　价：RMB 1,200,000~1,500,000

成 交 价：RMB 4,480,000

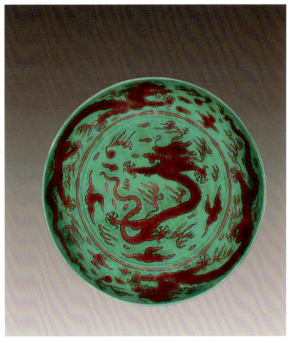

绿地紫彩龙纹盘

年　　代：清

尺　　寸：直径 31.5 厘米

拍卖时间：北京匡时　2010 年 12 月 4 日

　　　　　清代宫廷艺术品专场　第 82 号

估　　价：RMB 600,000~800,000

成 交 价：RMB 873,600

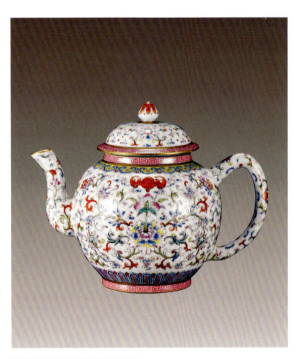

粉彩缠枝花卉纹福寿连年茶壶

年　　代：清

尺　　寸：高 14.7 厘米

拍卖时间：北京匡时　2010 年 12 月 4 日

　　　　　清代宫廷艺术品专场　第 83 号

估　　价：RMB 3,200,000~4,000,000

成 交 价：RMB 4,032,000

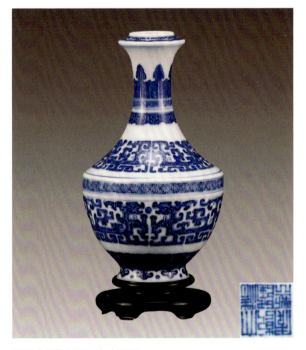

青花变体夔龙纹折肩洗口瓶

年　　代：清

尺　　寸：高 20 厘米

拍卖时间：北京匡时　2010 年 12 月 4 日

　　　　　清代宫廷艺术品专场　第 84 号

估　　价：RMB 800,000~1,000,000

成 交 价：RMB 1,120,000

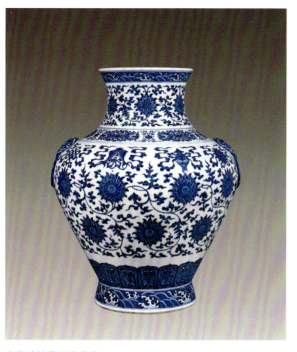

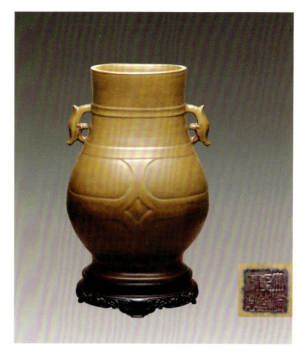

青花缠枝莲纹铺首尊

年　　代：清

尺　　寸：高 49 厘米

拍卖时间：北京匡时　2010 年 12 月 4 日

　　　　　清代宫廷艺术品专场　第 85 号

估　　价：RMB 3,200,000~4,000,000

成 交 价：RMB 7,840,000

茶叶末釉双龙耳汉壶尊

年　　代：清

尺　　寸：高 51.4 厘米

拍卖时间：北京匡时　2010 年 12 月 4 日

　　　　　清代宫廷艺术品专场　第 88 号

估　　价：RMB 3,800,000~4,800,000

成 交 价：RMB 7,056,000

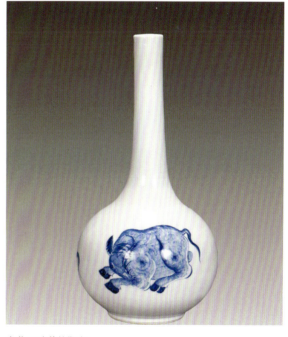

唐英制青花缠枝莲纹花觚

年　　代：清

尺　　寸：高 64.1 厘米

拍卖时间：北京匡时　2010 年 12 月 4 日

　　　　　清代宫廷艺术品专场　第 89 号

估　　价：RMB 30,000,000~35,000,000

成 交 价：RMB 66,080,000

青花三瑞兽纹胆瓶

年　　代：清康熙

款　　识："大明成化年制"青花六字楷书款

规　　格：高 43.4 厘米

拍卖时间：北京长风　2010 年 6 月 22 日

　　　　　瓷器杂项　第 956 号

估　　价：RMB 600,000~ 800,000

成 交 价：RMB 616,000

粉彩"百花春晓"图碗

年　　代：清嘉庆

尺　　寸：直径 14.5 厘米

拍卖时间：北京匡时　2010 年 12 月 4 日

　　　　　瓷玉工艺品专场　第 176 号

估　　价：RMB 250,000~300,000

成 交 价：RMB 425,600

粉彩花卉纹碗

年　　代：清道光

尺　　寸：直径 16.3 厘米

拍卖时间：北京匡时　2010 年 12 月 4 日

　　　　　瓷玉工艺品专场　第 177 号

估　　价：RMB 250,000~300,000

成 交 价：RMB 795,200

柠檬黄地缠枝纹"佛日常明"碗

年　　代：清道光

尺　　寸：直径 16 厘米

拍卖时间：北京匡时　2010 年 12 月 4 日　瓷玉工艺品专场　第 261 号

估　　价：RMB 480,000~580,000

成 交 价：RMB 918,400

釉里红三多纹大碗

年　　代：清雍正

尺　　寸：直径 19 厘米

拍卖时间：北京匡时　2010 年 12 月 4 日
　　　　　瓷玉工艺品专场　第 298 号

估　　价：RMB 100,000~120,000

成 交 价：RMB 470,400

珊瑚红地洋彩宝相花碗

年　　代：清雍正

款　　识："雍正年制"款

尺　　寸：直径 11.8

拍卖时间：北京保利　2010 年 12 月 5 日
　　　　　宫廷艺术重要瓷器工艺品
　　　　　第 4670 号

估　　价：RMB 200,000~300,000

成 交 价：RMB 448,000

粉彩缠枝莲纹碗

年　　代：清嘉庆

尺　　寸：直径 9.2 厘米

拍卖时间：北京匡时　2010 年 12 月 4 日　瓷玉工艺品专场　第 285 号

估　　价：RMB 220,000~260,000

成 交 价：RMB 806,400

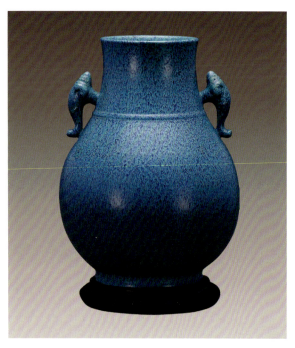

炉钧双耳瓶

年　　代：清乾隆
尺　　寸：高 31.3 厘米
拍卖时间：北京匡时　2010 年 12 月 4 日
　　　　　瓷玉工艺品专场　第 264 号
估　　价：RMB 250,000~300,000
成 交 价：RMB 470,400

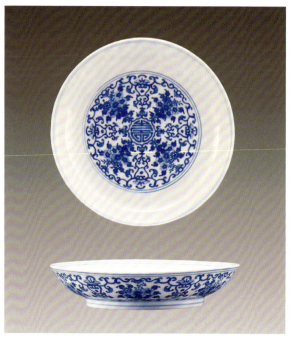

青花缠枝花卉纹盘

年　　代：清雍正
尺　　寸：直径 15.5 厘米
拍卖时间：北京匡时　2010 年 12 月 4 日
　　　　　瓷玉工艺品专场　第 299 号
估　　价：RMB 650,000~750,000
成 交 价：RMB 806,400

青花八宝缠枝莲纹扁瓶

年　　代：清乾隆
尺　　寸：高 50 厘米
拍卖时间：北京匡时　2010 年 12 月 4 日
　　　　　瓷玉工艺品专场　第 296 号
估　　价：RMB 800,000~1,000,000
成 交 价：RMB 1,232,000

釉里红加彩花卉纹石榴尊

年　　代：清康熙
尺　　寸：高 9 厘米
拍卖时间：北京匡时　2010 年 12 月 4 日
　　　　　瓷玉工艺品专场　第 288 号
估　　价：RMB 900,000~1,100,000
成 交 价：RMB 1,176,000

豇豆红太白尊

年　　代：清康熙

款　　识："大清康熙年制"款

尺　　寸：高9厘米

拍卖时间：北京保利　2010年12月5日

　　　　　"在望山庄"徐氏珍藏　第4466号

估　　价：RMB 120,000~180,000

成 交 价：RMB 313,600

五彩缠枝莲大盘（一对）

年　　代：清康熙

款　　识："大清康熙年制"款

尺　　寸：直径47厘米

拍卖时间：北京保利　2010年12月5日

　　　　　"在望山庄"徐氏珍藏　第4465号

估　　价：RMB 400,000~600,000

成 交 价：RMB 1,568,000

窑变釉石榴尊（一对）

年　　代：清道光

尺　　寸：高19.3厘米、19.1厘米

拍卖时间：北京匡时　2010年12月4日　瓷玉工艺品专场　第263号

估　　价：RMB 280,000~320,000

成 交 价：RMB 694,400

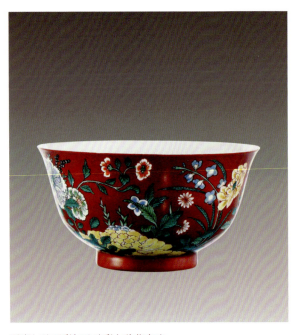

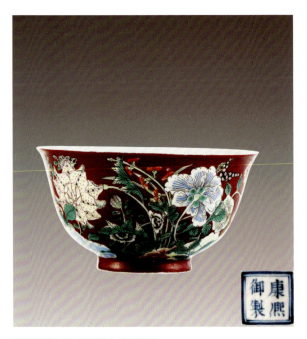

珊瑚红地五彩加珐琅彩九秋花卉碗

年　　代：清雍正

款　　识："雍正御制"款

尺　　寸：直径 13 厘米

拍卖时间：北京保利　2010 年 12 月 5 日

　　　　　宫廷艺术重要瓷器工艺品　第 4671 号

估　　价：RMB 2,600,000~3,600,000

成 交 价：RMB 3,584,000

御制珊瑚红地珐琅彩九秋同庆碗

年　　代：清康熙

款　　识："康熙御制"款

尺　　寸：直径 11 厘米

拍卖时间：北京保利　2010 年 12 月 5 日

　　　　　宫廷艺术重要瓷器工艺品　第 4672 号

估　　价：RMB 3,000,000~4,000,000

成 交 价：RMB 4,480,000

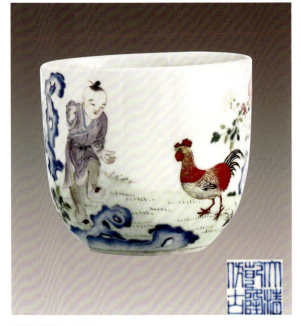

斗彩夔龙团寿花卉卧足碗

年　　代：清雍正

款　　识："大清雍正年制"款

尺　　寸：直径 15 厘米

拍卖时间：北京保利　2010 年 12 月 5 日

　　　　　宫廷艺术重要瓷器工艺品　第 4674 号

估　　价：RMB 700,000~900,000

成 交 价：RMB 1,904,000

粉彩御题诗鸡缸杯

年　　代：清乾隆

款　　识："大清乾隆仿古"款

尺　　寸：直径 8 厘米

拍卖时间：北京保利　2010 年 12 月 5 日

　　　　　宫廷艺术重要瓷器工艺品　第 4678 号

估　　价：RMB 800,000~1,200,000

成 交 价：RMB 1,456,000

斗彩云鹤纹爵杯
年　　代：清乾隆
款　　识："乾隆年制"款
尺　　寸：高 12 厘米
拍卖时间：北京保利　2010 年 12 月 5 日
　　　　　宫廷艺术重要瓷器工艺品　第 4676 号
估　　价：RMB 1,000,000～1,500,000
成 交 价：RMB 1,120,000

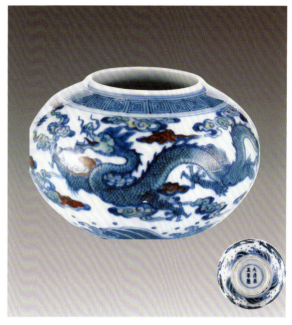

斗彩云龙纹水盂
年　　代：清雍正
款　　识："大清雍正年制"款
尺　　寸：直径 9 厘米
拍卖时间：北京保利　2010 年 12 月 5 日
　　　　　宫廷艺术重要瓷器工艺品　第 4673 号
估　　价：RMB 1,000,000～1,500,000
成 交 价：RMB 1,288,000

唐英制仿石釉题诗小笔筒
年　　代：清乾隆
款　　识："乾隆年制"款
尺　　寸：高 9 厘米
拍卖时间：北京保利　2010 年 12 月 5 日
　　　　　宫廷艺术重要瓷器工艺品　第 4677 号
估　　价：RMB 1,000,000～1,500,000
成 交 价：RMB 2,072,000

松石绿描金粉彩莲花观音瓶
年　　代：清乾隆
款　　识："大清乾隆年制"款
尺　　寸：高 35 厘米
拍卖时间：北京保利　2010 年 12 月 5 日
　　　　　宫廷艺术重要瓷器工艺品　第 4685 号
估　　价：RMB 8,000,000～12,000,000
成 交 价：RMB 13,440,000

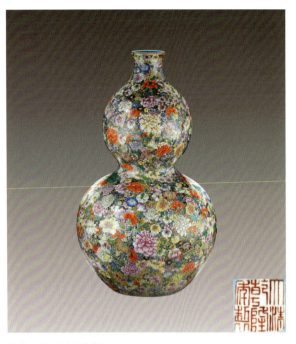

粉彩百花不露地葫芦瓶
年　　代：清乾隆
款　　识："大清乾隆年制"款
尺　　寸：高 32 厘米
拍卖时间：北京保利　2010 年 12 月 5 日
　　　　　宫廷艺术重要瓷器工艺品　第 4686 号
估　　价：RMB 12,000,000~22,000,000
成 交 价：RMB 22,400,000

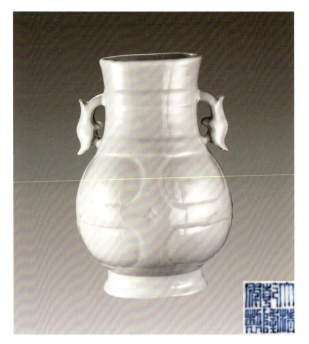

仿汝釉双犧耳尊
年　　代：清乾隆
款　　识："大清乾隆年制"款
尺　　寸：高 34.5 厘米
拍卖时间：北京保利　2010 年 12 月 5 日
　　　　　宫廷艺术重要瓷器工艺品　第 4687 号
估　　价：RMB 1,800,000~2,800,000
成 交 价：RMB 2,016,000

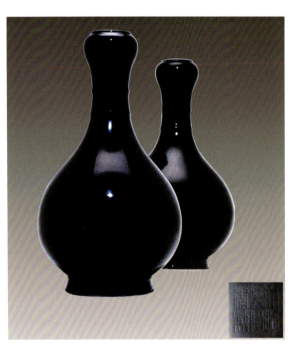

茄皮紫釉蒜头瓶（一对）
年　　代：清乾隆
款　　识："大清乾隆年制"款
尺　　寸：高 24.5 厘米
拍卖时间：北京保利　2010 年 12 月 5 日
　　　　　宫廷艺术重要瓷器工艺品　第 4688 号
估　　价：RMB 5,000,000~8,000,000
成 交 价：RMB 7,840,000

御制黄地粉彩百鸟朝凤大瓶（一对）
年　　代：清光绪
尺　　寸：高 140 厘米
拍卖时间：北京保利　2010 年 12 月 5 日
　　　　　宫廷艺术重要瓷器工艺品　第 4699 号
估　　价：RMB 1,600,000~2,000,000
成 交 价：RMB 2,464,000

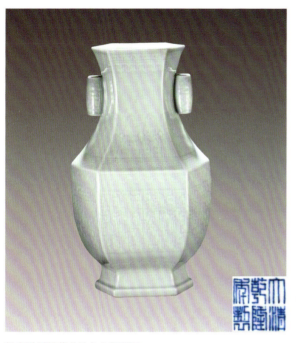

粉青釉浮雕夔龙纹六方贯耳瓶

年　　代：清乾隆

款　　识："大清乾隆年制"款

尺　　寸：高 45.5 厘米

拍卖时间：北京保利　2010 年 12 月 5 日

　　　　　宫廷艺术重要瓷器工艺品　第 4690 号

估　　价：RMB 4,800,000～6,800,000

成 交 价：RMB 5,824,000

青花缠枝莲六方贯耳瓶

年　　代：清乾隆

款　　识："大清乾隆年制"款

尺　　寸：高 45 厘米

拍卖时间：北京保利　2010 年 12 月 5 日

　　　　　宫廷艺术重要瓷器工艺品　第 4691 号

估　　价：RMB 5,800,000～8,800,000

成 交 价：RMB 7,392,000

柠檬黄地青花缠枝花卉仿汉壶尊

年　　代：清雍正

款　　识："大清雍正年制"款

尺　　寸：高 34.5 厘米

拍卖时间：北京保利　2010 年 12 月 5 日

　　　　　宫廷艺术重要瓷器工艺品　第 4692 号

估　　价：RMB 25,000,000～35,000,000

成 交 价：RMB 33,600,000

青花缠枝花卉三羊开泰尊

年　　代：清乾隆

款　　识："大清乾隆年制"款

尺　　寸：高 33.5 厘米

拍卖时间：北京保利　2010 年 12 月 5 日

　　　　　宫廷艺术重要瓷器工艺品　第 4694 号

估　　价：RMB 30,000,000～50,000,000

成 交 价：RMB 38,640,000

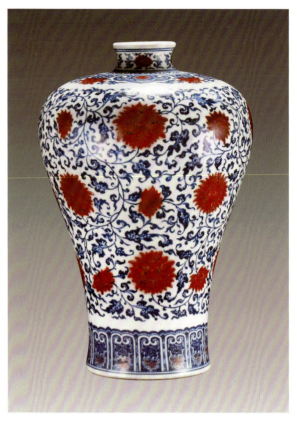

青花鹤鹿同春胆式瓶

年　　代：清乾隆

款　　识："大清乾隆年制"款

尺　　寸：高 26.3 厘米

拍卖时间：北京保利　2010 年 12 月 5 日

　　　　　宫廷艺术重要瓷器工艺品　第 4695 号

估　　价：RMB 5,500,000~8,500,000

成 交 价：RMB 15,120,000

青花釉里红缠枝花卉梅瓶

年　　代：清乾隆

尺　　寸：高 35 厘米

拍卖时间：北京保利　2010 年 12 月 5 日

　　　　　宫廷艺术重要瓷器工艺品　第 4696 号

估　　价：RMB 1,500,000~2,000,000

成 交 价：RMB 1,680,000

粉彩庐山风景碗（一对）

年　　代：清嘉庆

款　　识："大清嘉庆年制"款

尺　　寸：直径 14.5 厘米

拍卖时间：北京保利　2010 年 12 月 5 日　宫廷艺术重要瓷器工艺品　第 4698 号

估　　价：RMB 1,000,000~1,500,000

成 交 价：RMB 2,688,000

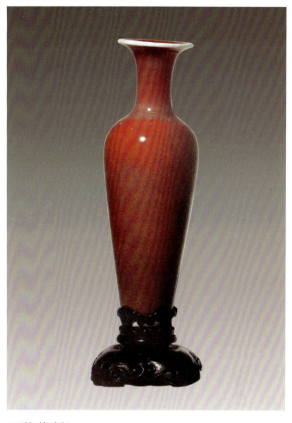

窑变釉赏瓶

年　　代：清乾隆

款　　识："大清乾隆年制"款

尺　　寸：高 43 厘米

拍卖时间：北京保利　2010 年 12 月 6 日

　　　　　清代官窑颜色釉瓷器　第 5126 号

估　　价：RMB 2,000,000~3,000,000

成 交 价：RMB 2,912,000

豇豆红柳叶瓶

年　　代：清康熙

款　　识："大清康熙年制"款

尺　　寸：高 16 厘米

拍卖时间：北京保利　2010 年 12 月 6 日

　　　　　清代官窑颜色釉瓷器第 5117 号

估　　价：RMB 1,000,000~2,000,000

成 交 价：RMB 2,800,000

斗彩暗八仙碗（两件）

年　　代：清雍正

款　　识："大清雍正年制"楷书款

尺　　寸：直径 13.4 厘米

拍卖时间：北京翰海　2010 年 12 月 11　北京市文物公司成立五十周年庆典夜场　第 2311 号

估　　价：RMB 3,800,000~4,800,000

成 交 价：RMB 5,152,000

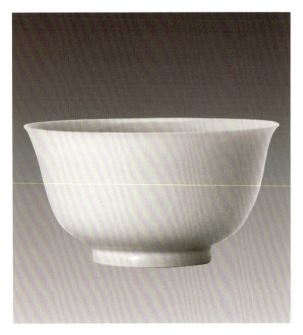

白釉碗

年　　代：清雍正

款　　识："雍正年制"款

尺　　寸：直径 13 厘米

拍卖时间：北京保利　2010 年 12 月 6 日
　　　　　　清代官窑颜色釉瓷器　第 5132 号

估　　价：RMB 250,000~350,000

成 交 价：RMB 1,176,000

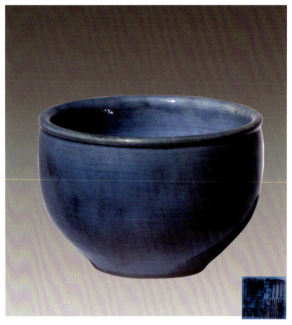

孔雀蓝釉小缸

年　　代：清乾隆

款　　识："大清乾隆年制"款

尺　　寸：直径 21.5 厘米

拍卖时间：北京保利　2010 年 12 月 6 日
　　　　　　清代官窑颜色釉瓷器　第 5137 号

估　　价：RMB 800,000~1,200,000

成 交 价：RMB 1,680,000

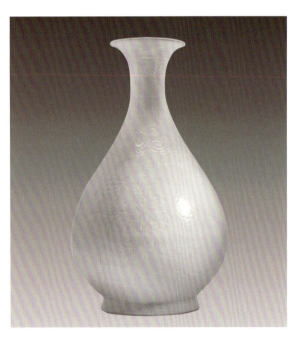

甜白釉暗刻缠枝花卉玉壶春

年　　代：清雍正

款　　识："大清雍正年制"款

尺　　寸：高 26.7 厘米

拍卖时间：北京保利　2010 年 12 月 6 日
　　　　　　清代官窑颜色釉瓷器　第 5133 号

估　　价：RMB 3,000,000~5,000,000

成 交 价：RMB 7,280,000

祭蓝胆式瓶

年　　代：清雍正

款　　识："大清雍正年制"款

尺　　寸：高 39 厘米

拍卖时间：北京保利　2010 年 12 月 6 日
　　　　　　清代官窑颜色釉瓷器　第 5131 号

估　　价：RMB 1,000,000~1,500,000

成 交 价：RMB 1,568,000

柠檬黄釉粉彩福寿大碗
年　　代：清雍正
款　　识："大清雍正年制"款
尺　　寸：直径 22 厘米
拍卖时间：北京保利　2010 年 12 月 6 日
　　　　　清代官窑颜色釉瓷器　第 5136 号
估　　价：RMB 2,000,000~3,000,000
成 交 价：RMB 3,360,000

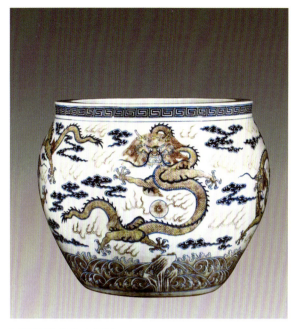

青花釉里红海水云龙大缸
年　　代：清乾隆至嘉庆
尺　　寸：口径 52 厘米、腹径 62 厘米、高 48.5 厘米
拍卖时间：北京保利　2010 年 12 月 5 日
　　　　　宫廷艺术重要瓷器工艺品　第 4697 号
估　　价：RMB 1,800,000~2,800,000
成 交 价：RMB 3,248,000

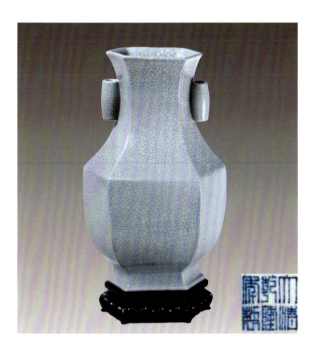

仿哥釉六方贯耳瓶
年　　代：清乾隆
款　　识："大清乾隆年制"款
尺　　寸：高 52 厘米
拍卖时间：北京保利　2010 年 12 月 6 日
　　　　　清代官窑颜色釉瓷器　第 5144 号
估　　价：RMB 1,200,000~2,200,000
成 交 价：RMB 2,912,000

炉钧釉灵芝九如花插
年　　代：清乾隆
款　　识："乾隆年制"款
尺　　寸：高 19 厘米
拍卖时间：北京保利　2010 年 12 月 6 日
　　　　　清代官窑颜色釉瓷器　第 5138 号
估　　价：RMB 2,000,000~3,000,000
成 交 价：RMB 3,360,000

青花花卉纹杯（两件）

年　　代：清康熙

款　　识："大清康熙年制"楷书款

尺　　寸：直径 5.7 厘米

拍卖时间：北京翰海　2010 年 12 月 11 日

　　　　　北京市文物公司成立五十周年庆典夜场　第 2309 号

估　　价：RMB 500,000~800,000

成 交 价：RMB 1,008,000

胭脂红釉小杯（一对）

年　　代：清雍正

款　　识："大清雍正年制"款

尺　　寸：直径 5.5 厘米

拍卖时间：北京保利　2010 年 12 月 6 日

　　　　　清代官窑颜色釉瓷器　第 5135 号

估　　价：RMB 1,200,000~2,200,000

成 交 价：RMB 2,016,000

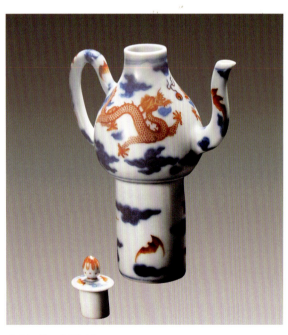

青花红彩云龙温酒壶

年　　代：清乾隆

款　　识："养和堂制"楷书款

尺　　寸：高 19.2 厘米

拍卖时间：北京翰海　2010 年 12 月 11 日

　　　　　北京市文物公司成立五十周年庆典夜场　第 2314 号

估　　价：RMB 1,500,000~1,800,000

成 交 价：RMB 2,912,000

冬青釉葫芦瓶

年　　代：清嘉庆

款　　识："大清嘉庆年制"篆书款

尺　　寸：高 31.7 厘米

拍卖时间：北京翰海　2010 年 12 月 11 日

　　　　　北京市文物公司成立五十周年庆典夜场　第 2315 号

估　　价：RMB 500,000~800,000

成 交 价：RMB 1,120,000

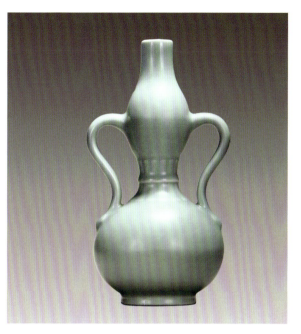

粉青釉如意耳葫芦瓶
年　　代：清乾隆
款　　识："大清乾隆年制"篆书款
尺　　寸：高 23 厘米
拍卖时间：北京翰海　2010 年 12 月 11 日
　　　　　北京市文物公司成立五十周年庆典夜场　第 2316 号
估　　价：RMB 800,000~1,200,000
成 交 价：RMB 6,496,000

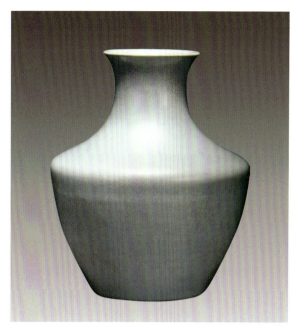

仿汝釉鱼篓尊
年　　代：清乾隆
款　　识："大清乾隆年制"篆书款
尺　　寸：高 29.8 厘米
拍卖时间：北京翰海　2010 年 12 月 11 日
　　　　　北京市文物公司成立五十周年庆典夜场　第 2317 号
估　　价：RMB 6,000,000~8,000,000
成 交 价：RMB 14,560,000

霁红釉橄榄瓶
年　　代：清雍正
款　　识："大清雍正年制"篆书款
尺　　寸：高 30.5 厘米
拍卖时间：北京翰海　2010 年 12 月 11 日
　　　　　北京市文物公司成立五十周年庆典夜场　第 2318 号
估　　价：RMB 1,200,000~1,500,000
成 交 价：RMB 2,800,000

窑变釉盖碗尊
年　　代：清雍正
款　　识："雍正年制"篆书款
尺　　寸：高 21.5 厘米
拍卖时间：北京翰海　2010 年 12 月 11 日
　　　　　北京市文物公司成立五十周年庆典夜场　第 2320 号
估　　价：RMB 2,000,000~3,000,000
成 交 价：RMB 5,376,000

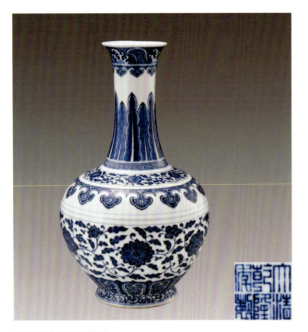

青花缠枝花卉纹赏瓶

年　　代：清乾隆

款　　识："大清乾隆年制"篆书款

尺　　寸：高 37.2 厘米

拍卖时间：北京翰海　2010 年 12 月 11 日

　　　　　北京市文物公司成立五十周年庆典夜场　第 2321 号

估　　价：RMB 800,000~1,000,000

成 交 价：RMB 2,800,000

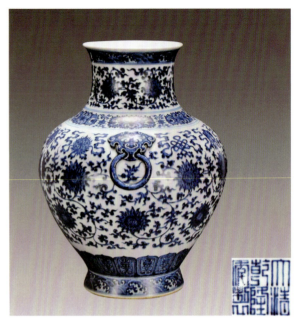

青花缠枝花卉八吉祥铺耳尊

年　　代：清乾隆

款　　识："大清乾隆年制"篆书款

尺　　寸：高 49.2 厘米

拍卖时间：北京翰海　2010 年 12 月 11 日

　　　　　北京市文物公司成立五十周年庆典夜场　第 2322 号

估　　价：RMB 4,500,000~5,000,000

成 交 价：RMB 6,944,000

青花缠枝莲纹天球瓶

年　　代：清乾隆

款　　识："大清乾隆年制"篆书款

尺　　寸：高 38.8 厘米

拍卖时间：北京翰海　2010 年 12 月 21 日

　　　　　北京市文物公司五十周年庆典夜场　第 2323 号

估　　价：RMB 5,000,000~8,000,000

成 交 价：RMB 11,088,000

黄地粉彩缠枝花卉八吉祥纹喷巴瓶

年　　代：清乾隆

款　　识："大清乾隆年制"篆书款

尺　　寸：高 26.5 厘米

拍卖时间：北京翰海　2010 年 12 月 21 日

　　　　　北京市文物公司五十周年庆典夜场　第 2325 号

估　　价：RMB 2,800,000~3,500,000

成 交 价：RMB 12,320,000

粉彩缠枝花卉蝠纹双耳瓶

年　　代：清乾隆
款　　识："大清乾隆年制"篆书款
尺　　寸：高 18.5 厘米
拍卖时间：北京翰海　2010 年 12 月 11 日
　　　　　北京市文物公司成立五十周年庆典夜场　第 2326 号
估　　价：RMB 3,000,000~3,800,000
成 交 价：RMB 5,152,000

霁蓝釉鹦鹉耳扁瓶

年　　代：清乾隆
款　　识："大清乾隆年制"款
拍卖时间：纽约佳士得　2011 年 3 月 24 日
　　　　　中国瓷器工艺品 I　第 1147 号
成 交 价：USD 5,458,500

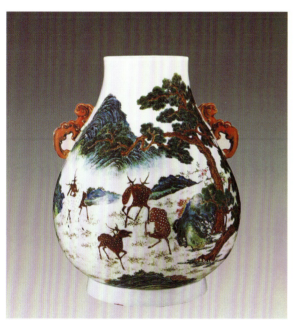

粉彩福禄尊

年　　代：清乾隆
款　　识："大清乾隆年制"篆书款
尺　　寸：高 44.3 厘米
拍卖时间：北京翰海　2010 年 12 月 11 日
　　　　　北京市文物公司成立五十周年庆典夜场　第 2327 号
估　　价：RMB 5,000,000~8,000,000
成 交 价：RMB 11,088,000

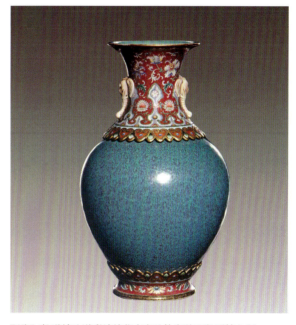

胭脂红轧道锦地洋彩缠枝花卉套炉钧窑釉双象耳转心瓶

年　　代：清乾隆
款　　识："大清乾隆年制"款
尺　　寸：高 40 厘米
拍卖时间：香港苏富比　2011 年 4 月 8 日
　　　　　皇苑天工——中国宫廷艺术菁华　第 3072 号
估　　价：HKD 30,000,000~40,000,000
成 交 价：HKD 70,100,000

黄地青花缠枝花卉纹双夔龙耳海棠式扁壶
年　　代：清雍正
款　　识："大清雍正年制"六字篆书款
尺　　寸：高 48.2 厘米
拍卖时间：香港佳士得　2011 年 11 月 30 日　　重要中国瓷器及工艺品 I　第 2944 号
估　　价：HKD 20,000,000~25,000,000
成 交 价：HKD 26,420,000

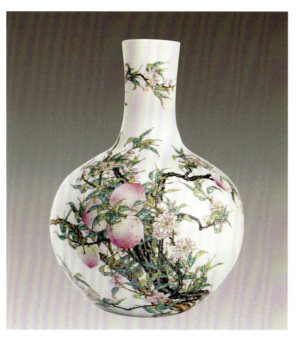

粉彩九桃天球瓶

年　　代：清乾隆

款　　识："大清乾隆年制"款

尺　　寸：高 51 厘米

拍卖时间：香港苏富比　2011 年 10 月 5 日

　　　　　重要中国御瓷选萃专拍　第 15 号

估　　价：HKD 80,000,000~120,000,000

成 交 价：HKD 90,260,000

炉钧釉地金彩仿古铜浮雕夔龙捧寿图双耳瓶

年　　代：清乾隆

款　　识："乾隆年制"款

尺　　寸：高 15 厘米

拍卖时间：香港苏富比　2011 年 10 月 5 日

　　　　　重要中国御瓷选萃专拍　第 1949 号

估　　价：HKD 50,000,000~7,000,000

成 交 价：HKD 12,982,000

宫廷青花矾红海水九龙纹扁壶

年　　代：清乾隆

款　　识："大清乾隆年制"款

拍卖时间：纳高　2011 年 11 月 4 日　中国 I　第 71 号

估　　价：EUR 30,000~50,000

成 交 价：EUR 1,330,000

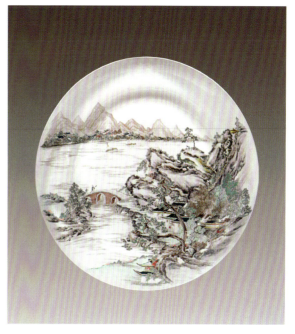

粉彩群峰秀景图束腰盘

年　　代：清雍正

款　　识："大清康熙年制"款

拍卖时间：伦敦苏富比　2011 年 11 月 9 日

　　　　　中国瓷器、工艺品　第 482 号

估　　价：GBP 20,000~30,000

成 交 价：GBP 1,049,250

金彩仿古铜浮雕螭龙图双耳盖壶（一对）

年　　代：清乾隆

款　　识："大清乾隆年制"款

尺　　寸：高 37.5 厘米、38 厘米

拍卖时间：香港苏富比　2011年4月8日皇苑天工——中国宫廷艺术菁华　第 3009 号

估　　价：HKD 20,000,000～30,000,000

成 交 价：HKD 43,220,000

青花粉彩暗花莲托八吉祥纹贲巴壶（一对）

年　　代：清乾隆

款　　识："大清乾隆年制"款

拍卖时间：北京东正　2011 年 6 月 5 日　中国古董珍玩专场　第 429 号

估　　价：RMB 12,000,000～15,000,000

成 交 价：RMB 20,700,000

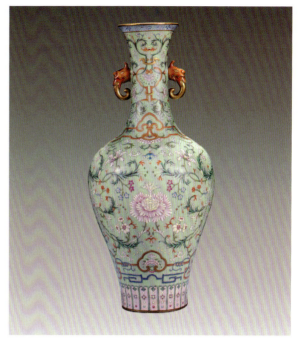

青花折枝三多果浮雕莲瓣纹橄榄尊

年　　代：清雍正

款　　识："大清康熙年制"款

拍卖时间：北京东正　2011 年 6 月 5 日

　　　　　　中国古董珍玩专场　第 409 号

估　　价：RMB 22,000,000~25,000,000

成 交 价：RMB 34,500,000

松绿地粉彩兽耳缠枝菊纹瓶

年　　代：清乾隆

款　　识："大清乾隆年制"款

拍卖时间：邦瀚斯　2011 年 11 月 10 日

　　　　　　中国艺术品　第 185 号

成 交 价：GBP 9,001,250

唐英制粉彩山水题诗双耳方杯

年　　代：清乾隆

款　　识："陶铸""片月"款

尺　　寸：宽 11 厘米

拍卖时间：北京保利　2011 年 6 月 5 日

　　　　　　有感于斯文——宫廷意趣与诗、书、画、印　第 7180 号

估　　价：RMB 1,200,000~2,200,000

成 交 价：RMB 1,955,000

矾红彩绘乾隆御制诗茶碗（一对）

年　　代：清嘉庆

款　　识："大清嘉庆年制"款

尺　　寸：直径 11 厘米

拍卖时间：北京保利 2011 年 6 月 5 日

　　　　　　有感于斯文——宫廷意趣与诗、书、画、印　第 7182 号

估　　价：RMB 800,000~1,200,000

成 交 价：RMB 943,000

绿地粉彩御制海棠洗（一对）

年　　代：清嘉庆
款　　识："大清嘉庆年制"款
尺　　寸：长 15.5 厘米
拍卖时间：北京保利 2011 年 6 月 5 日
　　　　　有感于斯文——宫廷意趣与诗、书、画、印
　　　　　第 7183 号
估　　价：RMB 800,000~1,200,000
成 交 价：RMB 943,000

粉彩御题诗鸡缸杯

年　　代：清乾隆
款　　识："大清乾隆仿古"款
尺　　寸：直径 8 厘米
拍卖时间：北京保利　2011 年 6 月 5 日
　　　　　有感于斯文——宫廷意趣与诗、书、画、印
　　　　　第 7181 号
估　　价：RMB 1,800,000~2,800,000
成 交 价：RMB 3,450,000

青花御题诗烛台

年　　代：清乾隆
款　　识："乾隆年制"款
尺　　寸：高 25.5 厘米
拍卖时间：北京保利　2011 年 6 月 5 日
　　　　　有感于斯文——宫廷意趣与诗、书、画、印
　　　　　第 7184 号
估　　价：RMB 2,800,000~3,800,000
成 交 价：RMB 4,025,000

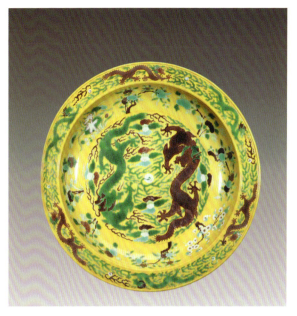

黄地素三彩云龙纹折沿大盘

年　　代：清光绪

款　　识："储秀宫制"四字二行篆书款

尺　　寸：直径 47.2 厘米

拍卖时间：北京永乐　2011 年 5 月 24 日

　　　　　重要明清瓷器、工艺精品及古美术文献善本

　　　　　第 0852 号

估　　价：RMB 500,000~600,000

成 交 价：RMB 672,000

御题诗珊瑚红釉仿朱漆刻填金菊瓣盘

年　　代：清乾隆

款　　识："大清乾隆仿古"款

尺　　寸：直径 16.8 厘米

拍卖时间：北京保利　2011 年 6 月 5 日

　　　　　有感于斯文——宫廷意趣与诗、书、画、印

　　　　　第 7185 号

估　　价：RMB 800,000~1,200,000

成 交 价：RMB 1,265,000

斗彩绿龙纹盖罐

年　　代：清道光

款　　识："大清道光年制"六字三行篆书款

尺　　寸：高 21 厘米

拍卖时间：北京永乐　2011 年 5 月 24 日

　　　　　重要明清瓷器、工艺精品及古美术文献善本

　　　　　第 0857 号

估　　价：RMB 600,000~800,000

成 交 价：RMB 1,568,000

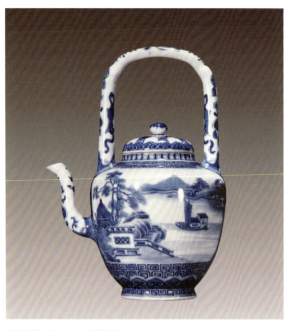

青花锦地开光山水图提梁壶

年　　代：清乾隆

款　　识："大清乾隆年制"六字三行篆书款

尺　　寸：高 19.4 厘米

拍卖时间：北京永乐　2011年5月24日

　　　　　重要明清瓷器、工艺精品及古美术文献善本　第 0867 号

估　　价：RMB 300,000~400,000

成 交 价：RMB 1,232,000

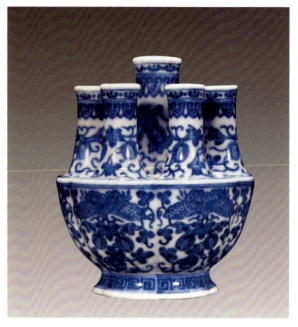

青花花蝶图七孔小尊

年　　代：清乾隆

款　　识："大清乾隆年制"六字三行篆书款

尺　　寸：高 10 厘米

拍卖时间：北京永乐　2011年5月24日

　　　　　重要明清瓷器、工艺精品及古美术文献善本　第 0871 号

估　　价：RMB 350,000~400,000

成 交 价：RMB 1,030,400

粉彩通景山水蝴蝶耳小尊

年　　代：清乾隆

款　　识："大清乾隆年制"款

尺　　寸：高 18.5 厘米

拍卖时间：北京保利　2012年6月5日

　　　　　耄念八徵——乾隆帝八旬圣寿宝玺与御赏珍玩　第 6056 号

估　　价：RMB 5,800,000~8,800,000

成 交 价：RMB 9,890,000

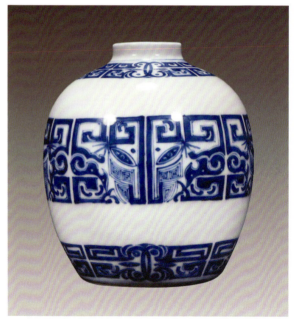

青花兽面纹小罐

年　　代：清康熙

款　　识："大清康熙年制"六字二行楷书款

尺　　寸：高 13.5 厘米

拍卖时间：北京永乐　2011年5月24日

　　　　　重要明清瓷器、工艺精品及古美术文献善本第 0900 号

估　　价：RMB 1,800,000~2,200,000

成 交 价：RMB 2,016,000

青花福寿缠枝莲大抱月瓶

年　　代：清乾隆

款　　识："大清乾隆年制"款

尺　　寸：高49厘米

拍卖时间：北京保利　2012年6月5日

　　　　　　耄念八徵——乾隆帝八旬圣寿宝玺与御赏珍玩　第6053号

估　　价：RMB 3,500,000~5,500,000

成 交 价：RMB 6,785,000

五彩镂空万字锦纹狮钮方熏

年　　代：清康熙

尺　　寸：高33.5厘米

拍卖时间：北京永乐　2011年5月24日

　　　　　　重要明清瓷器、工艺精品及古美术文献善　第0898号

估　　价：RMB 200,000~300,000

成 交 价：RMB 1,288,000

钦定月白釉仿铜器纹夕月坛正位豆

年　　代：清乾隆

款　　识："大清乾隆年制"六字三行篆书款

尺　　寸：高24.5厘米

拍卖时间：北京永乐　2011年5月24日

　　　　　　重要明清瓷器、工艺精品及古美术文献善本　第0882号

估　　价：RMB 1,400,000~1,800,000

成 交 价：RMB 1,792,000

黄地粉彩折枝西番莲纹托八吉祥纹烛台（一对）

年　　代：清乾隆

款　　识："大清乾隆年制"六字单行篆书款

尺　　寸：高27.5厘米

拍卖时间：北京永乐　2011年5月24日

　　　　　　重要明清瓷器、工艺精品及古美术文献善本　第0879号

估　　价：RMB 4,500,000~5,500,000

成 交 价：RMB 5,824,000

矾红彩宝相花藏草瓶（一对）

年　　代：清乾隆
尺　　寸：高 21 厘米
拍卖时间：北京保利　2012 年 6 月 5 日
　　　　　茧念八徽——乾隆帝八旬圣寿宝玺与御赏珍玩　第 6057 号
估　　价：RMB 2,000,000~3,000,000
成 交 价：RMB 3,335,000

茶叶末釉荸荠瓶

年　　代：清乾隆

尺　　寸：直径33.3厘米

拍卖时间：北京匡时　2012年6月4日

　　　　　瓷玉工艺品专场（一）

　　　　　第1234号

估　　价：RMB 1,500,000~1,800,000

成 交 价：RMB 1,725,000

青花折枝花卉纹纸槌瓶

年　　代：清

尺　　寸：高32厘米

拍卖时间：北京匡时　2011年9月17日

　　　　　瓷玉工艺品专场实录

　　　　　第3050号

估　　价：RMB 900,000~950,000

成 交 价：RMB 1,012,000

仿哥釉六方贯耳瓶

年　　代：清乾隆

尺　　寸：高46厘米

拍卖时间：北京匡时　2012年6月4日

　　　　　瓷玉工艺品专场（一）

　　　　　第1248号

估　　价：RMB 800,000~1,200,000

成 交 价：RMB 1,150,000

乾隆御题官窑贯耳方壶

年　　代：清乾隆

尺　　寸：高11.5厘米

拍卖时间：北京保利 2012年6月5日

　　　　　毫念八徵——乾隆帝八旬圣

　　　　　寿宝玺与御赏珍玩 第6058号

估　　价：RMB 15,000,000~25,000,000

成 交 价：RMB 36,225,000

祭红釉花盆连托

年　　代：清雍正

尺　　寸：直径14.2厘米、高10.2厘米

拍卖时间：北京匡时　2012年6月4日

　　　　　瓷玉工艺品专场（一）

　　　　　第1232号

估　　价：RMB 1,500,000~1,800,000

成 交 价：RMB 2,012,500

斗彩团菊纹罐（一对）

年　　代：清乾隆

款　　识："大清乾隆年制"

　　　　　六字三行篆书款

尺　　寸：高12.2厘米

拍卖时间：北京永乐　2011年5月24日

　　　　　重要明清瓷器　第0886号

估　　价：RMB 3,500,000~4,000,000

成 交 价：RMB 4,704,000

御制珐琅彩古月轩题诗锦鸡花石圆胆瓶

年　　代：清乾隆
款　　识："乾隆年制"蓝料款
尺　　寸：高20.3厘米
拍卖时间：香港苏富比　2011年4月7日　重要中国御瓷选萃专拍　第15号
成 交 价：HKD 200,000,000